教育部人文社会科学研究青年基金项目（项目批准号：15YJC890044）
国家社会科学基金教育学一般项目（项目批准号：BLA230106）

我国体育场地设施建管政策执行绩效评估及场地时空创新应用

张恒波　著

人民体育出版社

图书在版编目（CIP）数据

我国体育场地设施建管政策执行绩效评估及场地时空创新应用 / 张恒波著. -- 北京 : 人民体育出版社, 2024

ISBN 978-7-5009-6421-6

Ⅰ. ①我… Ⅱ. ①张… Ⅲ. ①体育场－建设－研究－中国 Ⅳ. ①G818

中国国家版本馆CIP数据核字(2023)第246553号

*

人民体育出版社出版发行
北京建宏印刷有限公司印刷
新　华　书　店　经　销

*

710×1000　16开本　18印张　323千字
2024年8月第1版　　2024年8月第1次印刷

*

ISBN 978-7-5009-6421-6
定价：86.00元

社址：北京市东城区体育馆路8号（天坛公园东门）
电话：67151482（发行部）　　邮编：100061
传真：67151483　　邮购：67118491
网址：www.psphpress.com

内容提要

基于《全民健身计划纲要》上升为国家战略，按照《全民健身计划（2016—2020年）》和《体育强国建设纲要》《“健康中国2030”规划纲要》的总体规划，我国人均体育场地面积将逐步由1.46平方米增加到2平方米，再到增加至2.5平方米、2.62平方米及实现更高目标。未来我们还要“建多少场地？在哪建场地？建什么场地？谁来建场地？建后怎么用？”取决于当前体育场地建管政策，而体育场地“建得怎样？管得好不好？用得满不满意？”又需要对体育场地建管政策执行进行科学、全面和系统的评估。

研究的主要内容涵盖“两只手”控制失灵现象对体育场地建管政策的影响、高尔夫球场“冷政策—热市场”现象的成因及对策、学校体育场地开放“热政策—冷市场”现象的成因及对策、我国体育场地建管“新空间—新材料”的态势、我国体育场地管理“新指标—新算法”的评价体系、我国体育场地建管“新使命—新动向”的优化策略等主题专项内容。

本研究主要得出以下观点：

（1）在体育场地建管现代化治理过程中，在部分领域存在部分失灵的现象。需要把握市场化“失灵点、相交点、公共地带、权力边界、利益偏重点”，提出体育场地公共服务市场化第三方组织供给等三类模式。

（2）高尔夫球场地自1984年发展至今，经历了从“支持”到“限制”，从“限制”到“禁止”，从“禁止”到逐步“规范”，再到“清理整治”的五个阶段，在“总体分布、局部聚集、球场选址、球场气候”等方面具有四大特点，形成典型的“冷政策—热市场”现象，其原因有“思维定式、政策惯性、监管博弈、利益冒险、疏堵失衡”五个方面，据此从“政策、环境、地理、文化、产业”等方面提出五条发展建议。

（3）国家颁布11项体育场地对外开放的政策，具有“政策层次高、颁布频度密（全国性政策、地方性政策）、社会关注高、群众呼声高”的特点；但是从结果来看，呈现出“学校共享程度偏低、学校开放时段不长、开放设施少且单一、学校开放管理不足、开放宣传力度不大”的特点；政策引导与实际响应形成学校体育场地对外开放“热政策—冷市场”现象。究其原因，主要存在“政策因素：政策重鼓励，强制性不足；管理因素：管理重服务，约束力不强；安全因素：安全靠自身，解纠纷不利；资源因素：校内不够用，校外难共享；宣传因素：社会高期待，学校难理解”等方面的问题。研究提出“强化政策执行，落实开放政策；加强媒体监督，提高宣传力度；树立服务观念，激发锻炼兴趣；拓宽融资渠道，加快对外开放；明确管理系统，实现双向受益；加强安全法规，消除安全隐患”的对策。

（4）2016年出台的《全民健身计划（2016—2020年）》和《体育发展“十三五”规划》均提出，“努力实现到2020年人均体育场地面积达到1.8平方米的目标。”而如今，依据国家体育总局公布的《2019年全国体育场地统计调查数据》，截至2019年年底我国人均体育场地面积达到2.08平方米，突破了人均体育场地面积破2.0平方米的重要关口，提前实现了2025年的发展目标，成为我国体育场地建设发展过程中的一个重要里程碑事件。探其原因，是在体育场地建设过程中运用了新的空间、新的材料等，其中新空间又以空中体育场地为代表，新材料又以气膜体育馆为代表。

（5）通过3轮专家访谈和专家问卷调查，构建了“5个一级指标、13个二级指标、40个三级指标”的体育场地建管政策执行绩效评估指标体系，并运用模糊数学中“元素属于某一集合的程度称作隶属度”量化了指标之间的隶属关系，运用层次分析法针对所有指标进行赋值确定各自指标权重；据此，还设计了体育场地建管政策执行绩效的简化问卷调查表，以及各级各类政府工作职能部门体育场地建管工作完成的评分公式。体育场地建管政策绩效评估分计算方法为（H−C1×0.0442+H−C2×0.0354+H−C3×0.0177）÷0.0884×100+（H−C4×0.0255+H−C5×0.0084+H−C6×0.0071+H−C7×0.0142+H−C8×0.0045+H−C9×0.0091）÷0.068×100+［（H−C10×0.0557+H−C11×0.0340+H−C12×0.0156+H−C13×0.0099）÷0.1152×100+（H−C14×0.0305+H−C15×0.0177+H−C16×0.0210）÷0.0692×100+（H−C17×0.0146+ H−C18×0.0069+H−C19×0.0246）×0.0461］÷0.2342×100+［（H−C20×0.0302+ H−C21×0.0129+H−C22×0.0151+H−C23×0.0186）÷0.0768×100+（H−C24×0.0345+H−C25×0.0090+H−C26×0.0089）÷0.0525×100+（H−C27×0.0086+H−C28×0.0057）÷0.0143× 100+（H−C29×0.0124+H−C30×0.0083）÷0.0207×100+（H−C31× 0.0190+ H−C32×0.0121+H−C33×0.0057）÷0.0367×100］÷0.2011× 100+［（H−C34×0.0750+H−C35×0.6500+ H−C36×0.0248+H−C37× 0.0175）÷0.1823×100+（H−C38×0.0432+H−C39×0.0432）÷0.0864×100+H−C40×0.0432×100］÷0.4120×100。

（6）新时代，新征程，我国体育场地建管政策呈现新动向，即我国体育场馆建设结构新模式、我国体育场地建设路径新思路、我国体育场馆运营模式新策略、我国体育场地建设领域新空间、我国体育场地建设领域新材料、我国体育场地建设目标新理念。

（7）新使命，新思路，我国体育场地建管政策持续进行新实践：遵循“新时代、新征程、新阶段、新理念、新格局、新目标”的使命；实现“新用地、新用途、新结构、新材料、新空间、新模式”的创新；协调“热政策、冷市场、新理念、旧观念、新技术、老平台”的关系。

（8）大变局，大机遇，我国体育场地建管政策着眼新高度：在百年之大变局、国际国内双循环，在“十四五”规划及2035年远景目标并行之际，将体育场地建管政策践行到体育助攻健康中国、体育助力乡村振兴、体育助推共同富裕的新高度。

前　言

本研究共有八章，第一章为体育场地建管政策绩效评估的意义；第二章为我国体育场地公共服务市场化边际及第三方组织适度介入；第三章为我国高尔夫场地设施“冷政策—热市场”的成因；第四章为体育场地共享“热政策—冷反应”的成因；第五章为我国体育场地建管“新空间—新材料”态势分析；第六章为我国体育场地设施政策执行的绩效评估；第七章为我国体育场地建管“新使命—新动向”；第八章为我国体育场地建管政策执行建议。

本研究基于我国体育场地人均面积从1.46平方米增加到2.62平方米的事实，分析体育场地建管政策文本的冷热特征，剖析政策执行中市场的冷热反应，解析政策与市场反应的差异成因，构建体育场地设施建设和管理的评估指标，探讨体育场地设施空间和时间的创新应用。同时，论证小量多次短时运动的健身价值，验证边小量运动边记忆学习的双赢假设，提出建筑物地下、楼顶及交通工具的健身空间，解析学习、工作、生活、闲暇等碎片化的运动健身时间，倡导栖居立足之处的“随时、随地、随人、随事”的大众健身理念，挖掘体育场地助攻体育强国、助力乡村振兴、助推共同富裕的时代价值。

本研究运用访谈法、调查法、数理统计法（模糊数学隶属度、层次分析法、向量自回归VAR模型）等方法，借助“市场调节”“政府干预”“市场矫正”等经济学理论，围绕我国体育设施政策中“冷政策—热市场”“热政策—冷市场”等现象展开研究。

本书为教育部人文社会科学研究青年基金项目（15YJC890044）最终成果，课题组成员有张恒波、肖晶晶、钟霞、王积福、谢明、李光、范才清、陈志辉、文静、向艳梅、屈露露、张耀武、王勇、饶国顺、吴聪等。希望本书的出版，能够为我国体育场地设施建管政策执行绩效评估提供一定理论和实践支撑，为我国早日建成体育强国，早日实现健康中国奉献绵薄之力。

张恒波

2023年10月于荆州古城

目　录

—— CONTENTS ——

第一章 体育场地建管政策绩效评估的意义

第一节 选题的理论和实际应用价值

提出对我国体育场地设施建管政策执行情况实施绩效评估的主要原因是：第一，是实现人均体育场地面积由1.46平方米增加到2平方米及进一步提高人均面积的根本问题，未来我们还要“建多少场地？在哪建场地？建什么场地？谁来建场地？建后怎么用？”取决于当前政策。第二，需要对《第六次全国体育场地普查数据公报》进行已有场地数量、场地分布、场地使用管理等方面的分析，总结经验和优化政策。第三，体育场地设施是实施全民健身国家战略的重要物质基础，是当前我国约1.1亿人中老年人广场舞者、2.7亿青少年学生、3.6亿经常参加体育锻炼人群的体育活动公共空间，是吸纳其余6.2亿潜在体育人群参与体育活动的设施保障。所以，对现行体育场地设施建设与管理政策进行绩效评估，有助于 “全民健身国家战略”的推进。体育场地设施是我国落实全民健身、体育强国，以及着力发展体育事业与体育产业，助力全民健康素养提升的重要物质基础。体育场地设施也是国家体育总局“十三五”规划发展的体育公共服务核心内容。“全民健身国家战略”要求到2025年，人均体育场地面积由1.46平方米增加到2平方米，经常参加体育锻炼的人数由3.64亿增加到5亿，体育产业总规模超过5万亿元，所以体育场地设施建设与管理必然是未来10年体育发展的重点问题。

从理论上看，纵观现有国内外有关体育政策的主要研究成果，其多为宏观体育政策规划、教育系统体育政策协调、体育系统体育政策远景、社区区域性体育政策落地等方面的专门研究，成果颇丰；但仅从体育场地设施政策评估的角度看，目前研究的关注者较少，这些为数不多的研究者通过结论、建议或余论都指出了较多需要进一步研究的问题，比较集中的就是关于我国体育场地设施政策制定问题、执行问题、反馈问题和纠错优化问题。本研究认真剖析体育设施政策建管过程中的失灵现象，在借鉴国外体育设施建设与发展有益政策经验的基础上，尝试对我国体育场地设施政策执行情况及市场对体育场地建管政策的反应进行评估，进而提出优化建议，为丰富该领域的研究做出努力。

从实际来看，关于我国体育场地设施的建设和管理是当前有关政府部门部署落实的重要工作之一，是社会各界参与体育活动，关注体育民生的热门话题：第一，国家推行依法治国，关于体育场地政策的“废改立”及优化体育场地设施政策行政审批制度改革势在必行。第二，2014年教育部表态校园足球定点学校由5000所增至20000所，小学三至六年级每周4节体育课，高中每周3节，每天锻炼1小时，这些对体育场地提出具体的新要求。第三，2015年全国群众体育工作会议着重指出要着力处理好全民健身场地设施建设和管理的关系，到年底全国85%以上行政村农民体育健身工程覆盖率达到50%，继续推进“雪炭工程”，推进多功能公共运动场项目建设，研究全面的群体工作评估机制。第四，2014年全国体育局长工作会议强调：继续推行《大型体育场馆免费低收费开放的通知》和相关补助资金管理办法，积极筹备2015年全国青运会、2016年全国冬运会、2017年全运会、申办2022年冬奥会等大型体育赛事，体育场地设施是最基本的保障。第五，社会新闻多次关注：①据《中国高尔夫行业报告》数据显示，高尔夫球场受到中央11道禁令限制后，10年仍增343家。②国家多项政策鼓励社会资本投资体育场地设施的建设，但据第六次全国体育场地普查资料，社会捐赠及其他投资不足10%。③政策鼓动体育场地资源共享，学校体育场地对外开放比例有所提升，但与发达国家相比还有较大距离。所以，本课题具有一定的理论基础价值和实际应用价值。

第二节　国内外研究的现状和趋势

一、国外有关体育场地设施的研究

国外学者针对体育场地设施建管政策，主要是在体育场馆的建设、发展、管理、经营和维护等方面的研究。威尔逊（Wilson D，2012）研究了伦敦奥运会对地方经济的影响，马西森（Matheson V A，2011）研究了美国体育场馆建设的资金组成形式，康斯尔（ Council D B，2009）研究了体育场馆的综合评估，德雷克斯勒（Drechsler，2012）研究了体育场馆建设的合理布局、功能定位、经济效益及负面影响等，科韦斯（Couves J，2008）研究了体育场馆建设科学方案等。这些理论思辨和实践经验为我们的研究提供有益的借鉴。

国外体育场馆管理方面的研究包括多方面的内容。在一些体育经济较为发达、竞技体育表演业发展比较成熟的国家，大型体育比赛场馆的管理与运营得到了较多的关注，奥运场馆赛后运营与管理也是其中的一个重要方面。由此，也引发了研究者对体育场馆服务功能以及场馆绩效管理等方面内容的进一步研究。此外，智慧体育特别是智慧体育场馆建设也成为体育场馆管理研究的重要内容。

（一）体育场馆运营

世界很多地区都兴建有大型的体育场馆，不少还成为当地的地标性建筑。然而，由于很多大型体育场馆的建设在后期运营规划方面并没有做好充分的论证，导致盲目兴建的体育场馆没有达到预期的效果，甚至出现了长期闲置的情况。特别是一些国家为举办奥运会兴建的很多大型体育场馆，由于缺乏赛后体育场馆利用方面的规划或规划不足，导致赛后的奥运场馆利用率低乃至被遗弃。

罗曼（Romain，2010）通过对1976年蒙特利尔奥运会进行研究，指出蒙特利尔奥运会实际花费是原计划花费的3倍，且由于政府盲目地追求体育场馆建筑的宏伟壮观，而不考虑场馆建设所需的巨额资金，也没有考虑场馆的赛后利用等问题，导致赛后华丽的体育场馆改造困难、使用率低并间接导致蒙特利尔经济崩溃，蒙特利尔也成为奥运会后场馆管理与利用失败的典型案例[①]。

相比于蒙特利尔，2000年悉尼奥运会赛后体育场馆的运营管理虽然仍

①Romain Roult，Sylvain Lefebvre. Planning and reconversion of Olympic heritages：The montreal Olympic stadium［J］. The International Journal of the History of Sport，2010，27（16-18）：2731-2747.

然存在困难，但已经有了明显的改善。悉尼奥运会两个主要的赛事场馆的建设模式采用了公私合作的形式，邀请社会资本参与竞标，并将场馆经营权出租到2031年，这一模式有效地降低了国家的投资成本与风险①。

卡布拉尔（Cabral）等认为，政府公共投资仍然是大型体育赛事设施建设最为必要的资金来源，在PPP模式的基础上，为了降低至关重要的运营风险，政府在大型体育场馆附近的辅助投资是十分必要的②。

（二）体育场馆服务

1. 国家体育政策

体育场馆为人民提供的是一种服务，是出于人民对体育的需要。因此，很多国家为体育场馆制定了专门的体育服务政策。1990年，美国卫生和公众服务部主导制定并实施了《健康公民2000》，且每十年更新一次，旨在不断提高居民的健康水平。其中，体育服务是一个重要方面。厄尔（Earl）指出："健康公民计划"最重要的功能之一是为美国公民提供进行体育锻炼的场地设施，该计划明确了社区中体育场地设施的建造标准等内容③。

日本《体育振兴法》中同样提到体育场地设施使用和经费分配需要等内容，"体育入法"推动了日本社区体育服务的进步，之后的《体育振兴基本计划》又明确了落实社区体育服务的各种政策④。

同为亚洲国家，韩国的社区体育服务的发展也具有一定的示范意义。除了不同国家一贯注重社区体育服务的长期设施建设外，韩国社区体育服务的一个重要特点是社会体育指导员的培训与配备，包括了老年人体育指导者、普通体育服务指导者、儿童体育启蒙指导者，甚至残疾人指导者；对于提供体育设施建设相关服务的指导者和管理者也都有完整的管理培训制度⑤。

---

①Glen Searle. Uncertain legacy：Sydney's Olympic stadiums［J］. European Planning Studies，2002，10（7）：845-859.

②Cabral，Silva. An approach for evaluating the risk management role of governments in public-private partnerships for mega-event stadiums［J］. European Sport Management Quarterly，2013，13（4）：472-490.

③Earl S. Sociology of sport and social theory［M］. Champaign：Human Kinetics Publishers，2010.

④三和良一. 概说日本经济史（近现代）［M］. 3版. 东京：东京大学出版会，2012：289-311.

⑤Barabasi A L.Linked：The new science of networks［M］. East-Asia Publishing Company，2002：55.

2. 体育服务管理

当前，公共体育场馆设施提供服务的组织一般有国家政府和民间组织两个来源，即行政管理型和公益服务型两种。就目前的实际情况来看，虽然社区体育的经费仍然主要是来自政府投入，但民间组织和私人的投入有增加的趋势。佩德森（Pedersen）等指出，英国采取自主经营与政府扶持的协作—运营模式，公益性质的俱乐部无偿参与大众项目的统筹运营，体育服务得以蓬勃发展的内在动力是“社会组织”①。

从社区体育服务的提供者看，在完成社区体育服务的参与上也有多个组织提供。巴尔达克（Balduck）等提出，体育组织有一个三级管理模式，社区体育组织是最基层的，在政府机构、社会团体和民间组织的共同作用下，共同促进社区体育的发展②。

3. 体育场馆公共补贴

由于体育场馆提供服务有一定的公益性，各国政府几乎都在场馆的建设和运营方面提供相应的公共补贴。例如，1987—2005年，美国翻新和新建了大量的公共体育场馆，包括很多职业比赛的场馆，这些场馆建设费用的71%是由公共服务部门提供的③。可见，这一时期美国公共体育场馆建设的政府补贴非常高，私人或民间团体出资仅占公共体育场馆建设运营资金的一小部分。

然而，对场馆进行公共补贴是否能够带来足够的积极影响，一些学者也提出了相应的质疑。对于体育场馆在赛事举办期间以及之后能够产生积极的经济影响的传统观点，也被学者质疑④。另外，对职业比赛的场馆进行一定程度的公共补贴也遭到了质疑。亚伦（Aaron）等指出，杰瑞·琼斯和他的牛仔队使用的全新的体育场馆主要由得克萨斯的纳税人和美国政府出

---

①Pedersen，Paul M，Lucie Thibault，et al. Contemporary Sport Management：Fourth Edition［M］. Cham paign：Human Kinetics，2010.

②Balduck A L，Van Rossem A，Buelens M.Identifying competencies of volunteer board members of community sports clubs［J］. Nonprofit and Voluntary Sector Quarterly，2010，39（2）：213-235.

③Chris Gratton，Simon Shibli，Richard Coleman. Sport and economic regeneration in cities［J］. Urban Studies，2005，42（5）：985-999.

④Robert A B. Stadium subsidies make little economic sense for cities，a rejoinders［J］. Journal Of Urban Affairs，1996，18（1）：33-37.

资，而老板杰瑞·琼斯和他的牛仔队队员并没有在新球馆的建设上花费太多[①]。在美国乃至全世界范围内，这样的例子并不在少数。但随着反对补贴的呼声持续增加以及场馆自身的发展特点与市场需求的变化，一些商业化运营较好的场馆，越来越多民间资本进入，其投入的资金也在不断增加。

（三）体育场馆绩效管理

“绩效”最早是企事业单位管理方面的内容，包括绩效管理、绩效评估等。后来逐渐运用到了公共管理领域，这期间经历了漫长的过程。如今，绩效管理已经成为公共管理领域的一个焦点。

1. 绩效评价

早在20世纪，因为缺乏适用的绩效评价体系，英国大量的体育场馆设施费用的投入绩效不能够得到及时地评估。90年代后期，格兰体育理事会针对该问题，设计了公共体育场馆设施绩效评价体系，这也是著名的英国国家公共体育场馆设施绩效评估系统“National Benchmarking Service（NBS）”的雏形[②]。随后，该绩效管理系统不断发展和完善，已成为英国公共体育场馆设施绩效评价最重要的评估系统。该评估系统设计了3 个一级指标以及多个二级指标来对公共体育场馆设施的运营管理绩效进行测量评价。

不仅如此，罗宾逊（Robinson）等构建了英国地方政府体育馆与游泳馆服务绩效评估模型[③]。英国中央政府联合审计委员会在2007年制定了“最优价值绩效评价指标（BVPIs）”来评估公共体育场馆设施的效率与效益[④]。

---

①Aaron Kuriloff and Darrell Preston，In Stadium Building Spree，U.S. Taxpayers Lose $4 Billion，Bloomber［EB/OL］.［2021-06-25］. http：//www.bloomberg.com/news/2012-09-05/in-stadium-buildingspree-us-taxpayers-lose-4-billion.html.

②Liu Y D，Taylor P，Shibli S. The operational efficiency of English public sport facilities［J］. Managing Leisure，2007，12（4）：251-272.

③Leigh Robinson，Peter Taylor.The performance of local authority sports halls and swimming pools in England［J］. Managing Leisure，2003，8（1）：1-16.

④Best value performance indicators result and targets［EB/OL］.［2021-06-25］. https：//www.manchester.gov.uk/download/downloads/id/7395/best_value_performance_indicators_20078.pdf.

2. 合同治理

体育场馆提供体育公共服务产品，尽管政府通过投资、补贴以及购买公共体育服务推动体育场馆的运营，但民间私有资本的商业投入逐渐在体育场馆的运营中占据越来越重要的地位。为规范体育场馆运营管理，充分发挥体育场馆的体育服务功能，更好满足人民群众开展体育活动的需求，促进体育产业和体育事业协调发展，很多体育场馆的运营出现不同模式的合同治理。

在英国，尽管采用政府内部管理模式的场馆业务由政府内部的业务部门管理，但仍然需要公开竞标并通过合同约定获得体育场地设施运营管理权的私营企业行为，同时政府支付一定的管理费补贴场馆运营的亏损①。此外，英国为包括体育场地设施在内的所有公共基础设施“PPP项目”进行了立法，将这些场地设施的规划、建设、运营、服务、管理以及监督等过程纳入清晰的制度框架和标准中②。

日本公共体育场馆实行经营组织的法人化，场馆经营形态分为两类，一是直辖经营，由行政机关直接管理场馆所有的业务计划和业务经营；二是委托经营，由以政府监管、民间力量供给、公民享受为特点的“指定管理者”模式运作公共体育设施。后者将原来由地方政府掌握的设施使用许可权、收费设定权、设施命名权等管理权限下放给社会资本，并在管理制度和合作协议中详细规定社会资本的相关义务等③。

美国很多实行民间资本运作的体育场馆仍然会接受政府财务资助，但私人管理机构根据委托合同经营公共体育场馆或体育赛事，政府还会在征税，水、电等使用上给予一定优惠政策④。

在德国，政府同样会依据场馆开放的程度和效益，给予不同性质、类别的体育场馆经费支持和税费优惠政策。雷贝吉亚尼（Rebeggiani）指出，

---

①Peter A. Groothuis，Bruce K. Johnson，John C. Whitehead.Public funding of professional sports stadiums：puilic choice or civic pride［J］. Eastern Economic Journal，2004，30（4）：515-526.

②Akintola Akintoye. Risk analysis and management of private finance initiative projects engineering［J］. Construction and Architectural Management，1998，5（1）：9-21.

③Tim Chapin. Identifying the Real Costs and Benefits of Sports Facilities［Z］. Lincoln Institute of Land Policy Working Paper，2002.

④Dennis Coates. Brad R. Humphreys. The Stadium Gambit and Local Economic Development［J］. Regulatory Peptides，2013.

世界范围内比较流行的政府和社会资本合作模式，在场馆融资建设过程中发挥着巨大作用[①]。

（四）智慧体育场馆建设

随着信息技术的进一步发展以及智慧城市的提出与发展建设，智慧体育也成为智慧城市的重要组成部分，智慧体育场馆建设与运营也成为研究的重点领域之一。信息技术的使用不断进入体育场馆中，不仅可以更有针对性地为观众提供竞赛产品等相关服务，还可以帮助提高场馆的运营效率、降低资金投入风险等。

关于智慧城市，存在不同的提法，但基本理念相似。如信息城市（Information City）[②]、数字城市（Digital City）[③]等都得到了很多的关注。信息技术的合理运用，有助于改善体育场馆服务水平和管理水平。

早在1995年卡林等[④]就建议美国政府以数据库形式向民众提供体育信息和服务等，体育资源数据库不仅可以根据主题建立并维护相应的文档，从而更好地为大众服务，还有助于体育均等化的发展。

蒂姆·马多克斯（Teem Maddox）[⑤]指出，不论是对于激活赞助商，还是提高销售速度，抑或是为了了解粉丝的偏好，智慧体育场馆都可以提供更多的机会。

约翰逊·康特罗尔斯（Johnson Controls）[⑥]认为，体育场馆要主动拥

①Rebeggiani L.Public vs. Private spending for sports facilities——The case of Germany 2006［J］. Public Finance & Management，2006，6（3）：395-435.

②Curwell S，Deakin M，Cooper I，et al.Citizens' expectations of information c-ities：Implications for urban planning and design［J］. Building Research & Information，2005，33（1）：55-66.

③Yovanof G S，Hazapis G N.An architectural framework and enabling wireless technologies for digital cities & intelligent urban environments［J］. Wireless Personal Communications，2009，49（3）：445-463.

④Karen C，Conme W.Community information goes online in central Pennsylvania［J］. Computers in libraries，1995，15（4）：22-24.

⑤Teem Maddox.Stadiums race to digitize：Haw sports teams arc scrambling to keep Millennials coming togames［EB/OL］.［2014-04-11］. https：//www.techrepublic.com/article/how-sports-teams-are-scrambling-to-keep-millennials-coming-to-games/

⑥Johnson Controls.Building Wide Systems Integration For Sports&Entertainment［EB/OL］. https：//www.johnsoncontrois.com/-/media/jci/be/united-states/solutions-by-industry/files/bwsi-stadium-ss.pdf.

抱和支持创新，合理利用日新月异的信息技术，不仅可以帮助体育场馆更有效地使用项目资金、降低风险，还能够为球迷们提供更好的体育服务体验。根据欧桑尼安·迈克（Ozanian Mike）①的调查研究结果，在职业体育比赛中，智慧体育场馆的开发正在被美国体育场馆用来提高球迷的体育服务体验。

Gao②指出，大型公共体育场馆创新能力较弱、利用效率不高的问题，可以在智慧运动场馆研究取得了长足进步的情况下，建立起场馆智能管理模式，以改善大型公共体育场馆整体运营。

二、国内有关体育场地设施的研究

（1）关于体育政策的研究：体育政策分析（于永惠2010，刘春华，2012），公私协力困境（刘红建，2013；李晓甜，2012），执行阻滞（刘峥，2014），执行偏差（杨定玉，2014），变迁特点（冯晓丽，2012），路径优化（杨成伟，2013），利益主体与表达（刘红建，2014；孙庆祝，2013），执行效力评价（易剑东，2013；吴香芝，2013；田雨普，2009），对外开放政策绩效评价（闫士展，2014；潘超课，2013），评价指标体系（王书彦，2009），发达国家休闲体育政策（徐志军，2021），群众体育治理（吴燕丹，2022），体育产业财税政策（徐俊，2023）。

（2）关于体育场地资源共享研究：城乡体育一体化发展研究（刘红建，2013），学校体育设施与社区全民健身资源互补（邹巍，2014），学校体育场地对外开放政策研究（张晓健，2013），高校体育场馆对社会开放研究（杨震，2013），体育设施建设布局的经济地理学研究（宋智梁，2013），公共体育设施社会效益和经济效益分析（付革，2013），城市体育公园综合体（臧博，2022），公办学校体育场地设施向公众开放收费的性质与法律规制研究（彭波，2023）。

（3）关于体育高尔夫场地设施相关研究：主要有对高尔夫的堵与疏政

①Ozanian Mike. Technology To Enhance The Fan's Experience［EB/OL］.［2021-06-25］. https://www.forbes.com/sites/mikeozanian/2012/02/OS/latest-stadium-technology-to-enhance-the-fans-experience/#4bcc3b8562a6.

②Gao XA. Ecological research on application of intelligent management system based on internet of things in university feather stadium in cansu province［J］. EKOLOJI，2019，28（107）：4819-4825.

策研究（张国华，2014），产业竞争力研究（靳英华，2013），制度变迁路径（齐春燕，2013），大众化发展（王军，2012），驱动机制与开发模式（黄志勇，2011），设施空间及影响（章仪，2013；何莽，2011），可持续发展（张家骕，2008），环境保护与土地政策（崔英淑，2005；袁华莹，2006；张娜，2007），设施的经济学（郑焱焱，2006）等，中小学校园高尔夫室内模拟与实景场地（孙远杰，2021）。

（4）大型体育场馆设施专题研究：大型体育场馆市场化运营中过度市场化（体育科学，2014），服务外包（2013），供给的历史回顾（2013），政府监管（2012），财务比较（2011），域外经验与发展趋势对策（2013），场（馆）税负研究（2012），国外体育场馆建设促进城市发展（2011），后奥运时期大型体育场馆运营（2012），设施融资（2007），委托管理（2010），外部效应（2008），委托经营（2009），民营化（陈元欣，2008），赛后运营制约（2009，2010），政府主导（2010），建设困境（2007），外部性（2007）等，城市体育文化在大型体育场馆设施的应用（王彩云，2022）。

（5）孙成林（2014）在专著《我国体育设施政策的演进及优化》中研究了晚清至民国时期、社会主义改造时期、社会主义建设时期、“文革时期”、历史转折时期、改革开放时期、社会主义市场经济时期我国体育设施政策的变迁及优化，在余论中提出要重视体育设施政策，完善体育设施政策体系，制定体育设施部门法，建立政策评估机制等建议。

另外，还有部分国内学者对国外体育场地设施建管政策进行了研究，主要是对日本、英国和美国等国家体育政策的研究。如崔颖波（2003）、孙金蓉（2003）、高丽（2011）、周爱光（2013）等学者对日本体育政策；王力军（2000）对意大利体育管理体制；徐通（2008）、汤际澜（2010）、王英峰（2011）等对英国体育管理体制；苗大培（2009）对欧洲休闲运动政策进行了研究。

上述国内外研究对体育政策的指导思想、理论起点、作用功能、评价标准、发展走向、科学优化等内容进行了比较详细地分析，为今后体育设施政策研究提供了理论基础和实践经验。国内研究比较客观地肯定了当前体育政策所发挥的作用，同时也比较中肯地指出存在的问题：第一，我国体育设施结构性失衡问题（如竞技体育与群众体育投入失衡，政府财政和社会资金投入失衡，设施本质功能与对外开放社会公益的失衡，体育设施经济效益和社会效益的失衡，体育设施城乡分布、中心城区和城郊区域、人员密集区域和分散稀少区域的失衡，大型体育场馆与中小型场馆比例失衡）。第二，体育设施供需矛盾产生负面影响（存在总量不足，局部部分闲置；自身不够使用，兼顾对外开放；政绩高大上，民众用不上；重投资建设，轻管理经营；赛去馆空，低使用率，政府买单）。第三，体育设施运营政策缺乏（大型体育场馆前期投入大，后期管理维护投入不足，运营管理的属性划分不当，导致场馆运营成本昂贵；中小型体育场馆，社区场馆及全民健身路径的器材维护制度缺乏，大众的、经常性的、小型的场地维护缺位）。第四，体育场地设施政策规范性不足（政策本身正确合理性不全、权威性不够、合法性不足、明晰性不强、奖惩力度不够，相关法规缺乏相互规约，政策体系自身匹配度不高、政策执行组织体系不明确、目标群体利益表达意识缺乏、政策执行资源不足和政策执行制度不完善等）。第五，体育场地设施政策执行力不强（存在选择性执行、替代性执行、象征性执行、抵制执行、附加执行以及政策合谋等现象、政策执行监管不力等）。第六，对体育场地政策认知不足（对体育政策的知晓率、认知力、认同度、创设条件认识不足）。第七，体育设施政策评估纠错缺位（监督评估机制形式化、监督机构地方“熟人社会”关系等非正式制度，对市场对政策的对立反应不敏锐，对政策修正纠错的忽略）。

本课题十分关注上述问题，借助“政府干预”“市场调节”和“失灵矫正”等新制度经济学理论，针对市场对体育场地政策的不同反应，剖析成因，借鉴经验，评估绩效，纠错优化，探讨问题的消解策略，争取为相关部门或利益主体提供理论参考。

不少学者对政策评估有着不同的看法，主要观点可以分为三类。第一类观点认为，政策评估是针对政策效果的评估，是对政府干预的价值、产出及结果的回顾与评价（Vedung，1997；Rutman，1980）。第二类观点认为，政策评估主要是对政策方案的评估，注重政策的解析和预测，依靠经验型证据和分析，强调建立和检测中期理论，关注政策的有用性（Nagel，1999），被看作是一个分析过程（林水波，张世贤，1980），评估者通过收集信息，对政策进行分析确定其可行性程度，以供决策者参考。第三类观点认为，政策评估是对政策全过程的评估，包括对政策方案、政策执行及政策结果的评估（Rossi，Freeman，1999）。不少国内学者（张金马，1992；刘斌，2000；陈振明，2004等）支持第一类观点，认为政策评估具有结果导向（Vedung，1997），原因分析（Lang，2001），促进学习（Frans-Bauke，2006），决策支持（Freeman，1999）的目的。基于完善特定政策并为相关政策的制定提供借鉴的主要目的，本研究认为：政策评估是在特定政策开始执行后，对其设计、执行、效果和成败原因进行系统分析和评判，为完善该政策和制定相关政策提供依据的行为（雷家骕，彭勃，王雪梅，2011）。它一般可以分为事前、事中和事后评估，正式评估和非正式评估，内部评估和外部评估，绩效评价和常规评估（马国贤，2012）等；也可分为政策预评估，政策执行评估及计划监督，政策结果评估，决策理论评估等（李允杰，2008）。

那么由谁实施政策评估？怎样评估？政策评估的主体主要包括对象评估、专家评估和自我评估三类。在评估中需要遵守政策评估的事实标准和价值标准（王春明，2010），在效果模型、经济模型、专业模型等诸多政策评估模式选择中（李志军，2013），要充分考量政策的经济性、效率性、有效性和平等性的“4E标准”；合理选用专家评议法、政策前后对比分析法、个案研究分析法、成本—收益分析法、多目标综合评估法等政策评估的具体方法；针对政策制度阶段按照合理性、完备性、科学性的标准设计评估指标；针对政策执行阶段的有效性、合理性、科学性设计评价指标；针对政策效果阶段的效果和效应设定评估指标；在评估的过程中，需要考虑影响政策评估中政策目标不清晰，效果范围过泛，被评估者的反对，评估者的主观性等方面的影响因素（美·宾厄姆，2008）。

关于政策评估的研究成果丰富，积累了众多经验，提供了理论支撑。政策评估在国内也逐步得到重视，如国务院发展研究中心李志军撰写的《重大公共政策评估》、中国教育绩效评估中心马国贤《公共政策分析与评估》、中国西部发展研究院范柏乃（2011）《西部大开发政策绩效评估与调整策略研究》、中国企业成长与经济安全研究中心雷家骕《经济及科技政策评估》等专著研究报告，为研究我国体育场地设施建管政策评估提供了方法、案例等方面的理论指导。

国内学者针对体育场地设施建管政策评估的直接研究较少，间接研究中有所提及。间接研究包括大型体育场馆市场化运营中过度市场化（陈元欣，2014）的纠正需要评估，孙成林（2014）在专著《我国体育设施政策的演进及优化》中指出要建立政策评估机制，体育政策分析（于永惠，2010；刘春华，2012），体育政策执行公私协力困境（刘红建，2013；李晓甜，2012），学校体育政策执行阻滞（刘峥，杨定玉，2014），体育产业政策执行效力评价（易剑东，2013；吴香芝，2013；田雨普，2009），学校体育场地对外开放政策绩效评价（闫士展，2014；潘超课，2013），学校体育政策执行力及其评价指标体系（王书彦，2009）等。直接研究包括政府公共体育服务满意度绩效评估指标的构建（王梦阳，2013）中，公共体育场地设施占0.23的权重，主要从公共体育场覆盖率、开放程度、收费标准、百姓健身房覆盖率、百姓健身房中项目设置、健身广场覆盖率、健身广场环境等方面进行评估；在公共体育服务绩效评价体系构建（王秀香，2014）从对体育法律、体育行政法规、体育发展战略、体育行政系统规章制度评估体育政策保障，从体育场地设施数量、地理位置、不同类型体育场地、体育场地设施规模、体育场地设施收费、体育场地设施可使用时间、体育场地设施质量评估体育场地的满意程度。

综上所述，当前关于政策评估的研究，国内外专家成果颇丰。许多国家都制定了政策评估的相关立法，在评估目标、评估指标、评估程序、评估模式及评估方法等方面都形成了比较成熟的技术和理论，为我们研究国内体育场地设施建管政策绩效评估提供了理论指导；国内关于体育场地设施政策评估的研究暂不多见，现有研究多从体育政策中某一领域、某一阶段的某一问题进行研究，针对体育场地设施政策全面性、全程性的综合评价研究还有待深入。本课题以政治学、经济学、公共管理学、公共政策学等知识为指引，针对体育场地设施政策中“政府干预”“市场调节”和“失灵矫正”等现象，依据体育场地普查现有数据，瞄准人均体育场地2.0平方米的目标，系统分析，借鉴经验，评估绩效，纠错优化，探讨问题的消解策略，争取为相关部门或利益主体提供理论参考。

第三节　本课题的研究目标与内容

一、本课题的研究对象

本研究围绕我国体育设施政策中“冷政策—热市场”“热政策—冷市场”的政策执行异化现象，以我国体育场地建管政策执行绩效为研究对象，以我国部分高校、部分中小学学校、教育系统、体育系统、社会团体和个体等相关群体为调查对象。

其中，在我国普通高校体育场地建设与管理、开放与共享、优势与短板等方面的调查，我们主要按以下步骤实施。在调查前期，查阅了大量相关文献资料，因个人资源有限，故根据自身实际情况联系到全国各地的同学朋友，选取他们所在的全国部分地区具有代表性的高校，以他们学校体育场地共享的现状情况为研究对象。本研究通过方便抽样和典型抽样调查相结合，最终选取50所高校进行调查，其中湖北省高校23所（武汉市18所、荆州市1所、咸宁市1所、黄石市1所、孝感市1所、宜昌市1所），湖南省高校4所（长沙市1所、株洲市1所、常德市1所、怀化市1所），江苏省高校3所（南京市1所、徐州市1所、南通市1所），江西省高校2所（南昌市2所），河北省高校3所（唐山市1所、承德市1所、廊坊市1所），吉林省高校2所（长春市2所），河南省高校2所（商丘市1所、郑州市1所），浙江省高校1所，北京市高校1所，广东省高校1所，青海省高校1所，黑龙江省高校1所，福建省高校1所，山东省高校1所，安徽省高校1所，四川省高校1所，贵州省高校1所，辽宁省高校1所。具体高校名单如表1-1所示。

表1-1 调查高校全称名单

学校全名	所在地区	办学层次
武汉大学	湖北武汉	重点大学
华中科技大学	湖北武汉	重点大学
中南财经政法大学	湖北武汉	重点大学
武汉理工大学	湖北武汉	重点大学
武汉科技大学	湖北武汉	普通本科
湖北经济学院	湖北武汉	普通本科
武汉纺织大学	湖北武汉	普通本科
湖北中医药大学	湖北武汉	普通本科
武汉轻工大学	湖北武汉	普通本科
湖北工业大学	湖北武汉	普通本科
湖北警官学院	湖北武汉	普通本科
武汉工程大学	湖北武汉	普通本科
武汉体育学院	湖北武汉	普通本科
湖北大学	湖北武汉	普通本科
武汉商学院	湖北武汉	普通本科
汉口学院	湖北武汉	普通本科（民办）
武昌理工学院	湖北武汉	普通本科（民办）

（续表）

学校全名	所在地区	办学层次
武汉东湖学院	湖北武汉	普通本科（民办）
长江大学	湖北荆州	普通本科
湖北工程学院	湖北孝感	普通本科
三峡大学	湖北宜昌	普通本科
湖北理工学院	湖北黄石	普通本科
湖北科技学院	湖北咸宁	普通本科
长沙理工大学	湖南长沙	普通本科
湖南工业大学	湖南株洲	普通本科
怀化学院	湖南怀化	普通本科
湖南文理学院	湖南常德	普通本科
中国矿业大学	江苏徐州	重点大学
南通大学	江苏南通	普通本科
南京航空航天大学	江苏南京	重点大学
南昌工程学院	江西南昌	普通本科
南昌大学	江西南昌	普通本科
华北理工大学	河北唐山	普通本科
河北民族师范学院	河北承德	普通本科
华北科技学院	河北廊坊	普通本科
吉林大学	吉林长春	重点大学
吉林工商学院	吉林长春	普通本科
商丘师范学院	河南商丘	普通本科
河南农业大学	河南郑州	普通本科
宁波工程学院	浙江宁波	普通本科
北京体育大学	北京市海淀区	重点大学
中山大学	广东广州	重点大学
青海大学	青海西宁	重点大学
牡丹江医学院	黑龙江牡丹江	普通本科
福建师范大学	福建福州	普通本科

（续表）

学校全名	所在地区	办学层次
鲁东大学	山东烟台	普通本科
宿州学院	安徽宿州	普通本科
西昌大学	四川西昌	普通本科
贵州医科大学	贵州贵阳	普通本科
大连医科大学	辽宁大连	普通本科

其他方面的调查我们也针对相应对象按照研究计划展开，具体内容将在随后相应章节中显现。

二、本课题的研究目标

借助“市场调节”“政府干预”“市场矫正”等新制度经济学理论，围绕我国体育设施政策中“冷政策—热市场”“热政策—冷市场”的政策执行异化现象，剖析国内体育场地设施结构性失衡、体育场地设施供需矛盾、体育场地设施运营政策缺失的原因；研究评价指标体系（为谁评价？谁来评价？评价什么？怎样评价？评价后怎么办？）对体育场地设施政策规范性、执行力及认知度进行绩效评估；通过评估结果探讨各利益主体的自我纠错机制，优化未来5～10年体育场地设施建管策略（制定科学化、执行高效力、坚持公益性、适度市场化、奖惩制度化、评估经常化）。

三、本课题的研究内容

（一）控制失灵与体育政策执行反差

1. 政府失灵与市场失灵矫正的相关理论

政府“有形的手”和市场“无形的手”总是在自我完善和相互博弈中进步发展，必要的时候还拉入第三方共同发展。借助新制度经济学的相关理论，研究政府干预部分失灵的主要内容和原因，市场干预部分失灵的主要内容和原因，探讨市场和政府失灵的双重矫正策略。

2. **我国体育政策执行与市场冷热反应的现象分析**

其一，探索我国体育场地设施高尔夫高端行业“冷政策—热市场”的成因：据《中国高尔夫行业报告》，全国高尔夫球场数量由2004年的178家增长至2013年的521家，为什么中央11道禁令无果，高尔夫球场10年仍持续增加343家？

其二，探索我国体育场地设施一般行业“热政策—冷市场”的成因：一是国家多项政策鼓励社会多元资金，而社会捐赠及其他不足10%。社会资金参与不足，为什么？二是政策鼓励体育场地资源共享，为什么场地对外开放热情不高？

（二）我国体育场地设施建设情况分析

准备研究：①纵向对比场地数量的变化；②横向比较体育场地地理区域分布（体育设施城乡分布、中心城区和城郊区域、人员密集区域和分散稀少区域、各单位和各行业分布等）；③竞技体育与群众体育投入比例；④政府财政和社会资金投入的比例；⑤大型体育场馆与中小型场馆比例；⑥场馆建设投资主体的结构（国家财政、地方财政、社会资金等）等。

（三）我国体育场地设施管理情况分析

1. **体育场地设施成本管理情况（图1–1）**

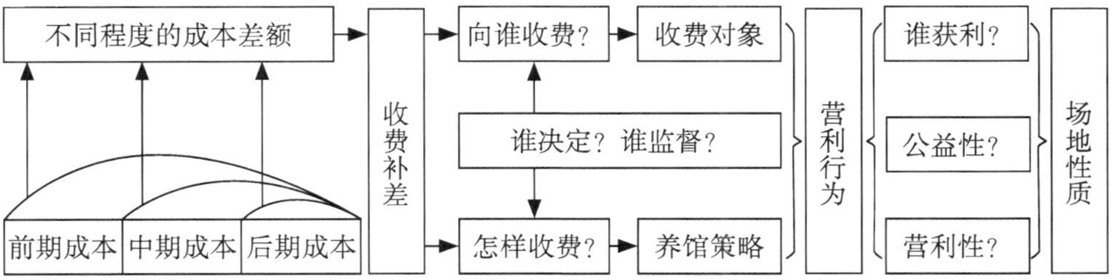

图1–1　体育场地设施成本差额与营利行为示意图

2. 体育场地设施委托管理情况（图1-2）

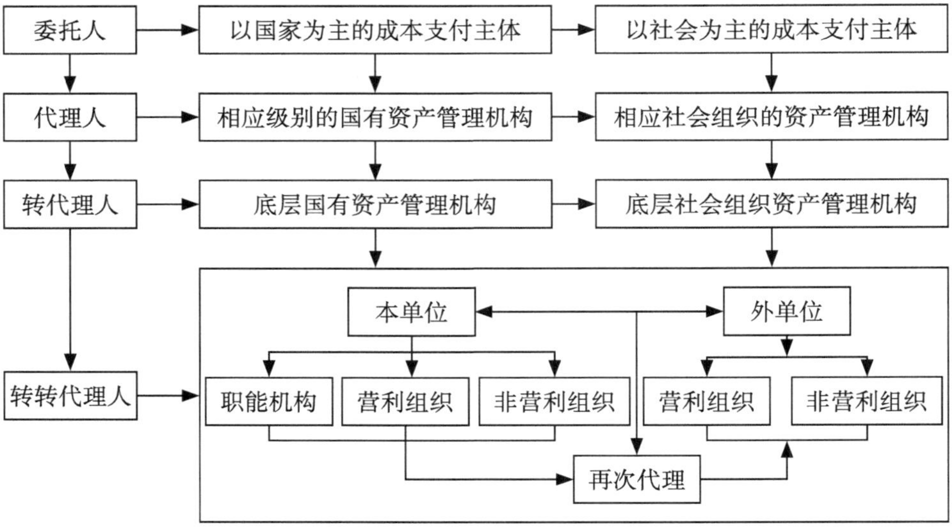

图1-2　体育场地设施管理的代理关系示意图

3. 拟还研究以下问题

大型场馆赛前赛后的运营管理，中小型场馆建设与使用情况，分析农村地区、城郊地区、高端体育场馆等局部闲置情况及使用率低的原因；研究社会资金参与度低，场地共享的困境（寄宿学校、私立学校、教学区和体育场地集中学习、人员密集中心学校、单位内部场馆、私人场馆），建管激励机制缺失等问题。

（四）市场异步体育场地设施政策的影响因素及经验借鉴

（1）研究市场对体育场地设施政策不同步反应的影响因素：第一，体育设施运营政策因素（大型体育场馆前期投入与后期管理维护投入，运营管理的属性划分；中小型体育场馆，社区场馆及全民健身路径的器材维护制度缺乏，大众的、经常性的、小型的场地维护缺位等）。第二，体育场地设施政策规范性因素（合理性、权威性、合法性、明晰性、奖惩力度，相关法规规约，政策体系自身匹配度、政策执行组织体系、目标群体利益表达、政策执行资源和政策执行制度等）。第三，体育场地设施政策执行力因素（政策合谋等现象、政策执行监管）。第四，对体育场地政策认知因素。

（2）国内外经验借鉴：研究国外体育设施法律法规、国外大型体育场馆建管政策、国外群众体育法律法规、国外学校体育场地管理政策、国外高尔夫场馆建设管理和运营政策、国内场地对外开放经验、国内全民健身场地法规政策等经验。

（五）我国体育场地设施政策执行的绩效评估

（1）谁来评价？评价主体筛选，在国家体育总局及相关政府部门、场地设施消费对象、第三方专家评估组织等评价主体中进行选择。

（2）评价什么？初步设计了5类30项体育场地设施建管政策评估指标（表1–2），后期研究不断筛选。

表1–2　体育场地建管政策评估初涉指标

评价对象	政策文本	资金投入	执行过程	产出结果	效果影响	其他对象
评价指标（其他指标待研究）	合法性	资金总额	选择性执行	场地数量	知晓率	其他指标
	合理性	资金结构	替代性执行	场地布局	认知力	
	科学性	资金性质	象征性执行	场地类型	认同度	
	完备性	资金效率	抵制性执行	覆盖率	满意度	
	可行性	人力成本	附加性执行	使用率	参与度	
	有用性	人员结构	监管制度化	开放度	期望值	

（3）怎样评价？按照直接结果的事实标准和间接效果的价值标准进行“4E”政策评估（图1–3）。

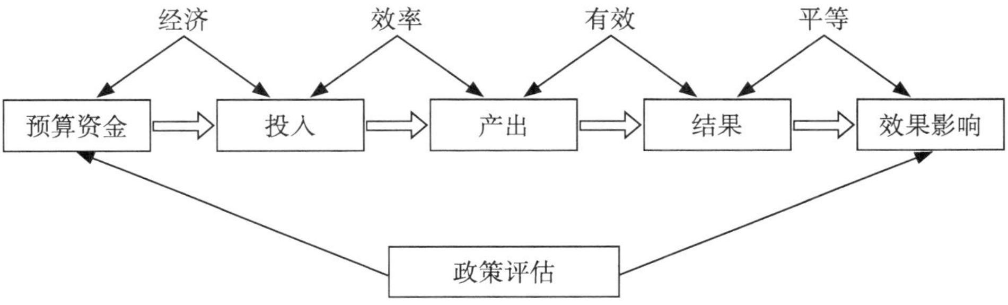

图1–3　政策评估过程示意图

（4）评价后怎么办？将评价的结果反馈给政策制定或执行主体，以评促改，促进政策的完备及相关政策的借鉴。通过跟踪服务，促进政策的完善。

（六）我国体育场地设施政策实施的调整优化策略研究

（1）我国体育设施政策的调整。主要从尊重高尔夫市场、开发大众高尔夫、综合治理发展高尔夫、多建中小型场馆、建可拆装移动馆、建区域特色场馆、建多功能场馆、重赏第三部门、探索性建立互联网体育活动虚拟空间及互联网建设服务平台等；完善全民健身路径器材维护办法，建立健全室外健身器材配建管理工作新机制，鼓励企业利用城市闲置厂房、仓库等设施改建健身场所。

（2）我国体育设施政策的优化策略。主要从制定科学化、执行高效力、坚持公益性、适度市场化、奖惩制度化、评估经常化等方面进行研究；研制体育公园、体育健身广场、户外体育活动营地、县级公共体育场、登山步道、城市健身步道、“10～30分钟”健身圈等建管机制；创新构建全民健身电子地图，开发科学健身场馆信息手机客户端。

四、本课题拟突破的重点和难点

1. 重点

①我国体育场地设施普查结果系统分析；②我国体育场地设施政策执行的绩效评估指标设计；③未来10年我国体育设施政策的优化策略。

2. 难点

①市场对体育场地设施政策不同步反应的影响因素；②我国体育场地设施政策绩效评估的实施；③我国体育设施政策实施的纠错策略研究。

第四节　本课题的研究思路和研究方法

一、本课题的研究思路

本课题的研究思路如图1–4所示。

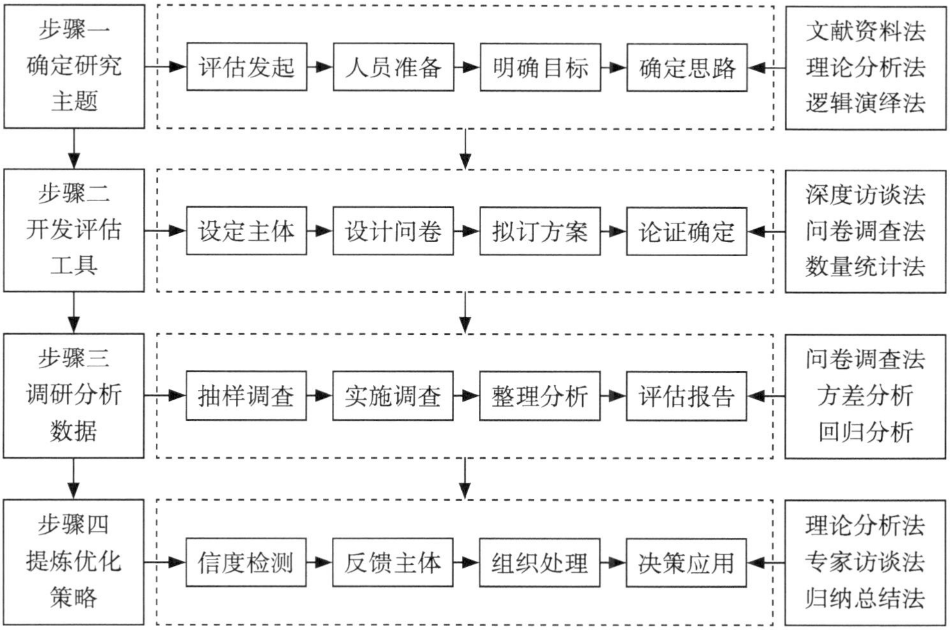

图1–4　课题研究思路图

二、本课题的研究方法

（一）文献资料法

查阅“全国第六次体育场地普查数据”，查阅相关文件档案、查阅CNKI等数据库及相关著作，获得体育场地设施政策，政府调控，市场调节，政策绩效评估、政策发展规范等方面的资料。

（二）问卷调查法

按社会学问卷调查设计8～11套问卷，2～3份访谈提纲，经效度和信度检验，运用专家访谈法、问卷调查法对国际体育组织公益成员约10名、国内政府决策官员及体育管理系统决策官员约30名、体育场馆管理者约70名进行多种形式的咨询或调查，获取权威资料和理论指导。

1. 问卷设计依据

在制定问卷调查前，详读了由黄汉升教授主编的《体育科学研究方法》，按照该教材问卷设计要求以及方法，并查阅大量的相关核心期刊论文的问卷设计，在此基础上结合自己的实际研究内容和现状调查，突出研究重点。在课题组的指导帮助下，经过多次的查阅、修改与完善，最终本论文设计了9份调查问卷，1份访谈提纲。

2. 问卷效度检验

问卷初拟后，预约了17名专家对两份问卷进行真实客观的逐条检验。专家名单及效度检验情况如表1–3～表1–5所示。

表1–3　参与效度检验的专家名单

姓名	学历	职称	工作单位
路**	硕士	教授	长江大学
洪**	博士	副教授	贵州师范大学
刘**	博士	教授	湖南师范大学
李**	博士	教授	湖南师范大学
王 *	硕士	教授	湖南涉外经济学院
胡**	博士	教授	华中师范大学
黄**	博士	教授	华中师范大学
陈**	博士	教授	华中师范大学
鲁**	博士	教授	华中师范大学
王 *	博士	教授	武汉体育学院
李**	博士	教授	武汉体育学院

（续表）

姓名	学历	职称	工作单位
陈**	硕士	教授	湖南体育职业学院
孔**	硕士	副教授	长江大学
杨**	硕士	副教授	长江大学
李**	本科	副教授	长江大学
姚**	本科	副教授	长江大学
尤**	硕士	讲师	长江大学

表1–4　问卷结构及问卷内容的效度检验情况表（n=13）

评价内容	很完善	比较完善	基本完善	不太完善	很不完善
问卷结构	5	7	1	0	0
问卷内容	7	5	1	0	0
总体评价	12	12	2	0	0

表1–5　9套问卷效度检验结果统计（n=10）

问卷序号	完全有效	比较有效	一般	基本无效	完全无效
问卷1（附录1）	7	2	1	0	0
问卷2（附录2）	7	3	0	0	0
问卷3（附录3）	6	4	0	0	0
问卷4（附录4）	7	2	1	0	0
问卷5（附录5）	5	5	0	0	0
问卷6（附录6）	6	3	1	0	0
问卷7（附录7）	5	4	1	0	0
问卷8（附录8）	7	3	0	0	0
问卷9（附录9）	4	6	0	0	0

3. 问卷信度检验

依据课题研究需要，本次研究的9套问卷信度检验采用二次测试，两次时间间隔为15天，检测结果如表1–6所示。

表1-6　问卷信度检验结果统计（n=13）

问卷序号	首测人数/人	重测人数/人	两次间隔时间/天	一致性系数值R
问卷1（附录1）	10	6	15	0.871
问卷2（附录2）	11	7	15	0.868
问卷3（附录3）	12	8	15	0.874
问卷4（附录4）	13	9	15	0.821
问卷5（附录5）	13	13	15	0.894
问卷6（附录6）	12	8	15	0.852
问卷7（附录7）	11	7	15	0.867
问卷8（附录8）	9	9	15	0.894
问卷9（附录9）	13	10	15	0.831

4. 问卷回收率及有效率

本研究9套问卷都展开了调查，其调查过程中发放问卷、回收问卷、有效问卷统计情况如表1-7所示。

表1-7　9套问卷回收率、有效率结果统计

问卷序号	发放情况/份	回收份数/份	回收率/%	有效份数/份	有效率/%
问卷1（附录1）	15	15	100	15	100
问卷2（附录2）	15	15	100	15	100
问卷3（附录3）	15	15	100	12	80
问卷4（附录4）	350	281	80.29	242	86.12
问卷5（附录5）	250	212	84.8	198	93.40
问卷6（附录6）	100	73	73	50	68.49
问卷7（附录7）	200	149	74.5	131	87.92
问卷8（附录8）	300	275	91.67	247	89.82
问卷9（附录9）	550	379	68.91	293	77.31

其中问卷9的具体情况分别如表1–8、表1–9所示。

表1–8　问卷9发放和回收情况统计表

调查对象	发放数量/份	回收数量/份	回收率/%	有效数量/份	有效率/%
锻炼人士	515	250	48.54	242	96.8
管理者	130	59	45.38	50	84.75

表1–9　问卷9发放和回收情况

所在地区	体育人士发放数/份	体育人士回收数/份	体育场地管理者发放数/份	体育场地管理者回收数/份
湖北省	200	115	30	23
湖南省	30	20	10	4
浙江省	30	15	10	3
江苏省	30	15	5	3
河北省	30	10	5	2
江西省	30	10	5	2
吉林省	30	10	5	2
河南省	15	5	5	3
北京市	15	5	5	1
广东省	15	5	5	1
青海省	15	5	5	3
黑龙江省	15	5	5	1
福建省	10	5	5	1
山东省	10	5	5	3
安徽省	10	5	5	1
四川省	10	5	5	3
贵州省	10	5	5	1
辽宁省	10	5	5	2
总计	515	250	125	59

（三）头脑风暴法

对体育场地设施与市场冷热反应的绩效评估的实现方案进行相差咨询、讨论和选择。

（四）实地调研法

对上海、北京、广州、重庆、贵州、武汉、长沙等城市进行实地考察，了解这些城市体育场地设施建设与管理运营情况。

（五）数理统计法

采用SPSS26.0统计软件对调查数据进行统一处理。进一步采取横向和纵向的综合比较，不断归纳，遵守逻辑，将经典理论演绎到体育场地设施政策纠错优化之中，研讨适合我国未来5～10年体育场地持续建设与发展策略。

（六）其他研究方法

前后对比分析法、个案研究分析法、成本—收益分析方法、多目标综合评估法等。

第五节　体育场地政策执行理论模型和理论基础

在选定了理论的基础上，我们更加聚焦于选择对构建“实施纲要”政策执行绩效评估指标体系，有直接借鉴、指导意义的理论模型。即下文所阐述的政策执行理论的过程模型、互适模型、循环模型，以及私营部门、公共部门平衡计分卡理论模型。

自从政策执行问题引起广泛关注之后，众多学者从不同的视角构建了许多政策执行理论模型，并据此研究影响政策执行的各种因素。本文主要借鉴三种过程管理属性更强的政策执行理论模型。

一、政策执行过程模型

T.B.史密斯整合政策执行各个要素，主要围绕 4 个变量构建了政策执行过程模型。其中：理想化的政策，是政策制定者试图追求的目标形态；执行机关，是政策执行主体；目标群体，是受到政策直接影响，与政策执行过程有密切利益关联，并相应作出政策反应和符合政策要求的群体或个体；环境因素，是对政策执行过程产生影响的外部要素，如政治、经济、文化和社会环境等。史密斯认为，一项政策的执行会打破原先的平衡，在各组成要素间产生紧张、压力、冲突等关系，对此必须做出反应，及时进行处理。而政策执行的过程，就是不断回应紧张，并做出动态调整的循环过程。

二、政策执行互适模型

M.麦克拉夫林提出的政策执行互适模型，认为政策执行过程，是政策执行的主体与客体之间通过调适（即协调、合作、适应）解决政策问题、实现政策目标的动态平衡过程。该模型强调四种执行逻辑：一是政策执行主体与客体在目标观点上存在差异，必须通过沟通、协商和妥协等方式来达成共识，实现共同利益。二是政策执行主体与客体的相互调适，应当出于平等地位进行双向、合作交流，而不是传统的自上而下“威权式”的单向传导。三是政策执行的目标、手段、内容会随着环境因素、政策执行目标群体等的改变，而不断进行动态调整。四是政策执行应进行有效反馈，政策执行目标群体能将其诉求、利益和价值等因素，有效反馈给政策制定者和执行者，从而直接或间接地影响政策执行过程。麦克拉夫林认为，政策执行主体与客体之间就目标或手段进行相互调适的成功与否，将在很大程度上决定政策执行的有效程度。

三、政策执行循环模型

M.雷恩和 F.拉宾诺维茨提出的循环模型，以拟定纲领、分配资源、监督执行作为3个阶段，按照合法、理性、共识等执行原则，推进政策落实。

第一个循环，需要经历拟定纲领和行动计划，确定和分配执行资源，进而对政策执行过程进行有效监督和推动；第二个循环，则是通过上一循环的政策执行与监督，对执行过程进行反馈，进而针对政策执行情况再次拟定行动纲领，调整计划和相应措施，进一步分配资源，再次监督执行，最终确保政策目标的实现。所示，执行—监控—再执行的循环回路，以及拟定执行提纲、分配资源、监督执行可以及时有效地提升政策执行效果，在循环过程中，环境条件（目标显著性、程序复杂性、可利用资源的性质与层次）将直接影响政策执行的过程。

四、体育场地建管政策执行的理论基础

关于政策执行理论，政策科学学者从不同角度进行了研究，其中比较有代表性的是行动理论学派、组织理论学派、因果理论学派、交易理论学派、管理理论学派、系统理论学派等[①]。有学者将众说纷纭的理论概括为七种理论：第一，行动理论，将政策执行视为对某一项公共政策所要采取的广泛行动。第二，组织理论，强调组织在政策中的核心地位，认为只有了解组织是怎样工作的，才能理解所要执行的政策以及它在执行中是如何被调整和塑造的。第三，因果理论，将政策看作一种假设，将政策执行看作引导人们到达目的地的地图，关心政策中的因果关系。第四，管理理论，强调政策执行是一种管理过程。第五，交易理论，认为政策执行是一个政治上的讨价还价的过程。第六，系统理论，将政策执行理解为政策系统与环境进行物质、能量和信息交换的过程。第七，博弈理论，在存在冲突和竞争的情况下，每一个参加者都力求获得最大收益而将损失减少到最低限度。

①道客巴巴. 公共政策质量：从执行困境的角度看——以卫星地面接收设施管理为例［EB/OL］.［2021-06-25］. https：//www.doc88.co.

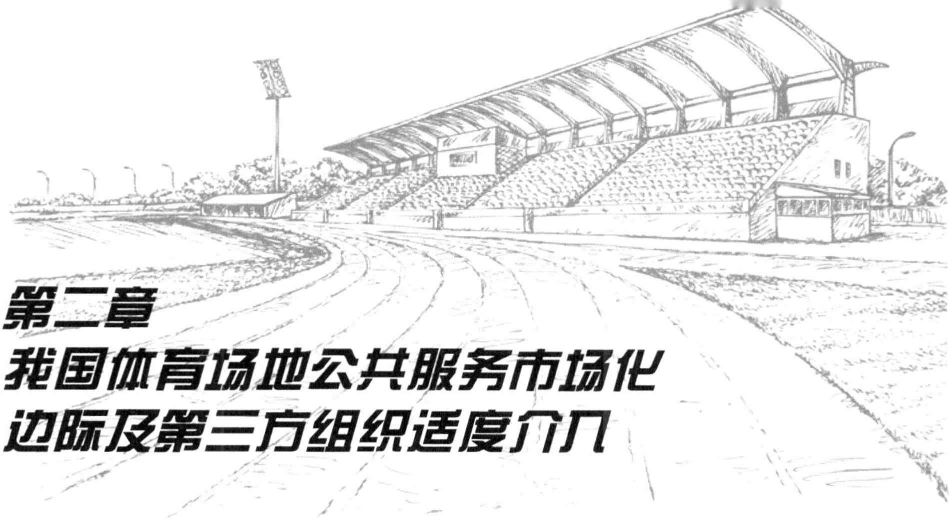

第二章
我国体育场地公共服务市场化边际及第三方组织适度介入

政府“有形的手”和市场“无形的手”总是在自我完善和相互博弈中进步发展，必要的时候还纳入第三方共同发展，使得各主体间的权利和边界更加复杂。本研究试图从“政府失灵”“市场失灵”“失灵矫正”等现代制度经济学理论出发，对体育公共产品、体育准公共产品（公共资源）、体育俱乐部产品、体育私人产品供给和消费的边界进行探讨，主要从经济效率分析了体育场地公共服务市场化的失灵点，从交易成本分析了体育场地公共服务市场化的相交点，从社会产品分类分析了体育场地公共服务市场化的公共地带，从组织的有限理性分析体育场地公共服务市场化的权力边界；最后，从政府官员“经济人”有限理性、监管的行政垄断、创新公共产品供给，从可竞争市场，明晰产权，对称信息、契约激励等角度提出了规避体育公共服务政府供给失灵和体育公共服务市场化失灵的对策。

随着我国发展方式不断转变，公共服务型政府建设已经成为必然，如何更好地推进公共服务型政府建设，已经成为社会各界关注的焦点。因此，我国体育场地公共服务体系的建立健全是全面完善我国社会主义市场经济体制的必然要求，是我国体育事业举国体制发展过程中弥补市场缺陷的必然要求；我国体育场地公共服务适度市场化是构建社会主义和谐社会的必然要求，是维护社会利益均衡的必然要求，是实现社会公平正义的必然要求，是实现社会结构和谐的必然要求。

第一节　控制失灵与体育场地建设管理政策公共服务市场化

社会经济发展过程中，总是受到政府这只“有形的手”和市场这只

"无形的手"的控制。当他们不起作用的时候，就会出现"政府失灵""市场失灵"的控制失灵现象。我国体育市场随着中国市场经济的逐步发展，既有作为政府供给的公共产品市场，也有作为市场供给的私人产品市场，作为整个社会经济发展中的局部市场必然也存在控制失灵的现象。

一、政府和市场运行中的控制失灵内容及关键原因

政府科层组织管理的初衷是更有效、更全面、更深入地管理社会，但在实际的管理过程中，往往许多领域未能达到管理的预计目标，出现政府失灵的现象；市场的产品供给其本质是更直接、更具体、更广泛地满足社会的需要，在实际产品供给中，多因竞争引起的垄断，供需双方的信息误差，供给相关主体的诚信和道德差异，使得产品供给违背了市场价格机制的控制。究其失灵原因和表现，大致如下。

1. 政府失灵理论的五大内容

（1）政府部门的内部性局限。

（2）政府限制外部性时产生了新的外部性。

（3）政府行为的高成本低效率。

（4）管理过程中的寻租与腐败。

（5）政府公共政策失效。

2. 我国政府管理失灵的原因

一是政府的内部性导致社会公共政策目标的非公共性。

二是政府对社会管理的外部性缺乏认识，自损威信公信力。

三是政府自身制度存在缺陷导致的工作效率低下。

所以，信息不对称现象的存在将会给政府机构决策、工作时带来障碍和阻力，一旦信息获取不全面、不准确，或者信息分析出现问题，将会造成政府失灵[①]。

3. 市场失灵理论的七大内容

①市场的不完全；②市场的不普遍；③信息的不对称；④价格的外部

①李玲，陈佩娇. 关于我国政府失灵的研究综述［J］. 云南社会主义学院学报，2012，3：21-22.

性；⑤公共产品的搭便车；⑥收入分配的不公平；⑦宏观经济的不稳定。

4. 市场失灵的原因

一是市场的结构性失灵，即市场本身的不完全性，市场就有竞争与垄断的缺陷，市场本身就会有价格机制失灵的事实存在；再者，处于市场之中人的信息获取不全或延时导致信息不足的缺陷。

二是市场的功能性失灵，即市场确实存在未在价格中得以反映经济交易的成本或效益，市场也会因为竞争和垄断导致产生经济失衡的现象，市场也会因为竞争导致无序的经济波动，市场也会存在供给主体缺失或推诿的现象。

三是制度性失灵，即市场存在因制度规定的初次收入分配，也存在需求主体与供给物品的有益需求和有害排斥的情况。

综上所述，我们认为：①政府和市场在管理边界不清时需要对公共产品进行明确界定并制定相关配置管理运行体系；②政府和市场之间，交易双方之间，交易产品和交易过程之间，管理与竞争之间，最大限度追求信息的完全与对称；③有限的政府，不完全的市场，独立的第三方，始终离不开政府有形的手的管控，政府的管控必须得到多方有效的监督，只有政府职能的合理定位，只有政府管理权限得到有效监管，市场才会得到充分发展，使有限性政府和适度的市场化相互促进，共同发展。

二、控制失灵中体育场地公共服务供给市场化

因为政府和市场在管理边界不清时需要对公共产品进行明确界定并制定相关配置管理运行体系，所以我们必须对公共产品及提供公共产品服务的相关界限作简要分析。

一般而言，公共服务是指以服务形式存在的公共物品。按照汪来杰编著《公共服务：西方理论与中国选择》一书的主要论点：公共服务市场化可以通过民主的政治程序设定社会需要的优先目标，利用私营部门之所长，组织商品和劳务的生产[①]；公共服务市场化的根本出发点是政府以更经济、更高效地做好公共服务[②]。按照西方经济学者皮埃尔对市场化的意见归纳：一是用市场标准去配置公共资源，二是利用市场标准去评估公共服务生产者和供

①邢淑霞. 西方公共服务市场化的经验与启示［J］. 商业时代，2009（12）：32.

②汪来杰. 公共服务. 西方理论与中国选择［M］. 郑州：河南人民出版社，2007.

给者的效率，三是在公共服务中强调移植私营企业的管理经验，四是强调在公共服务中个体可以在不同的服务供给者之间进行选择①。

体育场地公共服务是指体育场地公共组织为满足公共体育需求而提供的公共物品或混合物品②。从体育场地公共服务发展取向看，体现出三种不同的指向，第一种是以效率至上的体育场地公共服务市场化改革，它注重市场的效率，倾向于体育场地公共服务的市场化供给；第二种则是以公平至上的体育场地公共服务均等化改革，它注重政府调控的公平，倾向于体育场地公共服务的政府供给；第三种是应基于“大众共享”“社会公平”的和谐社会建设目标，提出在公平与效率之间寻求均衡点，它注重体育场地公共服务的多方供给，尤其是第三方非政府和非营利性的公益性介入供给。

按照政府失灵和市场失灵的核心内容、表现形式及主要原因，体育场地服务在市场化运作过程中需要把握好合理尺度（图2-1）。控制失灵中体育场地公共服务的供给需要注意以下几点：第一，从引入市场化的成因看，体育场地服务引入是社会发展的需要，是个体发展的需要，是政府职能优化发展的需要。第二，从体育场地公共服务供给主体看，多元主体的介入打破了政府单一性供给的传统局面，即让企业、非营利组织、志愿者参与到体育场地公共服务中来，通过如合同外包、特许经营等方式借助市场资本提供体育场地公共服务③。第三，体育场地公共服务市场化需要政府部门中体育场地公共服务组织、市场企业个体组织和第三方组织相互合作。第四，体育场地公共服务市场化在设计目标上，始终围绕公共体育供给主体“提供什么”“提供多少”“如何提供”三大问题展开，这对政府体育部门转换体育服务职能，提高决策机制的民主程度和公平效率提出了挑战。第五，在体育场地公共服务市场化的手段上，需要认识政府体育组织的责任有限性，需要客观公正地承认体育市场的存在和价值，在供给主体的竞争、供给付出的成本、消费顾客的数量、供给利益主体的收益等方面突出以人为本，突出权利保障，分享社会进步文明成果，促进人的全面

①Pierre. The marketization of the state：Citizens consumer，and emergence of public market［M］// guy peters and donald savoie（cd）. governance in a changing enviroment. MCCILL—Queen’s Press，1994：55.

②肖林鹏，李宗浩，杨晓晨. 我国公共体育服务体系概念开发及其结构探讨［J］. 天津体育学院学报，2007，22（6）：472-475.

③李萍美，等. 我国公共体育服务市场化分析及路径选择［J］. 西安体育学院学报，2008，6（25）：17-22.

发展[①]。第六，需要充分利用市场规律，约束参与者遵守规则，借鉴企业的管理方法改造体育场地公共服务部门，市场竞争机制、市场多样化形式、用投票的民意反馈等机制在体育场地公共服务部门中使用。

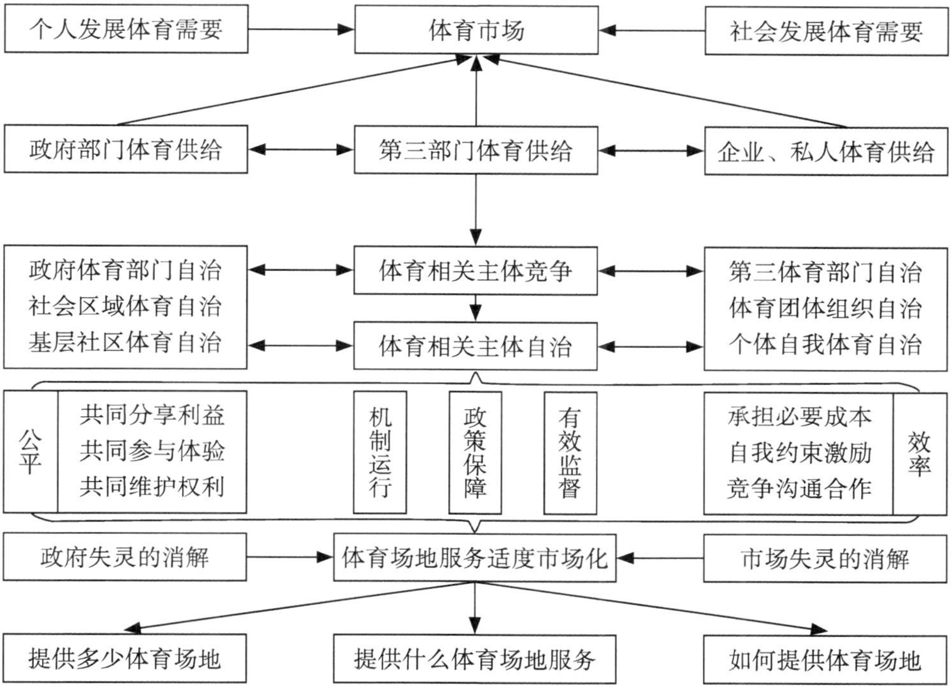

图2-1　控制失灵中体育场地公共服务供给市场化

第二节　体育场地公共服务市场化的边际

从新制度经济学的角度看，体育场地公共服务过程中，政府和市场存在经济效率高低的差异，存在交易成本的大小，存在不同社会产品的叠加，存在政府和市场的有限理性，存在体育场地公共服务的产业性和事业性的双重属性。

①肖林鹏，李宗浩，杨晓晨. 公共体育服务概念及其理论分析［J］. 天津体育学院学报，2007，22（2）：97-101.

一、从经济效率看体育场地公共服务市场化的失灵点

经济效率问题是经济学中自始至终都被高度重视的问题。古典政治经济学家亚当·斯密在《国富论》中说，各个人都想尽办法为自己的资本找到最有利的用途，不可否认，个人在追求自己利益时有时损坏了社会利益，而有时又促进社会的利益，市场“看不见的手”可以带来经济效率的提高。新古典经济学用边际分析方法把市场经济变成了可以达到一般均衡的市场模型，只要有自由选择的竞争，价格机制作为手段就可以保证充分使用经济中的所有资源优化配置，这样是不需要政府发挥作用的①。而后，英国经济学家莱昂内尔·罗宾斯认为，经济学是把人类行为当作目的与具有各种不同用途的稀缺手段的一种关系来研究的科学，从此稀缺资源利益最大化的问题成为经济学的焦点。针对这个问题，意大利经济学家帕累托提出“帕累托最优”的稀缺资源最佳配置效率，要求最有效率的配置使任何一人的境况都会更好。“帕累托最优”得到美国经济学家阿罗与德布鲁的认同，并且其通过数学中的超平面分离定理证明了竞争性市场能实现“帕累托最优”的资源配置。上述理论在某种程度上都基于一些假设：假设生产资料都为私人所有，经济人都是合乎理性的，经济利益都具有可分性，经济资源所有权确定，生产和消费不存在外部效应，不存在规模报酬递增的情形。现实社会生活远非如此，生产资料既可以私人所有，也可以政府所有，集体或团体所有；经济人有的是合乎理性的，有的是不合乎理性的，同一个经济人有时是理性的而有时又是不合乎理性的；经济利益在某一个阶段或某一个部门是不可分的，所有权也是比较模糊的；生产和消费过程中许多环节都会引起不同程度的外部效应，“搭便车”情况时有发生，政府“逆经济风向而行事”，故存在规模报酬递增的情况。同理，政府和市场失灵点就是体育场地公共服务的边界点（图2-2）。

①向仁康，曾伟. 政府与市场合理边界探讨［J］. 理论导刊，2012，11：46-48.

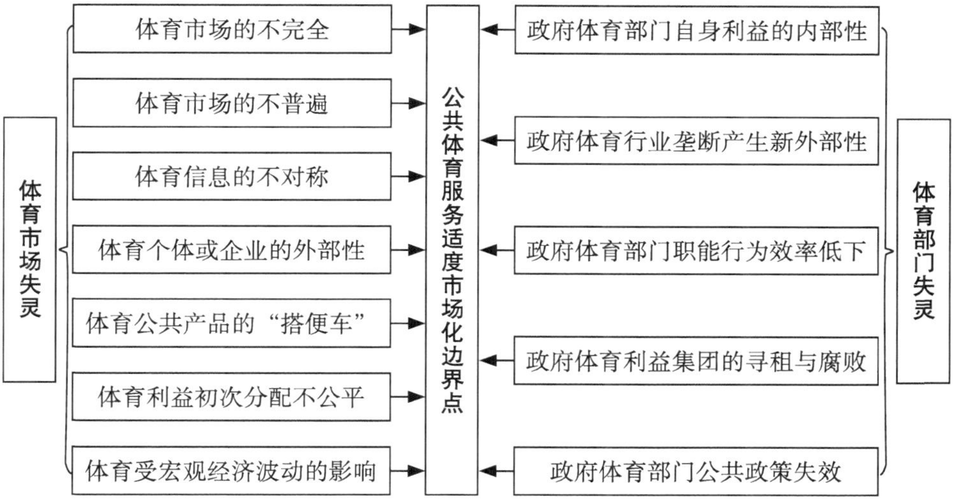

图2-2　体育场地公共服务适度市场化边界点示意图

二、从交易成本看体育场地公共服务市场化的相交点

交易成本的思想由美国经济学家罗纳德·科斯在《企业的性质》一书中首创。政府与市场的这种相互替代关系可以用图2-3简单地表示。从纯公共产品→中间产品（准公共产品或准私人产品）→私人产品，二者的交点为E点，即两者的边界点，与此同时，在中间产品与交易成本中形成了一个区域。

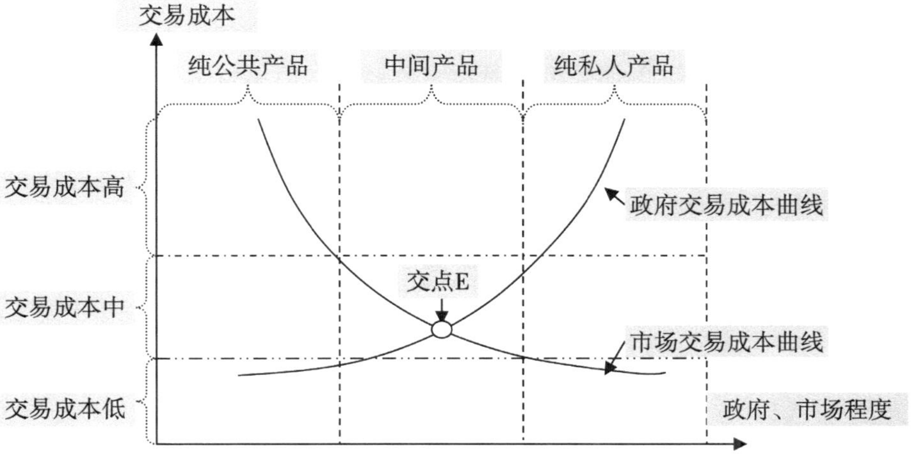

图2-3　政府市场替代相交及相应体育场地产品交易成本示意图

从图2–3中我们不难发现，政府和市场，私人产品、中间产品和纯公共产品，交易成本高、交易成本中和交易成本低，相互存在一定联系（表2–1）。

表2–1　不同体育场地服务产品在政府与市场供给中的替代关系及相应成本

	私人产品	中间产品	纯公共产品
政府	交易成本高	交易成本中	交易成本低
市场	交易成本低	交易成本中	交易成本高

所以，交易成本视角把两者之间的关系视为相互替代的关系，市场与政府的边界定位于生产社会产品的交易成本相交点及中间产品与交易成本中叠加的区域。

三、从组织的有限理性看体育场地公共服务市场化的权力边界

赫伯特·西蒙提出“有限理性”的概念，认为人们信息加工的能力是有限的，人们无法按照充分理性的模式去行动，只能在有限的范围内行动。所以，政府组织、社会组织或个人等不同的群体由于不同的想法、目标和利益的差异，在决策过程中只能是有限理性，无法总是实现效率最大化。就组织而言，目前韦伯的“科层制”是理想型的组织结构和管理模式，不过德国社会学家R·米歇尔斯在《政党论》指出了“组织局限性”的主题。对于中央集权的科层结构的“压力型政府”而言，中央会对各级地方政府进行绩效考核，使中央权力得到延伸；中央政府的任务和考核逐级向地方政府下达，形成一种自上而下的压力，这是一种压力型体制。这种压力型的体制虽说可以加强中央对地方的监管，但是权力到了地方也会变相扭曲，即“上有政策，下有对策”，这样就必须有中央政府对地方权力的监督。随着政府组织的层层监督，政府各级授权、用权与制权的权力机制都相应完备，但是这种党政内设监督机构为主的监督总会出现“自己的刀削不了自己的把”的现象，从而暴露了科层组织的有限性，出现了组织失灵的区域，这正是权力的边界①。

①时立荣，刘蔚. 从组织边界看政府监督权力的介入有限性与合理延展［J］. 北京科技大学学报：社会科学版，2012，3（28）：108–111.

四、从产业化理论看体育场地公共服务市场化的模糊交叉属性

学界对体育场地公共服务的属性定性一直在争辩，也一直没有定论，近期一些学者对体育场地公共服务事业属性和产业属性的观点大致有二：一是体育场地公共服务的产业论，该观点认为体育场地公共服务就是体育产业，可以完全市场化运作，利用市场化机制发展体育服务业；二是体育场地公共服务的事业论，不能市场化，在任何时候体育场地公共服务都要保持事业属性，是体育产业的事业部分，只能按照事业发展体制运作。综合上面两种观点，我们倾向于认同第三种，即体育场地公共服务具有事业性和产业性的双重特征，坚持体育场地公共服务以公益性事业为主、以经营性产业为辅的复合体。相关领域的改革实践证明，将公共事业完全按“产业化”要求全部推向市场是不恰当的，我国体育场地公共服务具有事业和产业的性质，既要避免完全按照事业标准发展的保守，也要避免完全按照产业标准发展的激进；我们需要明确区分体育场地公共服务的公益性事业和经营性产业区域，避免“一刀切”“一边倒”，强调事业、产业“两手抓”，协调发展，适度市场化，形成政府“掌舵”，社会服务组织“划桨”，社会公众需求“载舟”，职能边界清晰的新型体育场地公共服务格局①。

五、从供给主体看体育场地公共服务市场化的偏重点

体育场地公共服务是集公共产品和准公共产品属性于一身的混合物品，在划定体育场地公共服务政府与市场有效边界的过程中，需要确定“谁服务、谁消费、谁付费、谁保障”，即各环节责任主体，这些主体主要包括政府组织、市场组织、政府和市场合作组织、第三方非政府非营利组织等（图2–4）。

①李国荣. 民营之路［M］. 上海：上海财经大学出版社，2006：235–246.

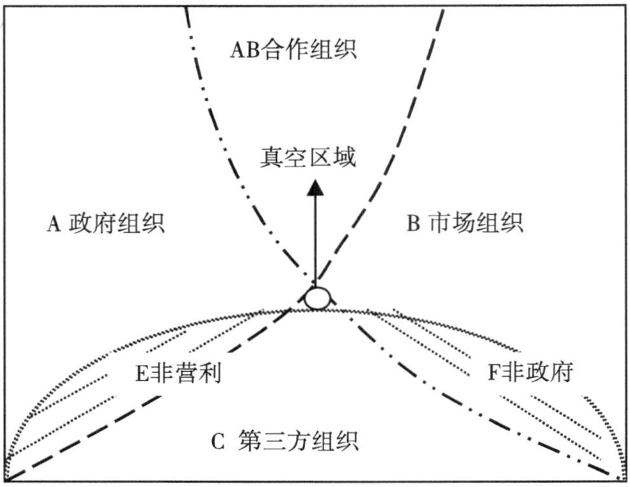

图2-4　体育场地公共服务供给主体示意图

鉴于体育场地公共服务供给主体的多元化，在政府管理主体、企业和个人的市场主体、第三方非政府组织主体的共同作用下，政府作为体育场地公共服务的核心主体和监督主体，对保障和维护广大人民群众的基本体育权利责无旁贷，必须全程监控、全面监控。同时，也需要充分发挥企业和非政府组织的作用，形成政府与民间多方平等参与、主体同律、多元合作、良性互动的体育场地公共服务新格局①。

第三节　发挥第三方组织补充介入机制，创新体育场地公共服务供给模式

体育社会组织作为第三方可以沟通政府与分散的个人及企业的关系，用来填充市场与政府"双重失灵"所留下的空白②。

目前市场经济运行中，体育场地公共服务市场化第三方组织供给中存在可能的模式主要有三类（图2-5）：第一类是政府内部改革模式（包含内部市场化模式和使用者付费模式）；第二类是政府委托授权模式；第三类

①陈静霜. 我国公共体育服务模式选择与供给主体分析［J］. 成都体育学院学报，2009，6（35）：32-34.

②吴练达，韩瑞. 纠正市场失灵的第三种机制［J］. 财经科学，2008，6（243）：81-84.

是政府投资撤资模式（包含一次撤出和分次撤出两种）。这些供给方式为体育场地公共服务市场供给提供了现成的参考。

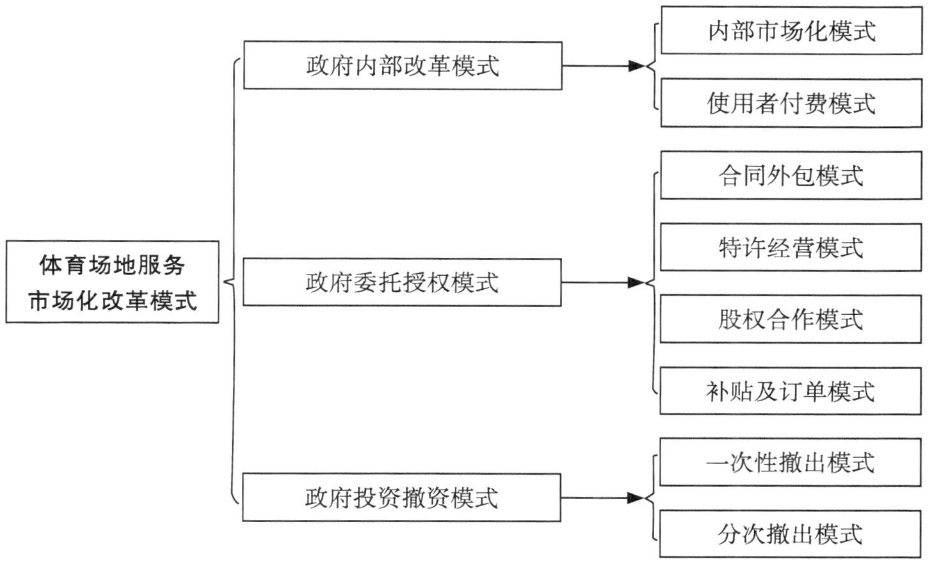

图2-5　体育场地公共服务市场化第三方组织供给改革模式示意图

一、政府内部改革模式——创建内部市场化和使用者付费模式

（一）创建体育场地公共服务内部市场化模式

一般而言，内部市场化比较适用于体育场地公共服务供给中交易费用比较高、行业外部效应强的领域。通常创建内部市场需要将提供体育场地公共服务的部门人为地分为生产者和购买者双方，建立模拟市场开展内部竞争，并采用比较明晰的委托代理关系来限制公共服务提供者的权力，从而提高体育场地公共服务的效率和公共服务的质量。内部市场化模式具有以下三个特点：一是内部市场化模式中一定需要比较明确的体育场地公共服务提供者和公共体育购买者；二是市场化内部主体之间需要签订比较规范的合同或契约，签订的责任方要按照合约规定运行；三是内部市场化主体应该具有一定的付费制度和会计制度作为交易费用的保障。体育场地公共服务内部市场化是否成功运行与公共服务内部部门的专业化程度、公共体育产品的优质性和部门组织文化协调能力有关。

（二）创建使用者付费模式

在体育场地公共服务中往往由于政府自身及公共服务范围的急剧扩张，政府负担逐渐增多，甚至入不敷出，而且政府在免费提供体育场地公共服务时又面临诸多不公，这时使用者付费就应运而生。体育场地公共服务使用者付费指某种公共体育产品、某种体育场地公共服务或行为确定“价格”，由使用者或消费者支付费用的一种服务提供方式。体育场地公共服务中实施使用者付费模式需要注意以下几个方面的问题：第一，体育设备、设施或场地等运行成本非常低或约等于零的公共体育领域通常不适合采用使用者服务模式。比如开放式公园，开放式的运动场，其维护成本相对固定，不会因人数的增加而增加。第二，体育场地公共服务的收费与其征收成本不成比例的体育领域，不应该使用收费形式。第三，在公民具有法定使用义务的体育领域，不适合使用者付费模式。第四，具有正外部性的公共体育物品不适合收费。也就是说，体育场地公共服务使用者付费模式比较适合于那些效率与产出密切相关的体育场地公共服务领域。如天津市王串场体育公园，就探索了区域性体育场地公共服务项目的使用者付费原则与方法。

二、政府委托授权模式——外包、特许、股权和补贴等

体育场地公共服务政府委托授权模式主要包括合同外包模式、特许经营模式、股权合作模式、补贴模式、凭单制消费模式等[①]。

（一）合同外包模式

体育场地公共服务合同外包模式是体育场地公共服务市场化中应用比较广泛的市场化模式。因为体育场地公共服务从理论上可以外包给企业、社会团体或个体或第三方组织。通常体育场地公共服务合同外包具有以下几个特点：一是体育场地公共服务的提供者和公共体育购买消费者两者

①王树文. 我国公共服务市场化改革与政府管制创新［M］. 北京：人民出版社，2013，4：80-109.

分离，与传统体育场地公共服务者中政府既是购买者又是消费者存在区别；二是签订合同契约是体育场地公共服务市场化外包的实施基础，契约双方必须按照合同内容履行各自的权利和义务；三是在体育场地公共服务合同外包中，政府首先是体育场地公共服务的购买者，其次才是体育场地公共服务的提供者，政府必须向体育场地公共服务承包者支付购买服务的费用；四是体育场地公共服务合同外包中政府依然是服务的安排者，私营部门是服务的生产者，政府是服务支付成本的主体。

体育场地公共服务合同外包模式要求以法定的方式和程序，在市场上获取物资、工程和服务而提供体育场地公共服务的方式。体育场地公共服务中，政府合同外包应用的领域比较广泛，体育场地公共服务中需要政府供给的项目很多，但是政府作为生产者不存在生产的优势，需要通过采购实现体育场地公共服务供给，可能因人员而导致腐败等风险。需要通过加强参与主体的教育、完善采购制度等途径进行规避。

（二）特许经营模式

特许经营模式和合同外包应用有交叉，但是特许经营模式中安排者既可以是政府，也可以是消费者，生产者与合同外包一样都是私营部门，支付成本者是消费者，而合同外包的成本支付者是政府。在体育场地公共服务项目应用的模式主要有：第三方组织通过租赁—更新、购买—更新、建设—租赁、建设—拥有等方式获得体育场地公共服务的经营权，获得经营权后再转让的经营模式；另外，还通过冠名开发模式、委托公共团体或民间组织经营模式实施特许经营。公共体育设施经营中，特许经营适用性较强。如宁波市游泳健身中心和北京奥运场馆建设经营就是如此。

（三）股权合作模式

当前，股权合作模式是公共服务市场化模式多样化特点的典型代表，这一模式对体育场地公共服务具有十分重要的创新意义，它可以在体育场地公共服务中引入民间资本，减轻政府财政的部分负担，加大体育场地公共服务的投入资金额度。通常，股权合作模式是政府通过将公共服务企业资产证券化，并按照既有的标准对市场购买者出售，为相应的公共服务项目获得融资。按照国家公共服务市场化股权合作模式的常规方式，体育场地公共服务股权合作主要包括公司股份制中的政府控股、政府参股方式和采用公司股份制中“金边股”方式。如中体产业作为上市公司，国家就用控股形式实施融资达到体育场地公共服务的上市化。不过在体育场地公共服务股权合作中，我们也要注意对控股股东的适度限制，比如卖出的时间限制、卖出的股本股数及价格的限制；合作中，要兼顾上市公司中内部职工的股数及卖出价格。

（四）补贴及凭单制消费模式

体育场地公共服务补贴模式是指政府给予特定体育场地公共服务项目或特定的体育消费群体一定的资金补助。补贴可以降低特定体育物品的价格，使特定的体育消费者不必过多担心经济上的问题而大胆地购买所需要的体育服务。通常补贴分为普通补贴和专项补贴，普通补贴是针对所有公民，专项补贴是针对特定人群或特定项目的补贴。

体育场地公共服务凭单制是指针对特定体育场地公共服务项目对特定的体育消费全体的资金补助，与补贴不同的是凭单制资金不发给生产者，而是直接发给消费者，并以单一的凭单的形式出现。

体育场地公共服务补贴模式与凭单制模式有一定程度的相似性，但也有各自的特色（表2–2）。凭单制在体育场地公共服务领域乃至整个公共服务领域应用得比较少，主要针对区域性的服务项目。通常凭单制主要实施在公共服务具有多元化特点，存在多个服务供应商之间的竞争，公共服务的质量容易被评判，个人体育消费主动性强的领域。

表2–2　体育场地公共服务补贴模式与凭单制模式的比较

	补贴模式	凭单制模式
资金发放直接对象	体育场地公共服务生产者或消费者	体育场地公共服务的消费者
补助、补贴发放形式	发放资金、税收优惠、贷款优惠、免费或低价服务等	代金券、食品券等凭单
发放对象的自由选择度	不可选择	有一定的自由选择空间

三、政府投资撤资模式——一次性撤出和分次撤出

体育场地公共服务政府投资撤资模式主要分为一次撤出和分次撤出两种模式。政府投资撤资模式是公共服务市场化模式中政府介入程度最低的模式，是发挥市场私人企业作用最大的模式之一，政府在此模式中只起到宏观管制作用。一次性撤出是政府一次性撤出体育场地公共服务领域，它没有渐变的过程，政府瞬间由体育场地公共服务的安排者变成了宏观管制者，它撤出的具体形式有出售、无偿赠与、清算等；分次撤出模式是一个渐变的过程，分次撤出的具体形式主要有民间补缺、撤出、放松管制等，政府体育部门的体育场地公共服务职能从公共服务安排者逐渐转变为宏观管制者。

政府撤出后，作为体育管理部门需要履行管制职责：需要加强对体育场地公共服务价格的管制，需要加强对服务质量的监控，需要维护体育市场的秩序，需要进行各利益主体的利益协调管理。

综上所述，体育场地公共服务第三方组织的市场化模式多样，其内部市场化模式、使用者付费模式、合同外包模式、特许经营模式、股权合作模式、补贴模式、凭单制消费模式、一次撤出、分次撤出模式的具体应用领域各有所长，其市场化程度由低到高依次增强（表2–3）。

表2–3　体育场地公共服务市场化模式与市场化程度的关联简表

<table>
<tr><th>模式类型</th><th>市场化程度</th><th>具体模式</th><th colspan="2">应用领域</th></tr>
<tr><td rowspan="2">政府内部改革</td><td rowspan="9">低
↓
高</td><td>内部市场</td><td colspan="2" rowspan="2">体育公共企业、体育教育、体育监察、评价</td></tr>
<tr><td>使用者付费</td></tr>
<tr><td rowspan="5">政府委托授权</td><td>合同外包</td><td rowspan="7">经营性公共体育活动</td><td rowspan="5">体育场馆、体育设施、体育场所等</td></tr>
<tr><td>特许经营</td></tr>
<tr><td>股权合作</td></tr>
<tr><td>补贴</td></tr>
<tr><td>凭单制</td></tr>
<tr><td rowspan="2">政府撤资</td><td>一次性撤出</td><td rowspan="2">体育信息、体育指导、体育活动</td></tr>
<tr><td>分次撤出</td></tr>
</table>

所以，政府的干预、市场的竞争、社会第三方的参与都必须适度发展，都必须合理控制自身发展的边界。在体育场地产品供给中，至少涉及体育场地公共产品、体育场地准公共产品（公共资源）、体育俱乐部产品、体育私人产品，这些产品的供给从现代经济社会发展的现实看，政府、市场和第三方都可能成为生产者、消费者和交易参与者。随着供给消费主体的多元化发展，交易途径的多样化、交易信息的复杂化、各个主体的活动边界必定需要被较好地厘清，各个主体的发展和控制也必然需要有效控制，使各自发展适度。

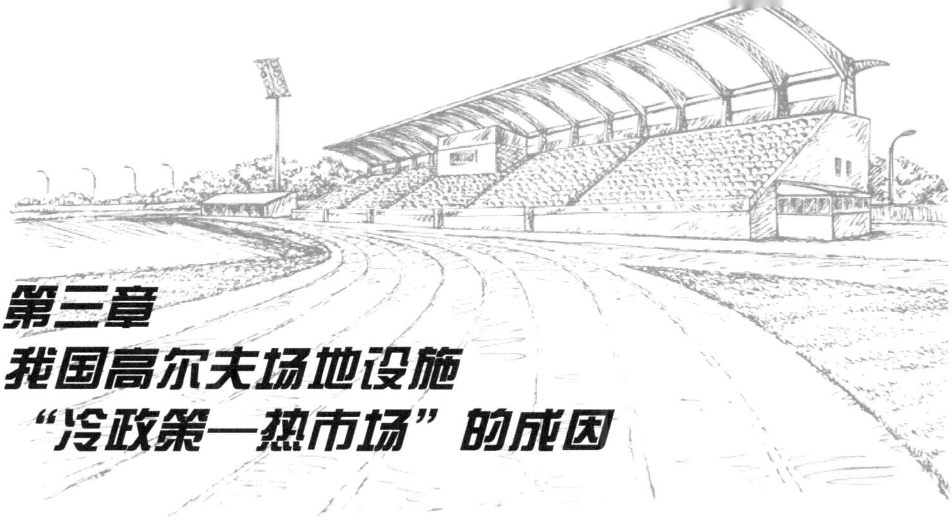

第三章
我国高尔夫场地设施“冷政策—热市场”的成因

高尔夫在我国的发展历程相对较短，自1984年中山温泉高尔夫的开业算起，至今已经过三十多年的发展。三十多年来，我国政府对高尔夫项目的建设经历了从“支持”到“限制”，从“限制”到“禁止”，从“禁止”到逐步“规范”，再到“清理整治”及“零容忍”的政策变迁。《中国高尔夫行业报告》显示：全国高尔夫球场数量由2004年的178家增长至2013年的521家，为什么中央11道禁令无果，高尔夫球场10年仍增343家，最高峰达到683家？如今，清理了多少？整治了多少？全国高尔夫球场数量是多少？自2017年以来，国家发展改革委、自然资源部等11部门连续三年联合开展了高尔夫球场清理整治“回头看”工作。截至2019年底，通过清理整治工作，全国已累计取缔131个高尔夫球场。

第一节　我国高尔夫球场发展政策主要历程

高尔夫被誉为世界三大最有魅力运动之一，高尔夫产业在很多国家尤其是发达国家的国民经济中占据着重要地位。我国高尔夫产业发展现状从总体而言，具有发展起步较晚，发展速度快，预期前景好，同时也存在政策有短板，现状有忧患的特点[①]。以1984年广东中山温泉高尔夫球会开业为起点，我国高尔夫运动及高尔夫产业的发展走过36年历程，经历了从“支持”到“限制”，从“限制”到“禁止”，从“禁止”到逐步“规范”，再到“清理整治”的五个阶段政策变迁。

①张国华. 从政策变迁论政府对高尔夫的堵与疏［J］. 企业改革与管理，2014，11：107-110.

一、1984—1993年支持发展阶段

自1984年我国广东中山温泉高尔夫球会开业，到1993年之前，国家对高尔夫运动产业的发展持肯定态度，国务院出台多个文件支持高尔夫球场的规划与建设，1992年10月4日，国务院连续发布了9个文件，即国函〔1992〕132至国函〔1992〕140号，分别同意大连金石滩、青岛石老人、江苏太湖等10个国家旅游度假区的建设规划，而这些项目规划中无一例外都包括高尔夫球场的规划与建设，这些政策的出台都显示出国家对高尔夫运动及项目发展的支持与鼓励。

1993年10月29日，《财政部关于三资企业建旅游、服务等设施应征收耕地占用税的批复》（财农税字〔1993〕59号）批示："江苏省财政厅，你厅苏财农税〔1993〕8号《关于"三资"企业兴建高尔夫球场等旅游服务设施如何征收耕地占用税问题的请示》收悉……现批复如下：根据耕地占用税现行政策规定，对……球场、俱乐部……以及相关的配套服务设施占用耕地，应照章征收耕地占用税。"该文件指出高尔夫球场征用耕地应当征收耕地占用税。这表明高尔夫球场建设不仅是可以的，并且可以使用耕地。由此可见，我国政府在1993年之前对高尔夫项目的规划与建设实施了支持和鼓励的政策。

二、1993—2003年限制发展阶段

不过，1993年8月16日，国务院批转国家计委《关于加强固定资产投资宏观调控具体措施的通知》，当中明确规定，对不符合国家产业政策、资金来源不落实、建设条件不具备、市场前景不明的在建高尔夫球场，停缓建设，且不宜新建。

1997年开始，对高尔夫用地类型的要求不断提高，严禁占用耕地等优质土地。1997年5月18日，中共中央、国务院颁布的《关于进一步加强土地管理切实保护耕地的通知》规定，禁止征用耕地、林地和宜农荒地出让土地使用权用于高尔夫球场等高档房地产开发建设。

1999年4月19日，国家环境保护总局公布的《建设项目环境保护分类管理名录（试行）》将高尔夫球场列为对环境可能造成重大影响的建设项目，应当编制环境影响报告书。

2000年7月17日，《国土资源部关于报国务院批准的建设用地审查报批工作有关问题的通知》明确指出："征用基本农田以外的一般耕地超过35公顷，或征用一般耕地和非耕地总面积超过70公顷的，报国务院批准。"高尔夫球场一般占地都超过这一标准，可见高尔夫球场用地审批权已经不能由地方政府拍板。

2001年4月19日，《财政部、国家税务总局关于调整部分娱乐业营业税税率的通知》（财税〔2001〕73号）明确指出："经国务院批准，从2001年5月1日起，夜总会、歌厅、舞厅、射击、狩猎、跑马、游戏、高尔夫球、保龄球、台球等娱乐行为的营业税统一按20%的税率执行。"

不难看出，从1993年开始，国家对高尔夫球场的建设在政策层面由支持转为限制，具体体现在国务院及其部委先后出台的高尔夫项目的用地类型、审批、税收、环评等方面的诸多规定。

三、2004—2009年禁止发展阶段

经过二十年的发展，问题也日渐突出，有些地方高尔夫球场建设过多过滥，大量土地被占用；有的地方违反规定非法征用或占用农民土地，擅自占用耕地，严重损害了国家和农民利益；有些地方则假借建高尔夫球场之名，变相进行房地产开发。

2004年1月10日，《国务院办公厅关于暂停新建高尔夫球场的通知》（国办发〔2004〕1号文），要求各地暂停新的高尔夫球场建设并清理已建、在建的高尔夫球场项目，规范已建高尔夫球场的运营（控制水资源消耗、保护环境），对于凡未经批准建设、擅自非法征占土地的，要依法进行处理。

2005年12月2日，国务院下发《关于发布实施〈促进产业结构调整暂行规定〉的决定》和《产业结构调整指导目录（2005年本）》，将高尔夫球场项目列为限制类。

2006年，财政部和国家税务总局联合下发通知，从2006年4月1日起对消费税制进行调整，国家开始征奢侈品消费税，高尔夫球具和用品涵盖其中。

2006年12月12日，国土资源部、国家发展和改革委员会发布《禁止用地项目目录（2006年本）》，高尔夫球场项目属于禁止用地项目。

2007年4月27日，国土资源部下达2007年全国土地利用计划通知，禁止别墅类房地产开发、高尔夫球场等项目用地。

2007年5月21日，《国务院关于印发2007年工作要点的通知》（国发〔2007〕8号），明确要求“继续停止”和“特别要禁止”高尔夫球场项目。至此，国家对高尔夫球场建设采取了“一刀切”式的全面叫停。

2007年下半年至2009年上半年的近两年时间里，国务院及部委没有发布任何新的高尔夫政策方面的文件。

2009年2月，国土资源部提出农村建设用地流转管理办法四大原则，提出不得利用农村集体土地建商品住宅、高尔夫球场以及其他不符合国家产业规划的项目。2009年8月11日，国土资源部下发《关于严格建设用地管理促进批而未用土地利用的通知》，要求严肃查处违反土地管理法律法规新建“小产权房”和高尔夫球场项目用地。

四、2009—2015年逐步规范发展阶段

实践表明，对高尔夫项目采取“一刀切”式的全面禁止和高压打击效果有限。要想规范行业发展，必须抱着科学发展的态度，采取有堵有疏、堵疏结合的方法，对高尔夫球场建设及产业发展进行合理的引导，最终有效促进高尔夫行业的规范与发展。

2009年10月12日，国家发改委办公厅等7部门联合发布《关于开展高尔夫球场建设情况调查的通知》，要求各地对本地9洞以上的高尔夫球场情况进行摸底。

2010年，国家发展改革委、国土资源部、住房和城乡建设部等7部委根据《贯彻落实国务院关于加快旅游业意见重点工作分工方案》（国办函〔2010〕121号文）再次对高尔夫球场摸底调查。

2011年4月11日，国家发改委、国土资源部、监察部、国家旅游局等11部委联合发文《关于开展全国高尔夫球场综合清理整治工作的通知》，要求各地开展工作，并在当年6月底前将本地区所有球场名单及违规球场清理整治情况汇总并上报国家发改委。

2011年6月1日最新公布的《产业结构调整指导目录（2011年本）》，将高尔夫球场项目归为限制类项目。根据《国务院关于发布实施〈促进产业结构调整暂行规定〉的决定》第十八条的规定，对属于限制类的新建项目，禁止投资；对属于限制类的现有生产能力，允许企业在一定期限内采取措施改造升级。

2012年，环保部会同国土资源部、水利部等，在全国地下水调查评估

中，对垃圾填埋场、高尔夫球场进行了摸底调查。

2014年3月30日，国家发改委、国土资源部两部委下发禁令，取缔全国66家高尔夫球场，涉及二十多个省份。

2014年7月1日，国家发改委、国土部等11个部委联合下发《关于落实高尔夫球场清理整治措施的通知》，明确要求全国各地高尔夫球场按照取缔、退出、撤销、整改四类要求进行处理。取缔类球场必须在2014年12月31日结束，退出和整改工作都必须在2015年6月30日前完成。

五、2015—2019年清理整治发展阶段

2015年水利部和全国节约用水办公室制定了《高尔夫球场节水技术规范》，提出高尔夫球场应优先使用雨水、再生水等非常规水源，应采用喷灌、微灌、滴灌等节水灌溉方式。并且于2015年7月1日正式实施。

2015年3月30日，国家发改委、国土资源部两部委，公布了对包括全国66家高尔夫球场在内的取缔名单。

2017年1月22日，国家部委联合公布高尔夫球场清理整治结果：全国取缔球场111个，退出18个，撤销47个，整改507个。

2019年7月19日，国家部委联合公布2018年全国高尔夫球场清理整治情况：全国取缔14个，累计取缔127个。

2020年6月5日，国家部委联合公布2019年全国高尔夫球场清理整治情况：全国取缔4个（表3–1），全国已累计取缔131个高尔夫球场。

表3–1　2019年全国高尔夫球场清理整治结果清单

序号	球场名称	球场地址	清理整治情况
1	江苏丹阳沃得农业生态园高尔夫球场	江苏省丹阳市开发区胡桥村	取缔到位
2	湖南株洲湘水湾高尔夫球场	湖南省株洲市天元区栗雨街道办事处	取缔到位
3	广东佛山北滘镇体育主题休闲公园高尔夫球场	广东省佛山市顺德区北滘镇体育主题休闲公园	取缔到位
4	陕西太伟生态运动公园高尔夫球场	陕西省西咸新区秦汉新城	取缔到位

六、2019年至今新时代规范发展阶段

随着中国经济的持续增长、中国居民可支配收入的增加与高尔夫运动的普及，中国高尔夫运动市场规模也保持稳定增长，2020年中国高尔夫运动市场规模约为102.6亿元，同比增长4.4%。截至2020年年底，全国高尔夫球场总数从原来的689个减少到449个，通过各种方式关停的球场共240个（含取缔132个、退出18个、撤销47个、主动关闭43个），通过各种方式关停的球场占球场总数的34.8%。2021年高尔夫球场减少到430个，正常营业的有331家，清理整治在继续，规范化发展程度越来越高。2023年5月，我国11部门联合公布2022年全国高尔夫球场清理整治“回头看”情况，结果显示又取缔了2个严重问题球场，再次体现国家整治力度和规范发展效度。

第二节　我国高尔夫球场空间布局分布特点

依据我国全国体育场地普查资料，以及2017年、2020年、2022年等关键年份中国家部委联合公布高尔夫球场清理整治结果名单，梳理所得现存高尔夫球场的个数、地址等数据。选择公布数据最为完整的年份，即2017年数据统计结果显示，全国共683个球场，经过清理整治，只有496个整改到位予以保留，另外111个被取缔、18个退出、47个被撤销、11个主动关闭。目前，除西藏自治区外，全国仅剩的496个高尔夫球场离散地分布在各省（市、自治区）。

一、整改结果：我国高尔夫球场具体名单、地址统计表及地理分布

2017年1月22日，国家部委联合公布高尔夫球场清理整治结果名单，并梳理所得现存496个高尔夫球场的名称、地址等，部分高尔夫球场名称、地址如表3-2所示。

将高尔夫球场的地址按照我国省份、直辖市辖区归属管理，我们认为我国高尔夫球场分布具有“东部多，西部少，绝大多数处于‘胡焕庸线’东南侧”等方面的特征。

表3-2　2017年国家部委联合公布我国高尔夫球场496个整改到位名单

序号	高尔夫球场名称	高尔夫球场地址
1	北京大运河高尔夫球场	通州区潞城镇林场
2	北京太伟高尔夫球场	昌平区崔村镇香堂文化新村
3	北京长城高尔夫球场	延庆区八达岭镇岔道村
4	北京张山营高尔夫球场	延庆区张山营镇胡家营村东
5	北京北辰高尔夫球场	朝阳区鼎成路2号
6	北京朝阳高尔夫球场	朝阳区农展南路甲九号
7	北京东方鸿铭高尔夫球场	朝阳区高碑店路99号
8	北京天安假日高尔夫球场	朝阳区金盏乡长店村东苇路39号
9	北京黄港国际高尔夫球场	朝阳区孙河乡上辛堡村
10	北京北湖国际高尔夫球场	朝阳区来广营乡北湖渠
11	北京东方天星高尔夫球场	朝阳区孙河乡雷桥村甲88号
12	北京金色河畔高尔夫球场	朝阳区孙河乡北甸西村、北甸东村、下辛堡村
13	北京鸿华国际高尔夫球场	朝阳区大屯北苑路108号
14	北京西谛桃源高尔夫球场	朝阳区香江北路甲1号
15	北京京辉高尔夫球场	房山区青龙湖镇崇各庄村
16	北京森林假日高尔夫球场	大兴区榆垡镇京开路东侧、北京野生动物园南侧
17	北京鸿禧国际高尔夫俱乐部	经济技术开发区东环北路8号
18	北京九松山高尔夫球场	密云区穆家峪镇穆九路96号
19	北京雁栖湖国际高尔夫球场	怀柔区怀北镇西庄村甲2号
20	北京锦绣花园高尔夫球场	房山区窦店镇于庄村
21	北京尧上高尔夫球场	房山区琉璃河镇窑上村
22	北京金世纪高尔夫球场	房山区青龙湖镇常乐寺村
23	北京华彬庄园高尔夫球场	昌平区马池口镇乃干屯村、辛店村、丈头村、土楼村
24	……	……

二、总体分布：东部多，西部少，绝大多数处于“胡焕庸线”东南侧

高尔夫球场分布具有显著的经济带、“胡焕庸线”等地域性特征——西北方向数量少，东南方向数量多。其中，东部地区11个省市共拥有351家高尔夫球场，占总场地数量的70.77%，东部地区的高尔夫球场数量明显多于中部和西部地区的数量，尤其是围绕渤海湾、长江三角洲、珠江三角地区及海南、云南等省市高尔夫球场数量较多。而中部地区和西部地区高尔夫球场数量之和的占比却不超过总数的30%。

高尔夫球场90%以上绝大多数都分布在“胡焕庸线”的东南区域，“胡焕庸线”西北侧的高尔夫球场不足10个（新疆3个、青海2个、宁夏2个），仅占总数的2%。“胡焕庸线”是中国地理学家胡焕庸在1935年提出的划分我国人口密度的对比线，最初称“瑷珲—腾冲一线”，后因地名变迁，先后改称“爱辉—腾冲一线”“黑河—腾冲一线”，这条线成为众多地理资源的分界线。

三、局部聚集：高尔夫大省屈指可数，旅游大省吸引力强

通过对表3-2数据的统计，按照省份、直辖市属地的高尔夫球场数量排名，其中第一是广东省77个；第二是北京市54个；第三是海南省45个；第四是云南省35个，山东省35个，并列第四名；第五是江苏省34个；第六是河北省24个。通常都有“经济发展水平越高，高尔夫球场数量越多”的一般认识，但是我们却发现，经济不够发达的海南省和云南省高尔夫球场数量反而超过江苏省34个、浙江省16个、上海市19个等经济发达地区，轻松进入前五名，发现重点旅游省份的高尔夫球场占比高，可见旅游大省对于高尔夫球场落地建设的吸引力巨大。

四、球场选址：注重地形地貌地址，九成位于城郊、村镇

通过对表3-2中高尔夫球场地址进行统计，结果中带“村”的球场地址有192个，带“镇”的球场地址有246个，带 “大道”的球场地址有26个，

带“号”的球场地址有87个，带“路”的球场地址有89个，可见，高尔夫球场更多地聚集于城郊、乡镇等区域。通过整理分析“高尔夫球场清理整治结果名单”中的球场地址可以发现，90%以上高尔夫球场都位于大城市城郊和其周边村镇等人少地多、地形开阔、环境优美之地，只有极少数球场位于城区中。另外，共有20家高尔夫球场位于旅游度假区内，如云南丽江玉龙生态旅游度假区高尔夫球场、江苏苏州太湖山水国际高尔夫球场、海南三亚亚龙湾国际高尔夫球场等，高尔夫球运动与休闲度假相结合的“高尔夫旅游”模式正成为旅游业发展的一大特色①。

五、球场气候：地处水资源丰富之地，九成位于海岸线附近

从地理气候的视角来看，我国高尔夫球场所在地地址绝大多数都处于海岸线附近，处于水资源较为丰富的地区，高尔夫球场在海岸线附近分布的数量较多。有实证研究结果表明：“高尔夫球场数”与“省会城市年降水量”皮尔逊相关指数为0.404，属于中等程度相关，显著性检测值为0.027<0.05，表明两变量之间的相关系数在统计上具有显著性②。

第三节　我国高尔夫球场发展的“热市场”

1984 年，广东中山温泉高尔夫乡村俱乐部成立，标志着现代高尔夫球运动开始在中国传播。经过30年的发展，高尔夫在球场建设、高校人才培养、高尔夫消费人口、高尔夫竞赛、高尔夫社会组织、高尔夫赛事等领域取得了长足的进步③。

一、高尔夫球场建设数量取得了爆发性增长

1984 年，随着由香港知名人士霍英东先生、郑裕彤先生等投资兴建的

①②朱怡. 中国高尔夫球场分布格局、规律及用地政策建议［J］. 现代城市研究，2017，10：25-29.
③张建会，孙班军. 中国高尔夫运动发展30年：回顾与展望［J］. 沈阳体育学院学报，2017，34（3）：49-54.

中山温泉高尔夫球会开业，30多年来，高尔夫球场的建设与发展大致经历了3个时期，尤其是北京奥运会成功举办，高尔夫球运动进入2016年奥运会项目，使得高尔夫球运动发展规模持续增长，球场数量达到600多家，其发展主要历程如表3-3所示。

表3-3 我国高尔夫球场建设数量增长情况

年份	设施总数/个	球洞总数/个	折合18洞	新开设施	核心人口/万人	涉及省份/个
2009	348	7772	432	—	30	29
2010	395	8814	490	52	33.3	30
2011	440	9769	543	45	35.8	30
2012	477	10570	587	39	38.6	—
2013	521	—	639	—	—	—
2014	538	—	656	17	41	—
2015	438	9753	542	—	39	—
2016	683	—	—	—	—	—
2017	496	8286	460	—	38 ~ 39	28
2018	542	—	—	—	—	28
2019	548	—	—	—	—	28

不过，2022年6月国家11部门公布整改情况，截至2021年年底，全国已累计关停球场259个，占全部球场的37.6%①。

二、高尔夫球专业教育的规模逐步发展壮大

改革开放后高校高尔夫球教育开始起步，1985年由国家体委委派，河北体育学院崔志强老师带队，程军、刘国杰、刘晓军、贾翠华、吴相兵、席润生、孙鹏、王建中、牛立荣、韩志山11名师生赴日本留学，进行为期3年的高尔夫球专业学习。崔志强老师归国后回河北体育学院任教，于1989

①国家部门联合公布2021年全国高尔夫球场清理整治情况［EB/OL］.［2021-06-25］. http：//www.moa.gov.cn/xw/bmdt/202206/t20220629_6403709.htm

年开设高尔夫球选修课，这是国内首开高尔夫球课程。

经过30年的发展，高校高尔夫办学层次主要有三种形式：其一，公办高校高尔夫人才培养。一些公办院校相继开设了高尔夫球相关专业或专业方向，比如综合性大学主要有暨南大学、中山大学、北京林业大学、华南师范大学、广州大学、江汉大学、辽宁师范大学等，体育院校类高校主要有河北体育学院、沈阳体育学院、南京体育学院、武汉体育学院、广州体育学院、上海体育学院、北京体育大学等。其二，中外合资办学培养高尔夫球人才。如英国爱姆伍德国际高尔夫学院于1999年至今，已与深圳大学、上海交通大学、同济大学、北京体育大学、云南农业大学、深圳华侨城集团、海南航空集团、北京万柳高尔夫俱乐部等机构建立了良好的合作关系。其三，高职高专高尔夫球人才培养。一些高职专科院校，例如深圳高等职业技术学院等也纷纷成为高尔夫球运动人才培养的新生力量。

三、高尔夫球场消费人口有一定规模的增长

《朝向白皮书——中国高尔夫行业报告（2012年度）》指出高尔夫人口总数为92万～110万，其中，核心人口（特指年满18周岁，一年下场打球超过8轮次的高尔夫人口） 数量已增长至38.6万。《朝向白皮书——中国高尔夫行业报告（2016—2017年度）》指出核心人口为38万～39万。

四、高尔夫球场赛事组织及参赛成绩提速快

1982 年高尔夫运动首次成为亚运会比赛项目；1986年韩国汉城亚运会上中国首次派出高尔夫代表队，4位代表队员从刚刚成立的中山温泉球场中被挑选出来，作为国家队首次出战亚运会。自1986年至今，中国高尔夫球代表队共参加了7届亚运会。

全国高尔夫球会总经理联谊会成立于2001年，至今已经走过了20年的历程，为高尔夫运动在我国的传播与健康发展贡献着主要力量。

历经30年，中国高尔夫赛事获得了初步发展。1995年“沃尔沃中巡赛”成为中国高尔夫最早的职业赛事，经过18年的发展，无论是赛事组织、运作，还是赛事奖金、赛事影响力方面都取得了长足进步。除此之外，一些国际高尔夫职业大赛也落户中国，如世界杯、欧巡赛、亚巡赛等。

第四节　我国高尔夫球场发展的“冷政策—热市场”的成因

2004年1月国务院办公厅印发了《关于暂停新建高尔夫球场的通知》，标志着我国高尔夫发展正式进入“禁止发展阶段”。但是，在之后短短5年内，我国高尔夫新增了196家，这一数据与5年内的严苛政策形成了强烈反差。那么究竟是什么原因导致“呈现一种令而不止、无序发展的状态”反差？我们认为原因主要有以下几点。

一、默许与鼓励的态度形成思维定式与政策惯性

1984—2003年的二十年间，中国的产业政策针对高尔夫基本上呈现默许、鼓励、任其自然成长的状态。这一阶段，除1997年5月18日中共中央、国务院《关于进一步加强土地管理切实保护耕地的通知》中提到“全面清理整顿经营性房地产开发项目（包括高尔夫球场等）用地”的情况外，高尔夫项目不管是国家层面还是地方层面，都是一种默许与鼓励的态度。虽然，2004年1月国务院办公厅印发了《关于暂停新建高尔夫球场的通知》，明确要求暂停兴建高尔夫球场，清理已建、在建高尔夫球场项目；但是，由于之前政府相关部门及市场相关利益主体都形成了默许高尔夫发展，鼓励高尔夫发展的思维定式及各级政府职能部门延续政策的政策惯性，使得我国的高尔夫项目依然红红火火、遍地开花的无序发展。

二、主业和副业的移位促成地产高尔夫附加值高

伴随高尔夫球场项目在国内高速发展，目前存在的三种不同的业态：其一，单纯高尔夫。这类球场项目没有房地产、没有酒店、没有与高尔夫无关的设施设备，所提供的就是纯粹的高尔夫运动消费，故称“单纯高尔夫”。其二，综合高尔夫（又称“高尔夫+”）。这类高尔夫球场项目除了用于建设球场的体育休闲用地外，通常配套提供少量其他建设用地，呈现的是高尔夫+酒店+度假村+温泉+游乐等，当然也可能+少量的房地产。其三，地产高尔夫。2000年后，随着房地产行业黄金十年的到来，许多实力雄厚的国有的、股份制的、民营的大型房地产企业纷纷挤入高尔夫球场项

目的开发建设之中，形成一种新的业态——那就是雨后春笋般出现的“地产高尔夫”。这一阶段的国内宏观经济特别是房地产发展势头迅猛，高尔夫球场借助房地产项目获得大肆扩张，使得球场设施获得较快增长。

三、围堵与疏导的失衡导致围堵效果大打折扣

政策越是限制，开工的高尔夫球场项目反倒越多，这一现象表明我国政府出台的“只有堵没有疏”的高尔夫政策没有能得到较好执行，需要采取“堵疏结合”的治理方式。在“以堵代管”的政策背景下，各级地方政府和开发商在上级政府单一、刚性的清理和整顿行动中只能以瞒报和拖延来形成既定事实，导致上有政策限制和禁止，下有对策隐藏和包庇，结果既损害了国家政府的权威和公信力，削弱了高尔夫围堵政策的禁止力量，又导致公众对地方政府的质疑，还大大地“妖魔化”了高尔夫运动的社会形象，推升了舆论对高尔夫项目的偏颇认识和过激指责。所以，在围堵政策实施的同时，需要拟定相关的规范纲要疏导高尔夫球场项目的发展。

第五节　我国高尔夫球场发展用地的可持续性策略

有实证研究结果表明：高尔夫球场数量增长与地区经济发展水平相关；降水因素影响我国高尔夫球场分布；土地资源并非制约中国高尔夫球场发展的因素；旅游业发展对高尔夫球场分布影响并不突出①。因此，我们需要创新性发展高尔夫产业。

一、从严整治，适度疏导，规范引导高尔夫球行业发展

继续执行严格的高尔夫球场发展整治任务，坚决执行已判定取缔类高尔夫球场，认真督促全国高尔夫球场清理整治结果清单中的任务。同时，也要积极引导整改完毕的496个高尔夫球场，发展高尔夫球产业。高尔夫球场是现代体育发展的重要组成部分，对我国未来发展有着巨大产业价值，

①朱怡. 中国高尔夫球场分布格局、规律及用地政策建议［J］. 现代城市研究，2017，10：25-29.

在高尔夫球场面积与国土面积比重方面，还有较多的发展机会和增加划拨土地的潜在空间。

二、在经济外向度高、气候适宜的省市多建设高尔夫球场

据朱怡（2017）的实证研究，“城镇居民人均可支配收入”和“经济外向度”与“高尔夫球场数”相关指数的显著性检测值<0.01，表明这2个自变量与因变量“球场数”之间的相关指数在统计上具有极强的显著性。经济外向度也叫外贸依存度，是指一个国家或地区的对外贸易总额占国内（地区）生产总值（GDP）的比重，它反映一个国家或地区的经济与国际经济联系的紧密程度。一个国家或地区的经济外向度高，说明这个国家或地区的经济与国际经济联系紧密，开放程度高，也说明这个国家或地区的进出口对国际市场依赖程度高。我国东部沿海地区高尔夫球场数量和密度最大，尤其是广东、北京、上海、江苏、山东等地，经济发展水平及外向度相对较高，可以考虑在经济发展水平高、经济外向度高、气候适宜、降雨量充沛的省市地区多建高尔夫球场。

三、“三荒地区”、交通便利的场地适合作为高尔夫球场建设地址

“三荒地区”是属于农村集体经济组织所有的荒山、荒坡、荒滩的简称。因此，在土地国家规划趋严的背景下，土地商业价值充分挖掘的驱使下，高尔夫球场选址需要遵从国家国土规范管理的要求，向商业价值不高、国土规划纳入可能性较低的“三荒地区”转移。从实践成功经验来看，的确有一些因高尔夫球场在“三荒地区”的建成，周边环境才得以逐步改善，原本的荒凉之地才能变为景色优美之地（如深圳观澜湖高尔夫球场）[①]。因此，可以结合城镇化进程中低效用地改造开展这一工作[②]。

①赵建国. 关于高尔夫球场的宏观规划：什么地方适合建造高尔夫球场？［EB/OL］.［2011-08-02］. http：//www.chinagolf.ee/gaoerfucy/sjsg/93.shtml.

②严金明，夏方舟，杨丹凤. 新型城镇化背景下中国土地整治的转型发展研究［J］. 土地经济研究，2014（1）：21-32.

四、构建具有中国特色的高尔夫球文化

高尔夫球运动作为西方文化典型代表之一，正式进入中国已逾30年，其在改善营造商业发展环境、促进东西双方合作交流及增加和创造税收等方面作出了积极的贡献。与此同时，高尔夫运动在我国的发展也产生了西方文化元素与中国本土文化元素文化冲突的矛盾[①]，即西方游牧文明与中国农耕文明的冲突，西方契约文化与中国身份文化的冲突，发达国家和发展中国家国民生活方式的冲突。针对该问题，可以尝试推动高尔夫球运动关注儒文化、道文化，推行高尔夫球运动与中国地域文化兼容，推动高尔夫球运动的发展践行生态文明思想，在中西方文化融合的基础上构建具有中国特色的高尔夫球文化。

五、优化升级，提升高尔夫产业化水平

根据我国目前高尔夫企业的实际情况可以发现，以“高尔夫产品和服务”为核心的企业几乎分布在各行各业，高尔夫产业已经形成从生产到流通到服务的较为完整的产业链条[②]。但是，我国高尔夫产业发展又面临诸多问题：比如高尔夫产业基础薄弱，产业规模呈下降趋势；高尔夫球专业人才缺乏，供需矛盾加大；高尔夫球人口较少，群众基础薄弱；高尔夫球核心文化缺失，缺乏良好的发展氛围；高尔夫球竞技水平不高，核心竞争力不足[③]。这就需要我们明确高尔夫产业化发展方向，培养高尔夫球专业人才，增强高尔夫球竞技水平，营造良好的高尔夫球发展环境，夯实高尔夫球群众基础，发展高尔夫行业和产业水平。

---

①覃立，马卫平. 中西方文化冲突视角下的中国高尔夫球运动审视［J］. 体育学研究，2020，34（4）：87–94.

②王军. 中国高尔夫产业发展研究［J］. 河北体育学院学报，2014（7）.

③吴铁勇. 新时期我国高尔夫球的发展困境与突破路径［J］. 体育文化导刊，2019 ，11（11）：50–55.

第四章 体育场地共享“热政策—冷反应”的成因

体育场地共享是我国促进全民健身场地供给均衡的重要举措。我国《全民健身计划（2016—2020年）》指出：“全民健身是实现全民健康的重要途径和手段，是全体人民增强体魄、幸福生活的基础保障”①。随着我国对全民健身的价值逐步重视，社会公众体育锻炼的热情日益增长，参加体育锻炼的人数日趋增加，人民群众的身体素质稳步增强，使得现阶段体育场地设施暂时不能满足人民群众的日常体育锻炼需要。为了有效减缓体育场地分布不均和局部严重短缺的问题，我国体育管理部门于2016年在《体育事业发展“十二五”规划》中提出：“大力提倡和支持各种公共体育场所和各级各类学校创造条件向社会大众宣传开放的方式、时间和内容。提高场地使用率，扩大场地使用面积，增加场地使用人群范围，让闲置的体育场地都能派上用场”②。依据该规划各级各类学校场地对校外民众开放要求，积极响应大众对学校体育场地对外共享的呼声，普通高校、中小学学校及其他学校理应敞开大门，有计划、分时段将体育场地对外开放，使校外体育锻炼爱好者能到学校内健身，充分发挥学校应有的体育设施与资源，实现学校体育场地与校外居民适度共享。

据2014年第六次全国体育场地普查数据公报显示：截至2013年12月31日，全国共有体育场地169.46万个，其中体育系统管理的体育场地2.43万个，占1.43%；教育系统管理的体育场地66.05万个，占38.98%③。与第

①国务院. 全民健身计划［EB/OL］.［2016-06-23］. http：//www.gov.cn/zhengce/content/2016-06/23/content_5084564.htm.

②国家体育总局. 体育事业发展“十二五”规划［EB/OL］.［2011-04-01］. http：//www.sport.gov.cn/n16/n1077/n1467/n1843577/1843747.html.

③第六次全国体育场地普查数据公报［N］. 中国体育报，2014-12-26（3）.

五次全国体育场地普查相比较，目前我国体育场地增加近一倍，我国人均体育场地面积也与近几年相比明显增长。据《中国群众体育发展报告（2018）》统计资料显示：截至2017年，我国体育场地已超过195.7万个，人均体育场地面积达到1.66平方米①。截至2019年年底，全国体育场地达354.44万个，体育场地面积达29.17亿平方米，人均体育场地面积2.08平方米。虽然我国人均体育场地面积逐步增加，相对人民健身需求仍然不足，尤其与国外发达国家相比差距依然明显，与人均体育场地面积为16平方米的美国和人均体育场地为19平方米的日本差距较大。因此，要充分扩大我国体育场地存量利用率，有效提升学校体育场地设施与资源增量。

第一节　体育场地共享"热政策—冷反应"与场地局部闲置

当前，学校体育场地对外开放既有市场的迫切需要，又有政府部门的政策规定，同时还有开放共享的实际空间和空隙时间的基础，表明学校体育场地共享是当今社会的必然趋势。当前，国内学者就学校体育场地的共享机制现状进行了大量且较为深入的研究，但从现有的调查研究来看，大多都以描述问卷调查数据为主，有必要做进一步的调查研究和深入的实质性探究，探求对"热政策—冷反应"与"上有政策，下有对策"不良现象的成因，寻求有效的解决思路和方法措施。面对我国广大民众对体育场地的需求，相对国外如美国、日本等体育场地人均面积较高的国家标准，我国体育场地确实存在总量不足，以及不同类型场地、不同单位所属场地、不同地域分布场地的不均衡；同时，在总量不足的情况下，还存在部分场地因使用人群、使用时间的差异而部分闲置的特殊情况。

一、"热政策—冷反应"与"上有政策，下有对策"

体育场地共享被认为是有效解决当前体育场地不足的重要途径，国家教育部门、体育管理部门先后下发颁布系列文件，对各级各类学校校内体育场地向校外民众开放提出了明确的要求，从政策上回应了社会群众要求

①国家体总局发布《中国群众体育发展报告（2018）》［N］. 中国体育报，2018-08-03（1）.

学校体育场地对外开放的呼声。但是，据第五次全国体育场地普查中有关学校体育场地对外开放的数据，我国体育场地绝大多数教育系统的体育场地开放率普遍不高，开放率仅为29.2%，全天开放的体育场地仅为14.9%，制约我国体育场地开放进一步提高的瓶颈就是教育系统体育场地开放率不高。从我国第六、第七次体育场地普查的相关数据来看，体育场地有效共享还低于50%，超半数学校还没有实现学校体育场地对外开放、全时开放，持观望态度的学校依然较多，部分学校、区域、行业均出现体育场地共享的“上有政策，下有对策”的不良现象。

二、“场地总量不足—局部闲置状态”与部分共享共用

部分体育场地出现局部闲置的情况，通过问卷调查及访谈其闲置原因主要有以下几个方面：

其一，大型体育场馆经营管理不善，导致整馆或者局部项目场馆闲置，构成世界性体育场馆运营难题。大型体育场馆闲置或利用不足不仅仅是我国面临的问题，也是世界上多个国家大型体育场馆运营的难题，体育场馆资源浪费已经构成世界性难题[①]。这也就不难理解有新闻报道中，1万多平方米的安徽省巢湖市体育中心长满杂草，部分区域被种植农作物变成了菜地[②]；中华人民共和国成立以来我国第一个甲级足球场地大田湾体育场变成了菜地，耗资5亿、占地1270亩的南京国际赛马场建成后仅使用1次后就变成了停车场，北京奥运会五棵松棒球馆完赛后即被拆除，辽宁省体育馆作为辽宁体育史上的标志性见证物被成功爆破[③]。

其二，体育场馆建设运用的主体功能与服务大众辅助功能，在时间分配上的矛盾冲突导致体育场馆不能实现共享而存在闲置的表象。数据显示，2004年我国体育系统的体育场馆对外开放达到75%，但是体育系统的场地只占总体场馆的2.2%，其中25%的场馆由于要保障自身训练和赛事，被

①搜狐体育. 我国将在未来5年解决大型体育场馆闲置问题［EB/OL］.［2019-06-23］. https：//sports.sohu.com/20131219/n392042242.shtml

②多地体育场馆闲置引争议［EB/OL］.［2019-06-23］. http：//www.360doc.com/content/12/0908/07/238678_234941350.shtml

③网罗体坛. 多地体育场馆闲置惹人忧　数亿投资灰飞烟灭痛心扉［EB/OL］.［2019-06-23］. http：//sports.huanqiu.com/special/tycxz/index.html

误认为在闲置[①]；教育系统的体育场地占体育场地总量的65.6%，但其开放率仅为29.2%，全天开放的体育场地仅为14.9%，学校体育场馆因要完成教学任务实行局部限时对外开放也被认为学校体育场馆大量闲置。

其三，学校体育场地因完成体育教学任务，维护校园教学安静、安全环境只能限时间、区域对校外民众实行有限开放。一般情况下，学校体育场地中普通高校、高中、初中、小学等由于教学时间安排不同，学校对外开放的时间也存在差异。对外开放时间，一年而言，主要在寒暑假；一学期而言，主要在国家法定假日；一周而言，周五晚上、星期六、星期天对外开放概率大；一天而言，早上学校上课前（7：40），中午（12：10—13：50），晚上（18：00—22：30，如果学生有晚自习或课程授课则不对外开放）。从学校能对外开放的时间，以及校外居民使用共享场地时间偏好来看，学校能开放和民众愿意使用的重叠时间较少，造成学校体育场地多数时间空闲的现象。

其四，体育场地选址、体育场地功能与民众选择到体育场地参加运动健身的时间、经济、安全等成本支出的利益选择，导致体育场馆场地距离远，时间成本支出多，经济成本支出高，安全成本维护难、纠纷多，体育场地出现闲置情况多。

从上述四个体育场地场馆设施闲置的情况可以看出，在我国体育场地设施总量不足的情况下，存在部分行业、区域、时间段、场馆功能区等部分闲置的现象。因此，需要我们针对场馆总量不足且局部存在闲置的异化现象进行深入调查，剖析其原因，探究其对策，形成具有普遍性、指导性的建议。

第二节　体育场地共享“热政策—冷反应”相关概念的界定

一、体育场地

体育场地是我们进行运动锻炼的基础，现今较多学者对体育场地有着不同释义。其中，钟天朗（2004）在《体育经营管理》一书中指出：体育

①体育场地闲置率惊人 学校体育场地闲的比用的多［EB/OL］.［2020-08-21］. https：//sports.sohu.com/20050817/n226695078.shtml

场地是为开展各类体育活动需要，按一定标准建设的体育专门场所[①]。赵钢、雷厉在《体育场馆经营管理概论》中认为，体育场地是指为了满足运动训练、竞赛和大众健身需要按照一定标准建设的户外或户内专用场地[②]。国家体育总局在《第六次全国体育场地普查 登记表及指标说明》中对体育场地作了明确定义：体育场地是指专门用于体育训练、比赛和健身活动的，以及有一定投资的公益性或经营性体育设施。

二、学校体育场地

学校体育场地作为体育场地的一个重要组成部分，占总场地的60%以上，在满足教学、训练、比赛，以及满足社会大众需求方面具有重要作用。刘宝亮（2010）在《福建省学校体育场馆向社会开放的研究》中认为：学校体育场地是隶属于国家由学校管理，是由运动场所、人力、信息、制度等资源组成的一种组织[③]。

三、学校体育场地共享

利用中国知网对体育场地共享进行关键词搜索，“体育场地共享”这一概念在所有搜寻结果中出现次数较少，在已有的文献中大多以“学校体育场地对外开放”“学校体育设施共享”等出现。其中代表性观点认为：学校体育场地对外开放是指学校体育场地设施在满足校内正常体育教学和运动训练的前提下，根据自身条件积极创造机会向周边居民和社会大众开放，共享学校体育场地资源。

四、体育场地共享使用热政策

“体育场地共享使用热政策”是政策的一个微观运用，是政策科学的基础实践应用。政策科学兴起于西方国家，19世纪80年代前，政策主要研究经济学范畴。随着时代的进步与发展，政策研究方向逐步扩大，成为行

①钟天朗. 体育经营管理［M］. 上海：复旦大学出版社，2004.

②赵刚，雷厉. 体育场馆经营管理概论［M］. 北京：北京体育大学出版社，2007（1）.

③刘宝亮. 福建省学校体育场馆向社会对外开放的研究［D］. 福州：福建师范大学，2010.

政学、社会学、心理学、政治学等学科的研究领域。由于各个学科关注政策的角度不同，研究的理论基础及研究方法也各有差异，使得不同学者对政策有着不同的理解，对政策的概念也各不相同，目前仍未形成关于政策具体统一的概念界定。作为公共行政学创始人之一的美国学者伍德罗威尔逊提出，政策是由政治家即具有立法权者制定的，由行政人员执行的法律和法规①。政治学学者戴维·伊斯顿（D.Eston）指出，政策就是对全社会的价值作权威的分配②。

国内学者参考国外关于政策的研究并结合本国实际情况和文化思想，对政策有着自己的独到见解。张金马（1992）认为，政策是党和政府用以规范、引导有关机构团体和个人行为的准则或指南③。孙光（1988）认为，政策是国家和政党为了实现一定的总目标而确定的行动准则，它表现为对人们的利益进行分配和调节的政治措施和复杂过程④。

依据上述已有研究结论，结合本研究的实际需要，认为“体育场地共享使用热政策”特指国家和政党为提高体育场地利用率，响应广大群众要求开放学校体育场地的呼声，从而加快推进全民健身计划和接连颁布的政策。

五、体育场地共享政策冷反应

反应通常是指因为事件所引发的意见、态度或行动，从引发效果来看，主要分为积极的和消极的两个方面，冷反应是对某事件预期发展的消极反应。结合本研究的目的，主要指政府相关部门颁布体育场地对外开放的鼓励政策，而市场上不仅没有出现期待的积极反应，而且在某种程度上出现了诸多消极现象，形成政策学里面的政策失灵现象。公共政策失灵是指在一项公共政策在运行的各阶段因利益主体的博弈而出现的非连续性地与政策制定的初始目标相背离，对政策目标群体造成的负面影响超过其获利程度的现象。本专题研究中“体育场地共享政策冷反应”是指在学校体育场地对外开放政策在运行的各阶段、各学校、各社区等多种因素的出现与政策制定的初始目标相背离，社会群众对体育场地共享期望造成的不利影

①吴启元. 公共政策［M］. 香港：商务印书馆，1989：4.

②D.Eston. The political system：an inquiry into the stat of political science［M］. New York：Knopf，1953；129.

③张金马. 政策科学导论［M］. 北京：中国人民大学出版社，1992：8.

④孙光. 政策科学［M］. 杭州：浙江教育出版社，1988：3.

响，造成学校体育场地空闲、人民群众缺少运动健身场所的矛盾现象。

六、高尔夫场地“冷政策—热反应”

我国“冷政策—热反应”的现象时有发生，这既有对政策合理性、科学性的反思，也有市场运行的动态规律。在体育领域中，也存在部分体育政策实施的冷反应现象，其中最典型的为高尔夫体育项目，政策多次缩紧，但是市场中高尔夫场地不减反增。2014年前后，在我国一些地方高尔夫球场建设过程中，出现了场地数量过多、占地面积过大、商业开发过度等异常现象，尤其还存在违反规定非法征占农民集体土地，擅自占用耕地，严重损害了国家和农民利益；此外，还有借建高尔夫球场的名义，变相进行房地产开发等违法违规情况。

为了合理利用土地资源，有效保护耕地农田资源，及时遏制高尔夫球场的盲目建设，事实上我国政府早就颁发了规范高尔夫场地建设的文件。其中，2004年国务院办公厅颁发了《国务院办公厅关于暂停新建高尔夫球场的通知》；2006年12月12日，国土资源部和国家发展和改革委员会联合下发《关于发布实施〈限制用地项目目录（2006年本）〉和〈禁止用地项目目录（2006年本）〉的通知》，将高尔夫球场项目列为禁止用地项目目录；2009年10月12日，国家发改委办公厅等7部门联合发布《关于开展高尔夫球场建设情况调查的通知》，规范高尔夫球场发展。但截至2014年年底，我国建设高尔夫球场的火热现象仍没有得到有效的禁止和有序发展，政策没能得到较好的执行，导致了“冷政策—热反应”的现象，欣慰的是该现象在2019年前后终于得到有效遏制和根治。由于高尔夫“冷政策—热反应”的现象在前面第三章我们进行了专门论述，故在本专题研究中不再进行分析，而是专注于学校体育场地“热政策—冷反应”的现象进行剖析。

七、国内外学校体育场地共享现状研究

（一）国内学校体育场地共享：政策引导和教学优先

通过查阅国内学校体育场地共享的相关文献，大多数学者就国内体育场地共享现实状况、存在问题、管理机制、影响因素、形成原因及措施建

议展开研究，其研究结果如下。

李骁天等（2012）在《我国城市社区与学校体育设施共享的影响因素及模式构建研究》中指出，影响我国城市社区与学校体育设施共享的因素主要有政府管理因素、安全因素及政策法规因素①。经过10年发展时间的见证，即使在今天，这三大因素依然影响学校体育场地对外开放的力度。

孙崇迎等（2017）在《学校体育设施共享机制研究——以江西财经大学为例》中提出了学校体育场地共享因管理人员和资金短缺的问题，并对学校体育场地对外开放现状的问题提出以下建议：政府对开放体育场地进行专项财政补贴、拓宽学校体育场地运营资金来源、丰富场地管理人员队伍建设、积极宣传引导社会民众有序入校锻炼②。

张少兴（2018）在《全民健身理念下高校体育场地资源共享的机遇与挑战》中指出，高校体育场地资源共享过程可能出现一些矛盾：体育教学时间与对外开放、体育赛事与日常训练、学校领导与管理者、场地日常维护与资金投入等问题③。

孙成林（2018）在《我国学校体育场地建设的问题与模式选择》中根据我国学校体育场地建设的问题，提出选择学校体育场地的管理模式有“校营校治，高度自治”“校建官助、民营民治”“官办官营，政府帮扶”三种模式④。这三种模式是实现现有体育场地共享的最佳方案，不仅能有效利用学校体育场地现有的设施与资源，又能选择适合自身发展的体育场地建设管理模式，从而实现目前学校体育场地存量共享、增量共享的良性持续发展。

以上研究表明：我国体育场地对外开放有文件政策可依，但是在实际实行过程中由于时间、安全、经费、管理等问题致使学校体育场地对外开放尚未达到预期效果。

---

①李骁天，王凯珍，彭程. 我国城市社区与学校体育场地设施共享模式研究［J］. 体育文化导刊，2012，10（10）：70–73.

②孙崇迎，叶燕，邓家彬. 学校体育设施共享机制研究——以江西财经大学为例［J］. 当代体育科技，2017，9（12）：240–243.

③张少兴. 全民健身理念下高校体育场地资源共享的机遇与挑战［J］. 体育世界：学术版，2018，6（24）：102–104.

④孙成林. 我国学校体育场地建设的问题与模式选择［J］. 体育文化导刊，2018，9（9）：92–105.

（二）美国学校体育场地共享：占据场馆多和人数少

我国学者李高峰、郝力宁（2006）在《中日美大众体育场地设施管理的比较研究》中认为，美国采取政府拨款、企业投资、公益组织捐款、独资合资等措施来建设扩大学校体育场馆；并且美国的学校体育场馆也较为充裕，学校体育场地设施向社会开放多数免费或仅收取少量费用①。美国学校体育场地对外开放，不仅能满足本校全体师生正常锻炼，还能满足学生正常体育教学，同时又能为公众提供充足的体育场地设施与资源，最终使得学校体育场地为社会大众提供场地健身便利，当然这与美国经济基础厚实和地广人稀有一定关联。

（三）德国学校体育场地共享：法律规定和重在假期

研究结果显示，德国学校场地对外开放有明确的法律规定，同时积极实施假期激励机制。马中林、单丹（2017）在《经济领域下学校体育场馆设施社会共享的国内外比较》中指出，德国的体育法中有关于学校体育场地对校外民众开放的明确规定，即“凡属于国家和地方所拥有的体育场地及设施都需向社会进行开放”，使得德国的学校体育场馆闲置现象极为少见②。德国为了能提高学校体育场地设施与资源的利用率，有效增加国家体育锻炼人口数量及居民到学校体育锻炼时间，积极推行“假期体育活动计划”，吸引校外民众主动参加学校校内体育运动相关活动。

（四）日本学校体育场地共享：社会和学校双向开放

研究表明，日本学校体育场地对外开放的同时也要求社会体育场地对学校开放，实行“学校—社会”体育场地双向开放，而且明确规定学校在晚上和节假日必须向社会开放。杨萍（2008）在《中日大众体育场地设施

①李高峰，郝力宁. 中日美大众体育场地设施管理的比较研究［J］. 体育成人教育学刊，2006，22（3）：26-28.

②马中林，单丹. 经济领域下学校体育场馆设施社会共享的国内外比较［J］. 市场论坛，2017，11（164）：89-91.

及人才培养和管理的比较分析》中指出，日本于1964年明文规定，具备开放条件的学校必须向社会大众无条件开放，让学校体育场地服务于社会大众体育的发展[①]。1976年，在日本出台的《学校体育设施对外开放法令》中提出了“学校向社会开放，社会向学校开放”的口号。在《日本体育运动振兴法》中也明文规定，“在不妨碍学校正常教学的情况下，学校所拥有的体育场馆设备在晚上和节假日都必须向社会开放”。

（五）韩国学校体育场地共享：保障教学和贡献力量

韩国也制定了学校体育场地对外开放的一系列政策，《国民体育振兴法》规定，学校及单位的现有体育场地健身场所，在不影响学校正常教学和单位正常运行的情况下，应为全民健身贡献一份力量，让社会群众都能参与体育锻炼的活动。

从5个国家学校体育场地对外开放的现状可以看出，国内外学校体育场地对社会开放都需要一定法律依据和政策依据，需要在保障学校教学为基本前提才能实施对外开放，对外开放的时间多在晚上、节假日、寒暑假，在对外开放的责任方面既有对学校的要求，也有对校外居民的要求。不难看出，提高人均体育场地面积是学校体育场地服务社会的基础，完成教学任务是学校体育场地的根本任务，更好地服务社会群众是学校体育场地的社会公益责任。

第三节　学校体育场地共享“热政策”的基本特征

基于学校体育场地的多方利益和多重责任，需要针对学校体育场地开放采取一系列的激励帮扶政策和实质性措施，有效减轻或者规避学校体育场地对外开放的各种风险。现阶段，国家教育部门、体育部门已经发布了多项文件规定，从这些政策文件来看具有以下特征。

①杨萍. 中日大众体育场地设施及人才培养和管理的比较分析［J］. 哈尔滨体育学院学报，2008，26（1）：26–28.

一、政策层次高

我国体育场地对外开放政策颁布的单位主体层次较高，均是由党中央国务院、国家教育部、国家体育总局、国家发改委、市财政局和教育局等官方机构颁布。其中有国务院颁布的《全民健身计划纲要》、教育部颁布的《关于假期公休日学校体育场馆向社会开放的通知》、国家体育总局和教育部一起颁布的《关于开展学校体育场馆向社会开放试点工作的通知》、国家体育总局颁布的《体育事业发展“十二五”规划》中关于系统内部体育场地对社会开放的相关规定内容等。

二、颁布频度密

我国学校体育场地设施开放政策由全国性政策和地方性政策构成[①]。全国性政策是一个宏观体现，对我国学校体育场地设施对外开放具有指导作用，目前有1995年、1999—2018年等共12项全国性政策（表4-1）；地方性政策是在全国性政策颁布后各个地区按照自身条件，为促进全国性政策而进行的具体性政策，截至2006—2019年有7项代表性文件（表4-2）。

（一）全国性政策

到目前为止，国家提出的一系列政策都对体育场地共享给予了充分的认可与肯定。具体政策如表4-1所示。

①张晓健，程丽平，王润，等. 我国学校体育场地对外开放政策分析［J］. 体育文化导刊，2013，5（5）：89-92.

表4-1 关于学校体育场地对外开放的全国性政策颁布情况及要点

发布时间	发布部门	文件名称	政策要点
1995年	国务院	全民健身计划纲要	各种国有体育场地设施均应向社会开放，合理收费
1999年	国家教育部	关于假期公休日学校体育场馆向社会开放的通知	学校应更加具体明确体育场地向社会开放的时间及要求
2002年	国务院	关于进一步加强和改进新时期体育工作的意见	学校体育设施要努力实现社会共享
2003年	国务院	公共文化体育设施条例	鼓励学校体育设施向公众开放
2006年	国家体育总局和教育部	关于开展学校体育场馆向社会开放试点工作的通知	将全国120个中小学校作为学校体育场地对外开放的试点
2009年	国务院	全民健身条例	学校体育设施应在课余时间和节假日向公众开放
2011年	国家体育总局	体育事业发展“十二五”规划	采取有效措施推动学校体育场馆设施向公众开放
2012年	国务院	国家基本公共服务体系“十二五”规划	健全学校等企事业单位体育设施向公众开放的管理制度
2016年	国务院	全民健身计划（2016—2020年）	完善大型体育场馆免费或低收费开放政策
2017年	国家体育总局和教育部	关于推进学校体育场馆向社会开放的实施意见	积极推进学校体育场馆向社会开放
2018年	国家体育总局	做好2018年大型体育场馆免费低收费开放工作有关事宜的通知	充分发挥大型体育场馆的公共服务作用，完善体育场馆免费或低收费开放管理机制
2022年	国务院办公厅	关于加强全民健身场地设施建设发展群众体育的意见	增加全民健身设施有效供给，补齐群众身边健身设施短板，有效解决规划建设瓶颈问题

（二）地方性政策

我国地方性学校体育场地设施开放政策均在2006年《全国学校体育场馆向社会开放试点工作方案》实施后颁布的[①]。如今，为贯彻落实国家学校体育场地对外开放的要求，加快体育场地对外开放的工作，更好地满足大众参与体育锻炼需求，许多地区相继颁布了学校体育场地设施开放政策。以下列举了关于学校体育场地对外开放的部分地方性政策，如表4–2所示。

表4–2 关于学校体育场地对外开放的部分地方性政策颁布情况及要点

发布时间	发布部门	文件名称	政策要点
2008年	广东省人民政府	广东省学校体育设施向公众开放实施办法	资助和扶持体育场地设施对外开放的学校
2012年	江苏省体育局	江苏省体育局关于全国学校体育场地设施向公众开放通知	响应国家政策，做好学校体育场地设施对外开放的工作
2016年	宝鸡市人民政府	宝鸡市学校体育场地对外开放实施方案	完善各项管理制度和配套措施，确保学校教育教学秩序不受影响，师生人身和学校财产安全得到保障
2016年	黑龙江省教育厅	普通高校体育场馆向社会开放工作试行办法	各个高校要对学校所属体育场馆及其使用情况进行详细普查，明确向社会开放的具体场馆和开放时间
2018年	天津市武清区人民政府办公室	武清区推进学校体育场馆向社会开放实施方案	学校体育场馆向社会开放应在课余时间或节假日进行，每周开放时间原则上不低于25小时，国家法定节假日和寒暑假应适当延长开放时间

①孙振，何勇．政策执行，务求落地生根［关注革命最后一公里．改革如何落细落实（下）］［N］．人民日报，2008–10–15（4）．

（续表）

发布时间	发布部门	文件名称	政策要点
2018年	上海市普陀区体育局	普陀区学校体育场地进一步开放的实施方案	努力保持具有“普陀特色”的学校体育场地开放项目品牌
2019年	厦门市人民政府	关于进一步推进学校体育场地设施向社会开放工作的通知	在试点的14所学校基础上，进一步深入推进本市公办学校的体育场地设施向社会开放

因全国经济发展水平存在区域不均衡，部分地区教育系统中体育场地设施存在一定差异性，现阶段仍有一些较不发达的地区无法配套制定严格的学校体育场地对外开放的相关政策，因此在上述体育场地对外开放政策落实方面存在一定滞后性。

三、群众呼声高

通过问卷调查发现，从体育锻炼者和体育场地管理者的角度来看，大家对体育场地对外开放都非常支持，支持和较为支持的态度也比较高，具体情况如图4-1所示。

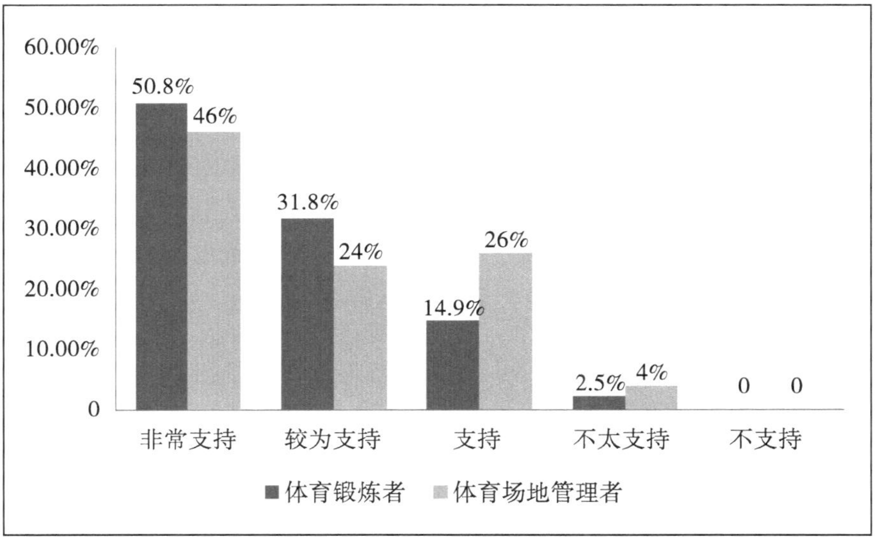

图4-1　所调查的体育锻炼者、体育场地管理者对于学校体育场地共享的态度

由图4-1可知，体育锻炼者和体育场地管理者基本上都支持学校体育场地对外开放。但同时也存在极少数不太支持的意见，通过了解“不太支持”者的理由主要是，体育锻炼者们认为学校体育场地对外开放使其他人占用学校体育资源，这也意味着校内师生可能得不到充足的锻炼机会；体育场地管理者们主要认为学校体育场地对外开放不利于管理，存在锻炼的人身安全、学校公私财物安全、不同人群之间的矛盾纠纷等，使校内师生安全得不到保障。

四、社会关注高

基于学校体育场地对外开放的政策，体育锻炼者、体育场地管理者对此有较高呼声，使得学校体育场地对外开放这个话题热度持续上升，新闻媒体对该话题的关注度也越来越高。截至2019年5月16日，在百度搜索“体育场地共享”，出现了8400000条记录，搜索“学校体育场地对外开放”出现了1110000条记录，而搜索“学校体育场地共享”出现了约13600000条记录。如此高次数的搜索记录可证实社会对体育场地共享的高度关注，尤其是对学校体育场地对外开放的关注，所以我们需要做好学校体育场地对外开放的相关衔接配套工作。

第四节　学校体育场地共享“冷反应”的主要问题

全国体育场地普查数据显示，2004年我国体育系统的体育场馆对外开放达到75%，但是体育系统的场地只占总体场馆的2.2%，其25%的场馆要保障自身训练和赛事[①]；教育系统的体育场地占体育场地总量的65.6%，但其开放率仅为29.2%，全天开放的体育场地仅为14.9%。通过访谈和调查研究认为当前学校体育场地共享“冷反应”存在以下五个方面的问题。

①体育场地闲置率惊人 学校体育场地闲的比用的多［EB/OL］.［2020-08-21］. https：//sports.sohu.com/20050817/n226695078.shtml

一、学校共享程度偏低

全国体育场地普查我国共进行了七次，按照数据公开发布的具体程度，我们选择第六次全国体育场地普查情况统计及各系统体育场地对外开放状况（表4-3～表4-5）。

表4-3　第六次全国体育场地普查各系统体育场地数量及面积情况

系统类型	场地数量/万个	数量占比/%	场地面积/亿平方米	面积占比/%
体育系统	2.43	1.43	0.95	4.79
教育系统	66.05	38.98	10.56	53.01
军队系统	5.22	3.08	0.43	2.17
其他系统	95.76	56.51	7.98	40.03
合计	169.46	100.00	19.92	100.00

表4-4　第六次全国体育场地普查各系统体育场地对外开放天数状况

系统类型	合计	不开放	1～90天/年	91～180天/年	181～270天/年	271天以上/年
体育系统	24322	3798	507	1224	1694	17099
铁路系统	3605	2948	9	33	47	568
其他系统	953962	104236	9166	36990	78958	724612
合计	1642410	562296	24581	105199	125517	824817

表4-5　第六次全国体育场地普查教育系统体育场地对外开放天数状况

系统类型	合计	不开放	1～90天/年	91～180天/年	181～270天/年	271天以上/年
教育系统	660521	451314	14899	66952	44818	82538
高等院校	49750	27393	498	2195	3611	16053
中专中技	18573	12979	472	1836	1133	2153

系统类型	合计	不开放	1～90天/年	91～180天/年	181～270天/年	271天以上/年
中小学	584865	406459	13773	62281	39533	62819
其他教育系统单位	7333	4483	156	640	541	1513

从表4-3可知，我国教育系统的体育场地面积最大，面积为10.56亿平方米，占比最多，为53.01%。在全国的体育场地中，学校体育场地占比达39.8%，也就是说，全国有近2/5的体育场地在学校。学校体育场地共享对于加快推进全民健身意义重大。

二、对外开放时段不长

依据第六次全国体育场地普查公开数据，我国体育场地开放率仅为29.2%，全天开放的体育场地仅为14.9%；学校体育场地开放率仅为31.6%，全天开放的学校体育场地仅为12.4%。政府的支持和学校体育场地对外开放相关政策的出台，并不能使学校体育场地真正实现全时段、全场地对外开放，主要是因为完成教学任务、维护教学环境、维护健身安全等多样因素影响学校体育场地对外开放的实施。为此，我们对相关人群进行了相应调查，调查结果如图4-2、图4-3所示。

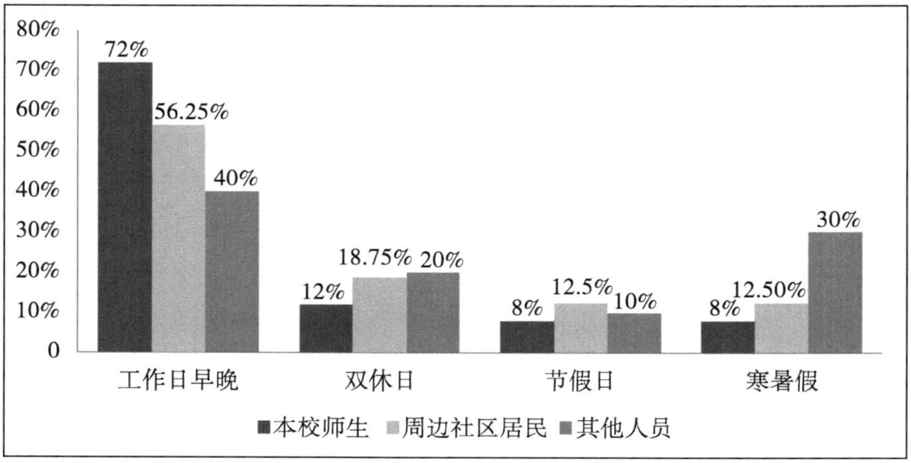

图4-2　所调查的入校校园体育锻炼者的锻炼时间分布统计

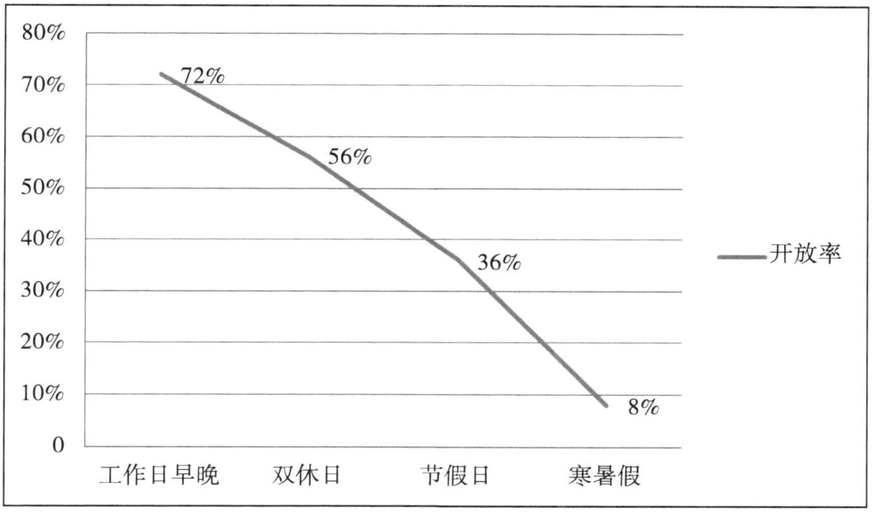

图4-3　所调查的高校体育场地不同时间段开放率

图4-2显示，在所调查的体育锻炼者中，大部分在工作日早晚进行锻炼。图4-3显示，在高校校园体育场地对外开放中，有72%的高校体育场地在工作日早晚开放，56%在双休日开放，36%在节假日开放，仅8%在寒暑假开放。现阶段，入校进行体育锻炼人群的锻炼时间基本与学校体育场地开放时间一致。但我们可以看出，高校体育场地对外开放的时间段大多在工作日早晚，双休日及节假日次之，寒暑假基本不对外开放。一些入校进行体育锻炼的人群表示，他们选择体育锻炼的时间段有一部分是取决于学校体育场地对外开放情况。事实上，高校体育场地仍然未能实现真正的共享，体育场地开放程度并不高，部分高校只是处于试行阶段，高校体育场地开放时间的不均衡，也会影响体育锻炼者的锻炼情况。据此，我们需要关注高校在寒暑假期间对外开放比例很低的问题，消除不利因素，增加寒暑假开放时间，提高假期场馆使用效率。

三、开放设施少且单一

在普通高校、高中、初中和小学等各级各类学校中，我们以普通高校为例进行调查分析。经过抽样调查所选取的地区高校体育场地设施与资源现状（表4-6），发现绝大多数高校室外都拥有田径场、羽毛球场、网球场、乒乓球场、篮球场及排球场；室内都拥有羽毛球场、排球场、乒乓球场、篮球场、武术房、体操房、舞蹈室及游泳馆等（表4-7）。高校拥有的体育场地设施极其丰富，但对于无偿对外开放的体育场地大多仅限于田径、排球、网球、篮球、乒乓球和羽毛球等室外场地，而室内场地对外开放通常都是有偿的。

表4-6 开放高校室外基本体育场地拥有情况及开放统计

室外体育场地名称	高校拥有率/%	开放率/%
田径场	100	100
足球场	100	100
篮球场	100	100
排球场	96	100
乒乓球场	92	100
羽毛球场	100	100

表4-7 开放高校室内基本体育场馆拥有情况及开放统计

室内体育场馆名称	拥有高校/所	开放高校/所	开放率%	有偿开放高校/所	有偿开放率/%
篮球场	50	50	100	43	86
排球场	50	50	100	38	76
乒乓球场	50	50	100	42	84
羽毛球场	48	43	89.6	39	92.9
武术馆	46	12	26.1	10	83.3
健身馆	48	23	47.9	21	91.3
舞蹈室	50	21	42	18	85.7
体操馆	46	12	26.1	9	75
游泳馆	46	5	10.9	5	100

针对学校体育场地部分有偿对外开放的情况，课题组通过采访体育场馆运营管理方面的专家及学校体育场地对外开放一线管理人员，了解到室内的体育场馆比室外更需要多项综合管理，环境、人力、资金来源、安全等管理运行成本都是影响室内体育场馆对外开放的因素。对于武术、健美、健身等一些需要专业人士指导和保护的体育项目，由于体育场地各方

面的运行管理成本，通常情况下也极少对外无偿开放，一般情况下管理成本较高的室内体育场馆对外开放，也只能采取有偿开放模式。

四、学校开放管理不足

学校体育场地的对外开放，相对于不对外开放来说，确实要增加一定的管理工作量，需要投入一定人力资源和维护物力成本，需要建立与之配套的管理制度。但是，从目前抽样调查结果来看，学校体育场地对外开放过程中存在管理人员、管理制度、设施维护等方面的不足。

（一）管理人员不足

一般而言，管理人员作为学校体育场地对外开放管理的基础一线核心人物，应该具备较强的综合管理能力，具备一定的体育基础知识和实践能力，具备应对体育场地使用中发生突发事件快速反应能力，让学校体育场地对外开放与社会民众共享体育场地设施达到最优化状态。但是，通过调查发现事实并非如此，调查走访一些高校发现，高校体育场地管理人员较少，每片体育场地负责的管理人员低于1名，相对于体育场地对外开放的任务，学校体育场地管理人员更显得不足；并且大多体育场地设施的管理者多为普通工作人员，没有受过体育专业理论和基本运动技能的培训，基本不具备体育保健知识，也没有进行安全保护的实操训练，难以有效应对场馆运营中的突发纠纷问题。

（二）管理制度不全

由表4-8可知，部分高校体育场地设施管理制度主要包括消防安全预防制度、场地卫生安排、器材使用提示、工作人员管理办法等，为体育锻炼人群及工作人员提供了最基本的使用保障。但是，学校在工作人员管理上依然存在一些问题，没有制定详细的工作人员管理制度，缺乏场地器材使用及运动中伤害纠纷处理制度，缺少校外人员使用场地器材的责任义务制度，缺少体育场地无偿服务内容和有偿服务标准，使得体育场地对外开放管理存在一些实际困难，也诱发部分学校迫于管理压力和安全风险，主动降低体育场地对外开放时间，甚至直接关闭学校体育场地对外开放的大门。

表4–8　所调查的高校体育场地管理制度统计情况

管理制度	学校数量/所	占比/%
消防安全预防	50	100
场地卫生安排	33	66
器材使用提示	41	82
工作人员管理办法	26	52

（三）设施维护不力

在统计调查问卷的数据中，学校对体育场地维护还是比较重视的，其数据比例如图4–4所示。

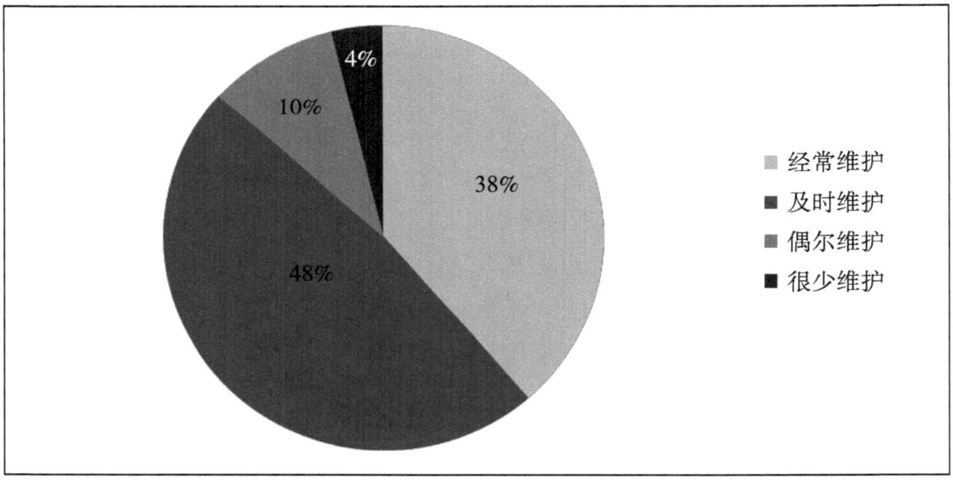

图4–4　学校体育场地设施维护情况

图4–4中也显示还有14%的被调查者认为学校对场地维护是偶尔维护，或者是很少维护，间接说明学校体育场地设施的维护次数并没有达到一个较为安全的层次，为学校体育场地对外开放留下了安全隐患。

五、共享宣传力度不大

通过对入校体育锻炼者的调查情况发现，有65.7%的被调查者并不知道学校体育场地是否向公众开放，只有约三成的人表示有接触相关宣传（图4–5）。

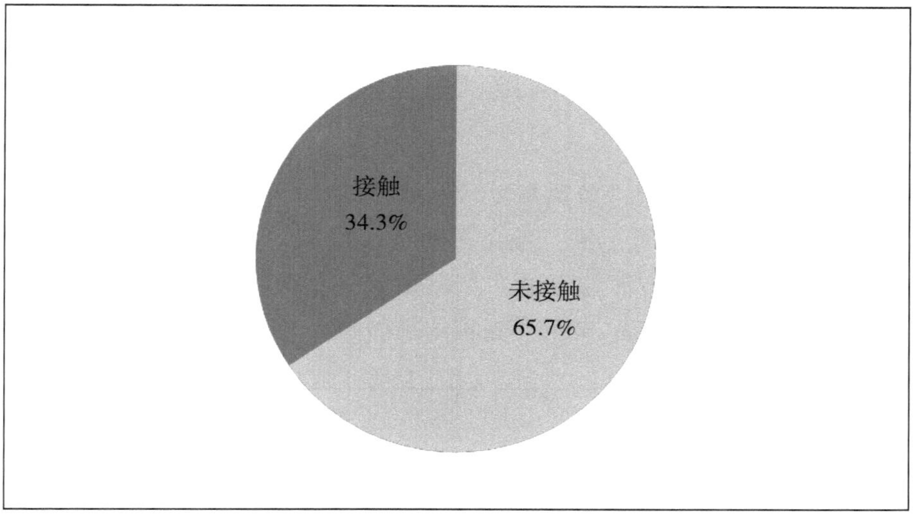

图4-5　所调查的体育锻炼者接触有关学校体育场地共享的宣传情况

针对部分体育锻炼者接触体育场地对外开放的宣传途径，通过进一步了解，结果如图4-6所示，他人转告是最重要的知晓渠道，然后是学校宣传或公告。为了让更多体育锻炼者知晓学校体育场地设施对外开放的政策和措施，政府部门可以加大官方宣传及责令学校加大宣传公告。

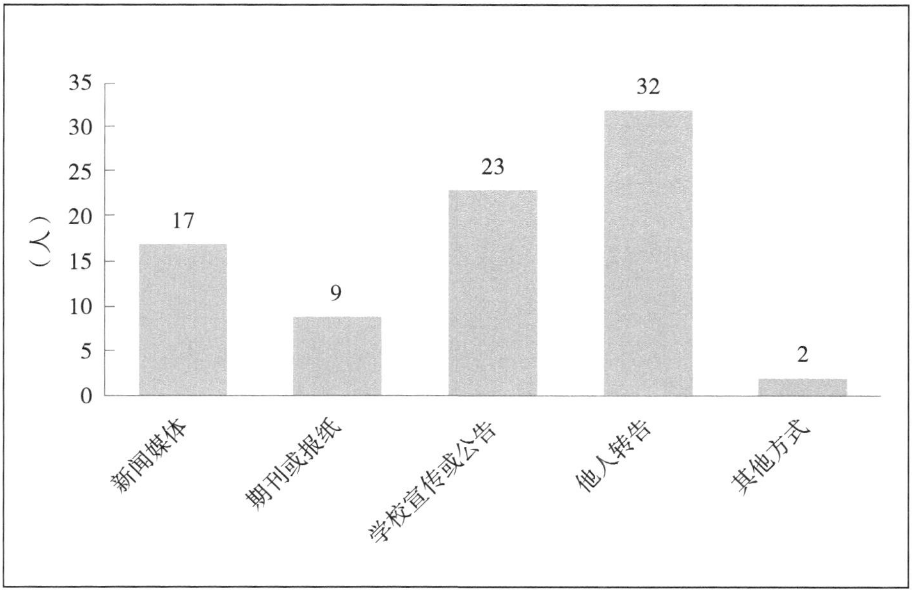

图4-6　所调查的体育锻炼者接触学校体育场地共享的宣传途径

第五节　学校体育场地共享“热政策—冷反应”的影响因素

上述研究显示我国现阶段高校学校体育场地对外开放存在“学校共享程度低、对外开放时间不长、开放设施少且单一、对外开放管理不足、共享宣传力度不大”等方面的问题。就其原因，据所调查的292份问卷（体育管理者50份、体育锻炼者242份）数据结果如图4-7所示。

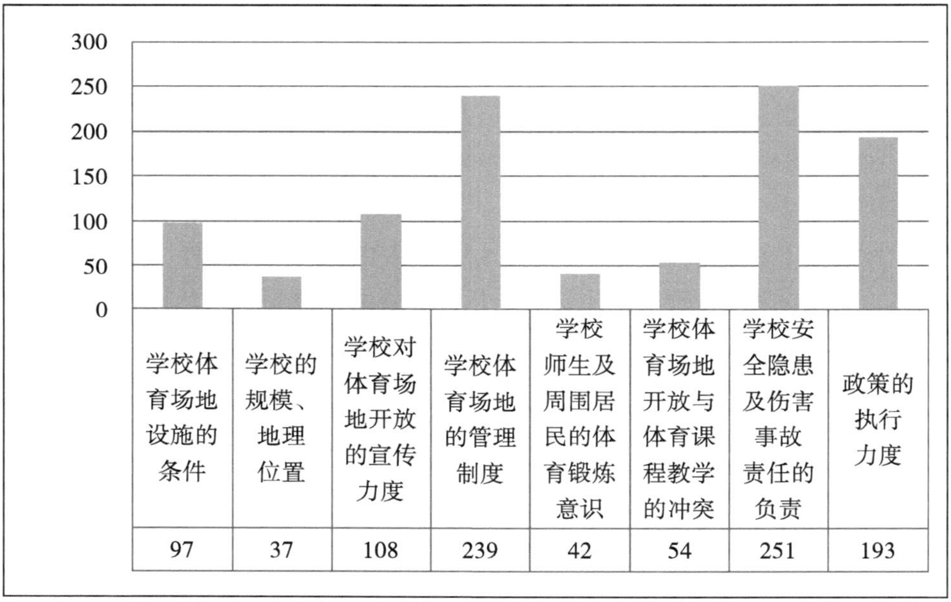

图4-7　所调查的人群认为学校体育场地共享的主要影响因素

通过对上图4-7相关数据进行分析和总结，认为影响我国学校体育场地共享的主要因素有以下五个方面。

一、政策因素：政策重鼓励，强制性不足

政策执行是一项非常复杂的社会实践活动，因政策执行范围广、涉及部门多、牵扯利益大、间接纠纷杂等，利益各方为了规避风险和减轻阻力，在政策执行的过程中经常出现“上有政策，下有对策”现象。针对学校体育场地对外开放政策执行情况调查结果，在所调查（图4-7）的292人

中，有193人认为政策的执行力度是影响学校体育场地对外开放的主要原因。影响体育场地政策执行力度的原因主要有：其一，国家相关部门虽出台了系列政策文件，但政策多为鼓励性文件，以要求或建议的形式部署，强制性不足；其二，由于颁布政策文件以鼓励为主，强制性不足，执行主体基于利益和机会成本可能会有选择性地执行文件，造成执行目标出现偏差，出现“上有政策，下有对策”的异化现象。

二、管理因素：管理重服务，约束力不强

在图4-7所调查的292人中，有239人认为影响学校体育场地对外开放的主要因素是学校体育场地的管理制度，这也说明学校体育场地对外开放存在管理不力的问题。就学校体育场地对外开放的管理，从实践来看主要涉及政府管理力度和学校自身管理效度。首先，政府管理因素主要集中在：学校体育场地共享的工作分配不均衡，开放服务程度不明确，官方媒体宣传不广泛，学校激励制度不充分，学校对外开放的风险规避不全面，学校体育场地对社会社区开放缺乏一定约束力。其次，学校管理因素主要集中在：缺少正式专业的管理人员，缺少明确的体育场馆收费标准，缺乏应急事件安全意识，缺乏体育场地服务社会的主动宣传，缺乏服务社会与科研教学使命的兼顾等，致使学校自身对校内体育场地服务社会的约束力薄弱。

三、安全因素：安全靠自身，解纠纷不利

图4-7的调查数据显示，有85.96%的被调查者认为“学校安全隐患及伤害事故责任的负责”是影响学校对外开放体育场地的关键因素。“安全第一”是安全生产领域的首要原则，同时也是我们学校教学、科研和生活等所有活动的首要原则，更是我们各级各类学校校内体育场地对外开放的首要原则。从实践角度来看，学校体育场地共享安全因素主要集中在：体育场地设施安全问题、体育锻炼者人身安全问题、学校财产安全问题、体育场地场域相关人员财产安全问题等方面。从总体来看学校是一个高素质人才集聚的场所，但是在学校体育场地对外开放过程中，入校体育锻炼者素质参差不齐，发生意外突发事件也在所难免，个别锻炼者入校只是为了“占便宜”，顺走一些公共财物，甚至对体育场地设施进行故意破坏产生纠纷的现象也时有发生。久而久之，学校迫于安全压力，只能对学校体育

场地共享政策持观望态度。

四、资源因素：校内不够用，校外难共享

（一）体育设施资源因素

高校体育场地设施资源的本质功能是满足学校体育教学、运动训练及体育比赛，保障教学需要是实施学校体育场地对外开放的先决条件。就全国人均体育场地面积来看，我国人均体育场地面积虽有一定程度增长，但是相对国际平均参考标准还有较大差距，相对人民群众的健身需求也存在较大差距。在所调查的52所高校中，学校体育场地设施针对体育教学较为充足，针对全校师生员工全民健身需要又显得不足，在此基础上对外开放针对社区开放更显不足，直接导致高校体育场地对外开放心有余而力不足的尴尬局面。

（二）管理资金来源因素

在普通高校体育场地运行管理过程中，需要一定资金来维持运转，其资金来源一般可以分为相关教育主管部门拨款、学校拨款及学校体育场馆实行部分有偿服务的收费，资金具体来源情况如图4-8所示。

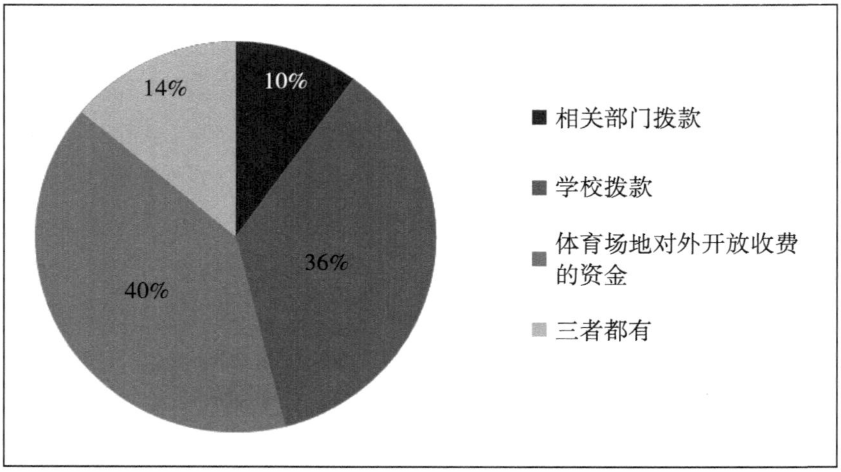

图4-8 所调查的高校体育场地对外开放所需资金来源的分布情况

目前高校体育场地对社会开放需要一定经费做支撑，这些经费完全依赖上述某一单一渠道则有困难，在保持其公益性本质的基础上，以政府拨款为前提，以适度有偿服务为补充，以多重社会保险规避安全事故风险，有效化解学校安全忧虑。

五、宣传因素：社会高期待，学校难理解

面对学校体育场地占总场地比重高的情况，在学校上课期间部分场地闲置，以及学校周边社区居民健身场地严重不足的情况下，学校体育场地对周边社区开放的呼声很高，社会各界人士对开放效果期待高涨，学校体育场地对外开放已经形成共识，很多人认为是理所当然。但是，作为学校，也十分清楚本校的体育场地在满足日常教学需要时还勉强可以，要满足全校师生、员工及大众健身需要还是存在一定缺口的，如果还要兼顾周围社区居民全民健身需要确实存在诸多困难。所以，必然存在政府引导目标高，社会期望目标高，学校有效供给效能低的困境。因此，大部分学校仅仅只是为了响应国家及地区人民政府的政策号召，采取被动性的对外开放，极少主动向外宣传，造成“学校体育场地文件开放政策多，知晓进校锻炼人数少”的异常现象。

第六节　学校体育场地促进共享的方法与对策

学校体育场地共享是一个互利互益的过程，通过共享可以实现“取之于民，用之于民”的社会效益，各相关利益主体都需要按照国家有关政策积极主动落实，在理论和实践案例中可以从以下几个方面进行探索。

一、强化政策执行，落实开放政策

学校体育场地对外开放政策颁布的主要目的，一方面是为了有效提高学校体育场地利用率，另一方面是为了及时有效缓解校园周边社区大众居民健身场地严重不足的问题，进一步促进全民健身水平更快更好地提升。颁布政策级别高，政策颁布也具备一定的连续性，政策关注也具有较好的热度。研究结果显示，上级职能管理部门制定政策时应做好相关利益主体

的沟通工作，为基层细化执行留有一定空间，并因地制宜，充分发挥地方的能动性和创新性[①]。如网民吐槽：2010年江苏省体育局颁布的《江苏省体育局关于全国学校体育场地设施向公众开放通知》仅仅是“口头形式”，只是通知各相关部门和学校做好积极响应国家政策，做好学校体育场地对外开放工作，但没有任何具体的执行措施及办法，也没有详细的开放要求及管理制度，也就缺乏执行力度和落实政策的效度。

二、加强媒体监督，提高宣传力度

在信息化程度日益加深的现代社会，新闻媒体已成为社会舆论的风向标，新闻媒体的受众社会覆盖面大，对政府制定或执行政策意见反馈起到举足轻重的作用。首先，在学校体育场地对校外社区开放的政策落实中要充分利用媒体资源，加大受众对体育场地开放的关注度，加强对学校体育场地对外开放的报道，保证学校体育场地对外开放政策实施的热度不减，从而使政策执行部门能及时收到政策信息反馈，进一步完善学校体育场地与社区居民共享的制度。其次，媒体工作者是连接上层领导与基层人员的枢纽，从人民群众的角度出发，能直接客观地报道社会真实状况与人民群众内心想法。充分发挥媒体的监督作用，使学校体育场地在对外开放管理过程中，能保障相关专项体育资金不被挪用、贪污，还能促进学校体育场地对外开放共享政策得到广泛的知晓和认同。

三、树立服务观念，激发锻炼兴趣

随着人们对美好生活的追求越来越强烈，人民大众对体育锻炼的身体健康需求也越来越多，对体育锻炼的场地环境要求也越来越高，对政府机构和社会团体的服务要求也越来越高。但是，从图4-7的调查结果来看，大部分学校体育场地的管理人员普遍偏少，现有人员普遍缺乏正确的体育健身知识、专业的体育运动技能，以及以人民为中心的服务意识。对此，学校应该适当增加学校体育场地的管理人员数量，适度增加体育场地设施管理人员的业务能力培训，切实增强学校体育场地管理人员的服务能力。与

①孙振，何勇. 政策执行，务求落地生根［关注革命最后一公里. 改革如何落细落实（下）］［N］. 人民日报，2008-10-15（4）.

此同时，政府可以采取补贴政策或激励倾斜政策，为提供体育场地服务的工作人员提供一定的资金补助，为参加体育锻炼的人民大众提供物质或精神方面的奖励，促进学校周边社区居民的体育锻炼意识和行为。

四、拓宽融资渠道，加快对外开放

资金保障是构建学校体育场地共享最为重要的一个先决条件，拓宽学校体育场地对外开放的融资渠道，可以保障资金的持续来源，促进学校体育场地对社会持续开放的程度。通常情况下，学校体育场地对外开放的相关管理运营资金来源可以从以下几个方面筹措：第一，政府主管部门应进一步颁布促进各级各类学校体育场地积极对外开放的互惠政策和实质性措施，对积极执行国家政策并带头持续开放的学校进行额外的经济支持和鼓励；第二，共享模式中应设立对体育活动研发资金的保障，对学校体育场地共享工作相对突出的人员应适当给予奖励；第三，政府应当设立对体育场地设施维护资金的保障，确保体育设施的安全性，以保障入校锻炼者的人身安全；第四，针对不同体育项目、不同人群、不同时间段进行收费，选择适合本校体育场地对外开放的收费形式。例如，可以采取分时间段收费、分体育项目收费、分场地区域收费、分校内师生优惠收费等，有效平衡学校与社会体育场地的供求关系。

五、明确管理系统，实现双向受益

学校具备育人环境好、文化氛围浓、体育设施齐全、体育健身指导专业等方面的优势，并且周围人流量大，交通较便利，具备了良好的对外开放的优势。在学校体育场地对社会开放过程中，需要采用科学的管理方法，运用新时代的发展体系，对学校体育场地设施实行最有效的管理，才能使学校体育场地资源有结构、有组织、有目的地运转，使学校能最大限度地发挥自身在社会服务方面的价值。在学校体育场地共享的过程中，应实现学校与社会双向受益，促进学校与社会的和谐相处。因此，为解决社会体育场地缺乏、体育锻炼人群多的问题，学校应当向社会开放，适度缓解社区居民体育场地设施不足的问题。与此同时，学校还可以通过自身地理和环境优势，不断完善体育场地收费标准，提供更好的体育健身服务，吸引更多的体育锻炼者，以扩大学校的社会服务知名度。

六、健全安全法规，消除安全隐患

学校体育场地共享可能会出现多种安全隐患，因此需要制定一套健全的安全准则，针对学校体育场地对外开放的整体风险，开展防微杜渐的准备工作，从根本上消除学校体育场地对社会开放的相关风险。对各种可能出现的突发情况和问题，一定要做好安全风险评估和风险转移，一旦发生突发情况就有对应的安全法规来保障。学校体育场地对外开放的相关安全法规可以从以下几个方面制定：学校体育场地应在不影响学校正常教育教学工作的前提下对外开放；社区居民必须严格遵守活动器械的使用常规，自觉爱护公共设施，服从工作人员管理；适当引入保险机制，规避对外开放的安全风险，减少学校体育场地对外开放的安全顾虑。

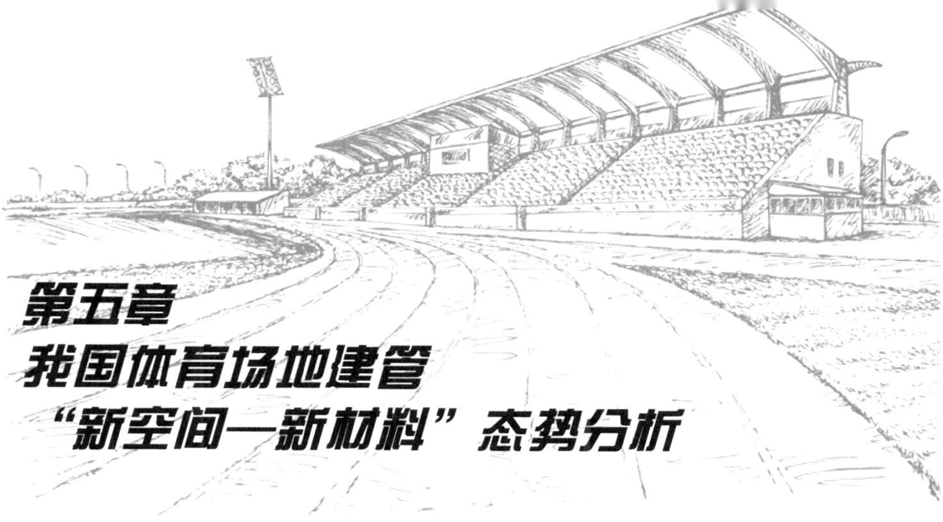

第五章 我国体育场地建管“新空间—新材料”态势分析

我国体育场地建设增量迅速，提前实现了既定目标。2016年出台的《全民健身计划（2016—2020年）》和《体育发展“十三五”规划》均提出，“努力实现到2020年人均体育场地面积达到1.8平方米的目标。”而如今，依据国家体育总局公布的《2019年全国体育场地统计调查数据》，截至2019年年底我国人均体育场地达到2.08平方米，突破了人均体育场地面积2.0平方米的重要关口，提前实现了2025年的发展目标，更加惊喜地是2022年年底我国人均体育场地面积已达到2.62平方米，成为我国体育场地建设的重要里程碑。

第一节　我国体育场地设施管理情况分析

国家体育总局官网2020年11月2日公布的《2019年全国体育场地统计调查数据》显示，截至2019年年底，全国体育场地达354.44万个，体育场地总面积达29.17亿平方米，人均体育场地面积2.08平方米。自此，我国就已经顺利完成全国范围的第七次体育场地普查工作，相对前面第六次普查数据（表5-1），我们国家体育场地在颁布政策、场地数量、建筑面积、场地面积、投资等方面发生明显变化。

表5-1　我国7次全国体育场地普查基本信息表

普查次数	时间	政策数量/个	场地数量/个	建筑面积/亿平方米	场地面积/亿平方米	投资金额/亿元
第一次	1974年12月31日	20	25488	0.04	0.54	73.2
第二次	1982年12月31日	38	415011	0.05	0.83	31.4
第三次	1987年12月31日	65	433213	0.21	1.39	210．6
第四次	1995年12月31日	105	615693	0.75	7.80	372
第五次	2003年12月31日	182	850080	0.77	13.30	1914.5
第六次	2013年13月31日	264	1694600	2.59	19.92	8713.5
第七次	2019年12月31日	—	3544400	—	29.17	—

依据政策规定及体育场地与建筑业的关联程度，为了了解我国体育场地建设情况与我国总体房屋建设的对比情况，我们将相关数据进行了整理，其结果如表5-2所示。

表5-2　1999—2019年我国房屋竣工面积与体育场地相关数据

年份	建筑业房屋竣工面积/万平方米	房屋竣工累积面积/万平方米	年末总人口/万人	平均房屋面积/平方米	体育场地面积/平方米	人均体育场地面积/平方米	体育场地与房屋面积的比值
1999	73924.9	911194.8	125786	7.244008	429647469	0.342	0.047152
2000	80714.9	991909.7	126743	7.82615	489562993	0.386	0.049356
2001	97699	1089609	127627	8.537447	533713291	0.418	0.048982
2002	1102217	2191826	128453	17.06325	591851139	0.461	0.027003
2003	122827.6	2314653	129227	17.91153	671234151	0.519	0.028999
2004	147364	2462017	129988	18.94034	739435458	0.569	0.030034
2005	159406.2	2621424	130756	20.04821	827147766	0.633	0.031553
2006	179673	2801097	131448	21.30954	914556494	0.696	0.03265
2007	203992.7	3005089	132129	22.7436	1012812012	0.767	0.033703
2008	223592	3228681	132802	24.31199	1149893490	0.866	0.035615
2009	245401.6	3474083	133450	26.03284	1283042247	0.961	0.036932

（续表）

年份	建筑业房屋竣工面积/万平方米	房屋竣工累积面积/万平方米	年末总人口/万人	平均房屋面积/平方米	体育场地面积/平方米	人均体育场地面积/平方米	体育场地与房屋面积的比值
2010	277450.2	3751533	134091	27.97752	1452042072	1.083	0.038705
2011	316429.3	4067963	134735	30.19232	1599645751	1.187	0.039323
2012	358736.2	4426699	135404	32.69253	1763117293	1.302	0.039829
2013	401520.9	4828220	136072	35.48283	1948773326	1.432	0.040362
2014	423357.3	5251577	136782	38.39377	2079086402	1.520	0.03959
2015	420784.9	5672362	137462	41.26494	2158153402	1.570	0.038047
2016	422382.3	6094744	138271	44.07825	2239990202	1.620	0.036753
2017	419072.3	6513816	139008	46.85929	2307532802	1.660	0.035425
2018	413508.8	6927325	139538	49.64472	2372146002	1.700	0.034243
2019	402335.5	7329661	140005	52.35285	2917000000	2.080	0.03973

基于第七次全国体育场地普查数据公布的整体性，以及第六次体育场地普查数据的公开程度，我们整理了第六次全国体育场地的具体分布情况，如表5-3所示。

表5-3　第六次全国体育场地普查各省体育场地基本状况

省、市、自治区	场地数量/个	用地面积/平方米	建筑面积/平方米	场地面积/平方米
北京市	20083	70597806	6528205	47691632
天津市	16233	42617739	3102404	31186973
河北省	64770	262728327	22381136	102280329
山西省	63715	71561514	3285817	46988999
内蒙古自治区	25367	59894291	4434274	41607096
辽宁省	51901	122887147	7644235	78993198
吉林省	21176	294820351	3060523	40843353
黑龙江省	27777	119396937	12604838	45140728
上海市	38505	67836466	6296388	41556935

（续表）

省、市、自治区	场地数量/个	用地面积/平方米	建筑面积/平方米	场地面积/平方米
江苏省	122247	512274646	14662968	156902596
浙江省	124944	114293613	14537887	81234678
安徽省	53189	92687307	3928776	69314612
福建省	62736	78864333	4996790	59847193
江西省	66515	78726040	4017426	64141118
山东省	101165	514769641	18074446	172853047
河南省	82670	126892618	6005954	89080564
湖北省	79347	105839851	5333775	74736961
湖南省	57565	99121745	5070550	72903012
广东省	146719	416331306	58856068	214426407
广西壮族自治区	74182	76004828	3502963	55761810
海南省	12202	48484683	978431	29986910
重庆市	40648	68861904	4170196	40612746
四川省	67735	94745771	5686359	66747699
贵州省	32162	60895575	2413546	27117000
云南省	59640	78848877	8045661	57722463
西藏自治区	6064	6101058	457615	4313983
陕西省	40103	94481985	3493324	40377755
甘肃省	30282	39672294	1778425	28917443
青海省	7978	12718723	556216	9290345
宁夏回族自治区	11547	22148012	1434679	13529287
新疆维吾尔自治区	26207	67698869	2643652	37067765
新疆建设兵团	3431	6535751	376498	3909490
火车头体协	3605	2905906	1562354	1689196
合计	1642410	3932245914	241922383	1948773324

从表5-1～表5-3中的数据不难看出，我国体育场地数量、种类和规模在这些年一直都有较好的增长，为我国广大人民群众提供了体育运动健身和相关文化活动的物质载体和追求美好生活的公共空间，也成为我国经济社会发展的标志性建筑。

第二节　2019—2022年全国体育场地统计调查数据

国家体育总局官方网站2020年11月2日公布了2019年全国体育场地统计调查数据，数据显示，截至2019年年底，全国体育场地达354.44万个，体育场地面积达29.17亿平方米，人均体育场地面积2.08平方米。篮球场是数量最多的体育场，场地面积达5.79亿平方米。值得一提的是，这是我国历史第一次人均体育场地面积突破2.0平方米的大关。2019—2022年全国体育场地分机构、类型分布如图5-1～图5-4所示。

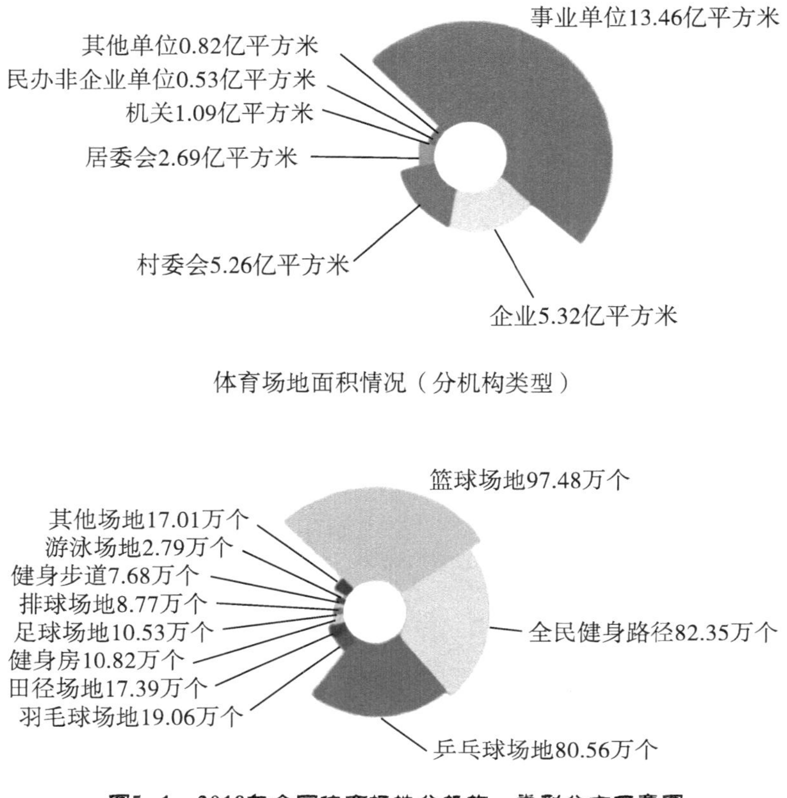

图5-1　2019年全国体育场地分机构、类型分布示意图

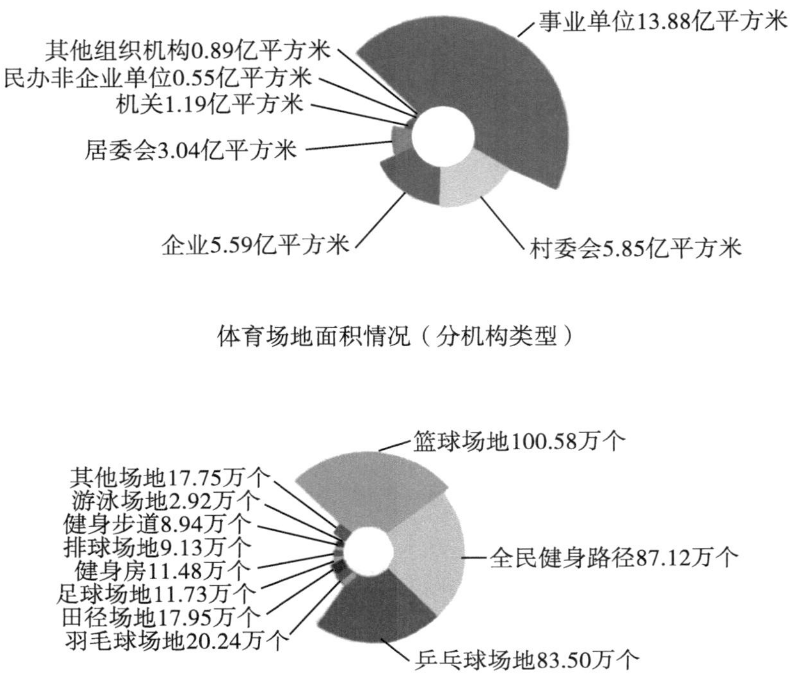

图5-2　2020年全国体育场地分机构、类型分布示意图

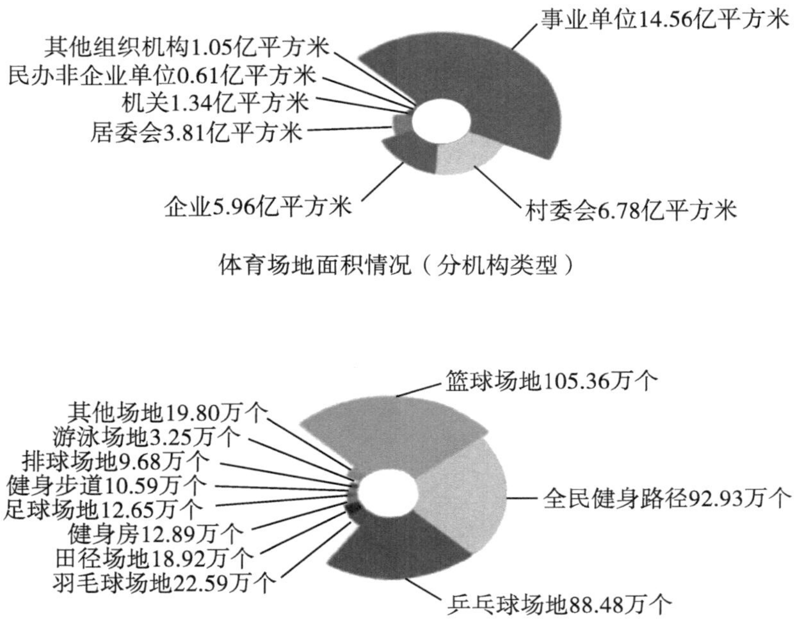

图5-3　2021年全国体育场地分机构、类型分布示意图

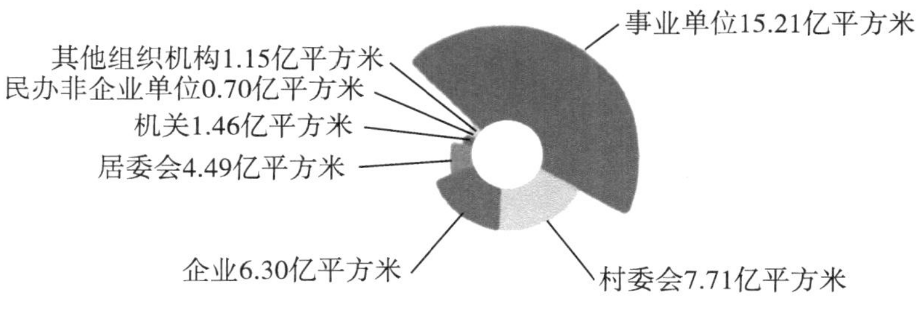

体育场地面积情况（分机构类型）

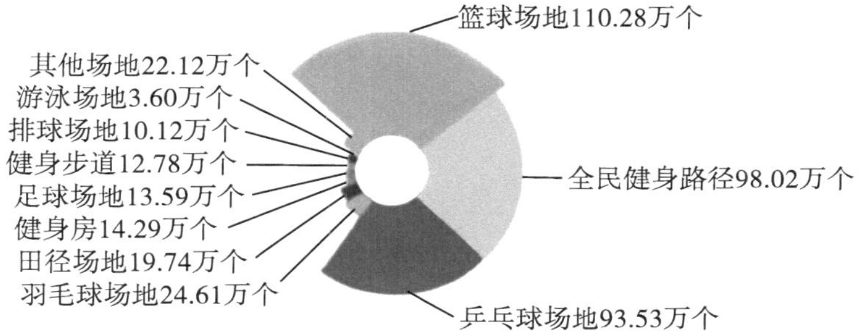

图5-4　2022年全国体育场地分机构、类型分布示意图

以2019年全国体育调查统计分析数据为例，此次《全国体育场地统计调查制度》以2019年12月31日为标准时点，组织开展体育场地统计调查工作。经过统计，截至2019年年底，全国体育场地354.44万个，体育场地面积29.17亿平方米，人均体育场地面积2.08平方米。值得一提的是，人均体育场地面积是我国发展体育事业的一个重要指标，但在很长一段时间内，人均体育场地面积破2都是一个相对遥远的目标。中华人民共和国成立初期，全国仅有4982块体育场地，人均体育场地面积仅0.05平方米。2003年年底，我国人均体育场地面积才首次突破1平方米（1.03平方米）。此后，2014年出台的国发46号文件曾提出“到2025年人均体育场地面积要达到2平方米”的发展目标，随后几年持续增长，如表5-4所示。

表5-4　2019—2022年我国全国体育场地统计调查数据对比表

序号	指标名称	2019年	2020年	2021年	2022年	计算单位
	一、综合指标					
1	人均体育场地面积	2.08	2.20	2.41	2.62	平方米
2	体育场地数量	354.44	371.34	397.14	422.68	万个
	二、基础大项场地					
3	田径场地	17.39	17.95	18.92	19.74	万个
4	游泳场地	2.79	2.92	3.25	3.60	万个
	三、球类运动场地					
5	足球场地	10.53	11.73	12.65	13.59	万个
6	篮球场地	97.48	100.58	105.36	110.28	万个
7	排球场地	8.77	9.13	9.68	10.12	万个
8	乒乓球场地	80.56	83.50	88.48	93.53	万个
9	羽毛球场地	19.06	20.24	22.59	24.61	万个
	四、冰雪运动场地					
10	滑冰场地	876	1187	1450	1576	个
11	滑雪场地	644	701	811	876	个
	五、体育健身场地					
12	全民健身路径	82.35	87.12	92.93	98.02	万个
13	健身房	10.82	11.48	12.89	14.29	万个
14	健身步道	7.68/17.93	8.94/20.93	10.59/26.34	12.78/31.42	万个/万公里

以2019年全国体育调查数据分析为例，在此次全国体育场地统计调查的354.44万个体育场地中，足球、篮球、排球场地共116.78万个，占全国球类运动场地的53.96%。其中，篮球场地有97.48万个，是数量最多的体育场地，场地面积达5.79亿平方米。在这其中，篮球场89.19万个，占91.50%；三人制篮球场6.05万个，占6.21%；篮球馆2.24万个，占2.30%。需要指出的是，在历年的全国体育场地普查中，篮球场地数量一直都位居领先地位。这也从另一个侧面显示，篮球长期以来一直是我国场地基础最好、覆盖人口最多、最受广大人民群众欢迎的运动项目。全国足球场地10.53万个，场地面积2.95亿平方米。其中，十一人制足球场地2.48万个，占23.56%；七人制足球场地3.60万个，占34.19%；五人制足球场地4.44万个，占42.17%，是

全国足球场地中数量最多的场地类型；沙滩足球场地114个，占0.11%。全国排球场地8.77万个，场地面积0.28亿平方米。其中，室外排球场地8.44万个，占96.24%；排球馆0.33万个，占3.76%[①]。

有着“国球”之称的乒乓球场地80.56万个，场地面积0.49亿平方米。其中，室外乒乓球场地71.12万个，占88.28%；乒乓球馆9.44万个，占11.72%。此外，全国羽毛球场地有19.06万个，场地面积0.38亿平方米。其中，室外羽毛球场地16.08万个，占84.37%；羽毛球馆2.98万个，占15.63%。另外，全国游泳场地2.79万个，场地面积0.58亿平方米。其中，室外游泳池1.60万个，占57.35%；室内游泳馆1.14万个，占40.86%；天然游泳场502个，占1.80%。截至2019年年底，全国田径场地有17.39万个，场地面积达9.16亿平方米。而在体育健身场地中，全民健身路径达82.35万个；健身房有10.82万个，场地面积0.47亿平方米；健身步道有7.68万个，长度达17.93万公里。与此同时，随着我国冰雪运动的蓬勃发展，2019年全国冰雪运动场地已达1520个，场地面积0.61亿平方米。其中，滑冰场地876个，滑雪场地644个。而2018年年底滑冰场地、滑雪场地总计为1133个，场地面积0.49亿平方米。一年之内冰雪场地就增加了387个，面积增加了1200万平方米，这种增速同样是前所未有的。

第三节　体育场地新空间——空中体育场地运用现状及未来展望

《全民健身计划（2016—2020年）》提出了7个方面的主要任务，其中包括统筹建设健身场地设施，推动公共体育设施，充分利用旧厂房、仓库、地等闲置资源，改造建设成为全民健身的体育场所，为健身场地设施的建设工作带来新思路。

空中体育场地是指建筑物顶楼封闭式或开放式空闲空间资源可直接用于或经过改造可用于体育锻炼的场所设施。目前，空中体育场地主要见于土地资源紧张的城市建筑物楼顶，从实际案例来看主要分布在学校公用建

①刘圆圆. 2019年全国人均体育场地面积达2.08平方米［N］. 人民政协报，2020-11-06.

筑物顶楼、商业性建筑物顶楼、个体性建筑物顶楼等，为体育场地建设开辟了新的空间，为体育健身参与者提供了新的体验。

一、空中体育场地出现的背景依据

（一）空中体育场地出现的时代背景

首先，城市化水平提高，体育场地用地受到挤压。随着我国经济水平日益提高和城市化程度快速发展，城市土地越来越贵，显现寸土寸金之势。这样使得可供开发成体育用地的面积越来越少，体育用地与其他方面用地的矛盾不断加大。尤其是伴随着我国城市人口占总人口的比重不断上升，城市中各种用地之间的矛盾还会不断被激发，可供开发为体育场地的土地也会越来越紧张。据国家统计局公布的统计数据显示，2011年年末，我国城镇人口占总人口比重首次超过50%，达到51.27%；到2016年年末，我国城镇人口占总人口的比重升至57.35%；到2021年年末，我国常住人口城镇化率已经快速达到64.72%[①]。可见，我国城镇化水平多年来处于持续上升态势，大量的农业人口转变为城市人口，城市人口快速增加与城市土地面积的有限性构成了体育场地用地的进一步紧张。

其次，法制化依据增强，体育场地标准得到规范。从1995年国务院颁布《全民健身计划纲要》以来，健身逐渐成为人们日常生活中的一部分，越来越多的人投身到体育锻炼中，随之而来的体育用地也成为人们的关注对象，在同年发布的《中华人民共和国体育法》中，硬性规定了城市公共体育设施用地在城市建设规划及土地利用规划中的定额指标，体育用地问题成为体育事业发展的重点。国家体育总局2006—2010年发布的《体育事业“十一五”规划》和国务院发布的《全民健身条例》中，都提到了当时城乡居民体育健身场地不足的问题，为解决这一矛盾，提出了两个解决措施：一是学校向公众开放提供健身设施；二是充分利用公共广场、公园等大型公共场所和适宜的自然区域，开发建设成为人们体育锻炼的场所。2010—2015年，国务院和国家体育总局先后颁布了《国务院办公厅

①住建部：2021年我国常住人口城镇化率达到64.72%［EB/OL］.［2021-12-20］. https：//finance.sina.com.cn/jjxw/2022-09-15/doc-imqmmtha7391955.shtml?finpagefr=p_115

关于加快发展体育产业的指导意见》《全民健身计划》《体育事业发展“十二五”规划》等文件，将对体育健身场地建设问题的关注提升到同一个层面上，要求大幅度建设群众性体育场地，对全民健身活动中心和全民健身设施的建设在数量上有了规定性的要求。2016年，国家体育总局发布了《体育发展“十三五”规划》，其中对已经全面建成的体育场地设施进行逐步优化，形成成熟的网络结构体系，加强休闲型健身场地设施的建设工作，并注重后期的管理和维护工作。

（二）空中体育场地出现的政策依据

全民健身已经上升为国家战略，推动空置空闲场地向体育场地转型利用的新思路。《全民健身计划（2016—2020年）》中提出了7个方面的主要任务，其中包括统筹建设健身场地设施，推动公共体育设施，充分利用旧厂房、仓库、地等闲置资源，改造建设成为全民健身的体育场所，为健身场地设施的建设工作指出了新思路。以此政策为指引，结合城市现有的空闲地资源，同时又基于对城市空间的关注与思考，寻求合适的场所开发利用为体育场地，为城市提供优质的公共开放的体育新空间，为公众打造更适宜的楼顶空中体育健身场所。

推动空闲场地转换为体育场地是全社会的共同使命。近年来，我国越来越多的群众体育健身意识明显增强，参加体育锻炼的人数大幅度增加，在工作之余，人们开始想方设法开展不同的运动项目。据调查研究显示，在我国每周参加1次及以上体育锻炼的人数达到7亿，经常参加体育锻炼的人数达到4.35亿，群众身体素质稳步增强。随着全民健身计划的不断落实，参与健身锻炼的人群在不断上升，体育场地数量和规模的需求越来越大，体育运动项目的需求也越来越多，而现有的体育场地暂时还不能满足人们的健身需要。另外，随着学校“校园足球”和大众“广场舞”的持续盛行，可供使用的体育场地显得尤其紧张。

（三）空中体育场地出现的理论依据

空中体育场地建设的理论依据遵循了方便性原则、互利共赢原则、共享共建原则、因地制宜原则等。樊可（2007）在《多元视角下的体育建筑研究》[①]中提出，当代体育建筑应符合时代性、双重性、适宜性三个方面的属性，根据现有资源状况，因地制宜，合理建造。而体育场地的建设应当以发展的、可持续的、人文的观念去对待。“空中体育场”在我国目前覆盖率较低，在东部沿海经济带及内地一些发达城市地租地价比较昂贵的情况下，地面体育场地专门用地受到挤压，出现了楼顶建设体育场地的现象。“空中体育场地”构建在设计思维上，主要表现在依托建筑物楼顶空间、注重空间的因地制宜、兼顾就近人群的健身需求等方面，选择不同的运动项目场地。

综合上述三个方面，在国家政策的引导下，基于体育场地供给的缺口，按照“就近就便”的生活实际，将建筑物楼顶空闲的空间转换构建“空中体育场地”也就应运而生。通过查阅资料和实地调查研究，在建筑物楼顶建设“空中体育场地”的实际案例也包括篮球、足球、乒乓球、游泳池等多个体育项目的体育场地。下面我们将从既有“空中体育场地”进行分析。

二、空中体育场地建构的现状基础

（一）楼顶空闲场地空间基本分类

楼顶是建筑外观中最重要的造型因素，也是房屋或者建筑物顶部的遮盖功能和安全功能的重要组成部分。随着建筑物使用功能的拓展，建筑物设计理念的变化，建筑楼顶空间也发生了相应变化，它不仅仅局限于为人们遮风挡雨的基础价值，更为人们创造了更大的附加经济和社会公益价值。

建筑物楼顶按照高度、层数、行业、归属、功能等分为不同类别。

其一，按照建筑物楼层多少可以分为单层、多层和混合层建筑物楼顶空间。其中多层建筑物楼顶空间又可以分为低层建筑、多层建筑、高层建筑和超高层建筑等具体楼顶空间。

其二，按照建筑物的高度，分为超高层建筑物顶楼（依据《高层民用建筑设计防火规范》规定，高度超过建筑100米的住宅或公共建筑）、高层

①樊可. 多元视角下的体育建筑研究［D］. 上海：同济大学，2007.

建筑楼顶（依据建设部《民用建筑设计通则》指总高度超过24米的公共建筑和综合建筑），低层建筑物楼顶空间。

其三，按照建筑物主要功能分为住宅建筑、公共建筑及综合建筑、工业建筑的楼顶空间。

其四，按照建筑物楼顶空间开放程度分为：开放性楼顶空间、私密性楼顶空间及专属性楼顶空间[①]。

关于建筑物楼顶空间的分类，由于分类的标准不同导致分类的结果也不同，而分类的标准选择又常与分类主体选择密切相关，在这里我们就不一一列举。依据研究需要，这里我们重点分析了依据建筑物楼顶空间开放程度分类的情况。

首先，开放性建筑物楼顶空间：该类楼顶空间公用性质明显，限制性使用因素较少，使用人群不受本建筑内部人群的限制，通常是大型商业建筑楼顶、文体建筑等公共建筑楼顶，而且该类建筑物楼顶空间一般都比较开阔、宽敞和平坦。

其次，私密性楼顶空间：主要包括私人居住建筑楼顶、私人办公建筑楼顶及不对外开放的酒店建筑楼顶等，空间的使用者基本只局限于建筑内部人群。

最后，专属性楼顶空间：主要包括行业专属、单位专属、企业组织专属、区域专属等，如幼儿园建筑楼顶、中小学建筑楼顶、电信大厦建筑楼顶、企业厂房楼顶专属等。

（二）国内楼顶空闲空间利用现状

近些年来，为了满足体育用地就近、就便的需求，我国也陆续出现了一些楼顶体育场地，尤其是在我国东部沿海发达地区，土地大多被开发成工业用地和商业楼盘，人口密集的城市体育用地更是严重不足，在一些城市出现了建筑物楼顶建设体育场地的情况，作为一种新生事物得到新闻媒体的关注。

2013年《人民日报》刊登了一篇名为《南宁：楼顶足球场如何批建》的报道，报道了南宁市一座私人“空中球场”建造时所经历的审批程序，包括工商、规划、建设、城管、体育等部门都无法给出具体的办理流程和

①潘晨雪. 城市典型消极空间健身利用设计研究［D］. 哈尔滨：哈尔滨工业大学，2017-12-01.

建议，除了要和上述部门进行沟通办理手续，一座“楼顶球场”的建成还需要和税务、消防等部门打交道，过程非常烦琐复杂。新闻报道还建议，规划设计部门应借鉴“空中足球场”的理念，把群众健身需求融入城市建设规划之中，“建设要考虑如何利用楼顶”。同时，政府应出台措施，鼓励企业、慈善机构等社会力量开发商业或公益性体育场馆。

《都市快报》2014年2月28日报道，杭州有7个“空中足球场”，而且都是7人制场地，每个建筑物楼顶足球场大约20米宽，35米长，“飘”在7栋楼的楼顶。就楼顶足球场建设，通过新闻搜寻发现在河南郑州，足球爱好者徐聪苦于多年无球场可用的情况，为了满足自身踢球的爱好需要，在二楼平台上建设了一个900平方米的足球场用来和朋友踢球。

据不完全统计，互联网新闻报道中关于在建筑物楼顶建设“空中体育场地”所涉及的城市就有30个以上，涉及20多个省份。其中涉及省份或者城市有浙江的杭州和金华、安徽的阜阳和合肥、福建的莆田、河南的郑州、湖北的武汉、湖南的长沙、山西的大同、重庆、深圳、天津、上海、北京等。从类别来看，大致可分为开放性、私密性、专属性几类[①]。从建设投资来看，个人出资的情况十分普遍，譬如为了踢球便利，几个球友共同出资，在小区居民楼楼顶或是临近写字楼楼顶，以及大型停车场楼顶搭建运动场地。专属性楼顶也不在少数，如北京八中、福建南门中学等中小学；由公司投资运营的场地，如星泽购物中心、鄂州商场楼顶。

（三）国内典型空中体育场地案例

研究将国内一些典型的空中体育场地建设案例进行整理，具体结果如表5–5所示。

表5–5　国内部分现有楼顶体育用地概况

场馆名称	功能	属性	层高	面积 / 平方米
六角亭体育场	综合性	开放性	5楼	7867.8
荔湾体育场	综合性	开放性	6米	6700
裕彤国际体育中心	综合性	开放性	2楼	50000
长郡芙蓉中学	综合性	专属性	网上查阅不详	2500

①潘晨雪. 城市典型消极空间健身利用设计研究［D］. 哈尔滨：哈尔滨工业大学，2017.

（续表）

场馆名称	功能	属性	层高	面积 / 平方米
福建南门中学	综合性	专属性	3楼	网上查阅不详
北京八中	综合性	专属性	网上查阅不详	网上查阅不详
静安体育场	综合性	开放性	13米	87544
星泽购物中心	综合性	开放性	5楼	17000
山师附小	足球场	专属性	6楼	900
北京前门皇家驿站	游泳	私密性	网上查阅不详	网上查阅不详
北京温都水城爱斯诺滑雪场	滑雪	开放性	网上查阅不详	116670
沈阳空中篮球场	篮球	私密性	80米	网上查阅不详
郑州小区自建球场	足球	私密性	2楼	网上查阅不详

从表5-4不难看出，在建筑物楼顶建设空中体育场地最多的建筑物具有开发性，专属性建筑物次之，数量最少的属于私密性建筑物楼顶。其中部分具有典型特征的空中体育场地如图5-5～图5-26所示。

图5-5　武汉六角亭体育场

图5-5是湖北武汉六角亭体育场，该体育场顶层的空中足球场面积达到7867.8平方米，体育场长111.6米，宽70.5米，楼顶体育场铺有人造草坪，达到正规足球比赛的场地要求。

湖北武汉六角亭体育场在体育场馆自身顶楼建设体育场地是体育场地建设的创新，也是体育场地开发应用的新思路。在随后建设中，也得到了同行的采用，如2002年据《华西都市报》报道，四川成都市西区架空型综合体育场建设完成，拥有一个标准足球场和6条环形塑胶跑道的田径场，看台为35000座可伸缩彩色塑钢座位，在建筑物顶层部分区域也构建了体育场地。

图5-6是2004年11月16日《南方都市报》报道的广州荔湾体育场，它与一般的体育场地又存在差异。该体育场地总面积达到6700平方米，可容纳2000观众，它既有建筑物顶层的空中体育足球场地，又有低于地平面5～6米的地下体育场地。

图5-6　广州荔湾体育场

图5-7是石家庄的“空中绿茵场”——裕彤国际体育中心。

图5-7　河北石家庄裕彤国际体育中心

图5-7作为石家庄的标志性体育场馆，场馆面积约5万平方米，有可以容纳约3.5万人的观众席位，体育馆二楼是用800根水泥基柱支撑起来的，整个场馆就象悬浮在空中，并且在该馆的内部还有一片长110米、宽68米的大型悬空式国际标准足球场。

体育场馆建筑物自身楼顶可以构建空中体育场地，不仅如此，在一些学校校内建筑物楼顶也有不少空中体育场地。据2012年11月29日《长沙晚报》报道，为了及时解决学校体育场地用地不足的问题，位于湖南省长沙市芙蓉区马王堆中路的长郡芙蓉中学，就建设了建筑物楼顶体育场，是由标准的400米田径场、4片篮球场地、2片排球场地、1个小型田径训练场等构成多项运动项目的“空中操场”（图5-8）。

图5-8　湖南省长沙市芙蓉区长郡芙蓉中学楼顶体育场地

图5-8学校楼顶空中体育场地为了保证安全，在空中操场周围建有1.4米高的水泥墩，建有2.5米高的铁护栏，为空中体育场地进行体育活动起到保护作用。

据报道，2012年福建莆田南门中学（图5-9）耗资3千万建造了空中操场，该建筑分为三层，顶楼三楼设有3个篮球场，2个排球场及1条200米的塑胶跑道。该学校楼顶空中体育场的建立，为南门中学增加体育活动场所15亩，有效缓解了学校在市区因占地面积有限而导致体育场地明显不足的问题。

图5-9　福建莆田南门中学教学楼楼顶空中体育场地

位于北京市金融街的北京市第八中学，由于学校用地严重短缺，学校从各方面综合考虑，以及经过专家论证，决定修建“空中体育场”（图5-10）。

图5-10　北京八中楼顶运动场

图5-10是一座一层建筑物，建筑物楼顶建成体育场地后，不但跑道长度可以达到400米，体育场的下边还有4个并排的篮球场，学生可以正常进行体育活动及体育教学，有效缓解了体育场地不足的情况。

图5-11是海市首个楼顶标准体育场——静安体育场，占地面积达到61800平方米，体育场地使用面积总规模达到87544平方米，主要包括主体建筑体育综合馆和楼顶空中足球场。综合体育馆内设2片篮球场、2片排球场、4片网球场、16片乒乓球场、20片羽毛球场，1所游泳馆；楼顶足球场地位于综合馆的楼顶上，楼顶足球场地设6道跑道及1片标准足球场，看台座席数750个，功能较为齐全，充分利用了综合体育馆的楼顶空间。

图5-11　上海市首个楼顶体育场——静安体育场

近些年来建筑物楼顶空间构建体育场地越来越得到人们的青睐，在建筑物楼顶建设体育场地，一般常见的有篮球场地、乒乓球场地、排球场地、足球场地、羽毛球场地等，事实上还有游泳池、滑雪场地等。图5-12就是建在建筑物楼顶的游泳池。

图5-12　北京前门皇家驿站楼顶游泳池

图5-12是地处北京朝阳区建国门外大街的前门皇家驿站楼顶的游泳池，该泳池是北京少有的露天泳池，也是北京少有的建筑物楼顶空中游泳池，在楼顶游泳池里可以看到北京最有特色的景观。另外，在北京还有热门的楼顶滑雪场，如图5-13所示。

图5-13　北京第一个大型楼顶温都爱斯诺滑雪场

图5-13爱斯诺滑雪场是北京第一个大型楼顶滑雪场。建筑物楼顶滑雪场在我国非常少见，该滑雪场是北京六环内最大的一座钢结构露天滑雪场，造型独特，低碳环保，而且冬季能滑雪，春夏秋季能滑草，滑雪时还可以俯瞰空中全景。巨大的屋顶滑雪场总建筑面积11.7万平方米。其中，雪

场占地面积50万平方米；雪道面积5万平方米，滑道长800米，设有初级、中级和高级三条滑道。

图5-14是位于鄂州的凤凰路商场楼顶足球场，它属于开发性楼顶空中体育场地。从更高的建筑物俯瞰，该建筑物楼顶1/3的面积被人工草坪覆盖，空中体育场周围也架起了防护网，可以在上面踢球。

图5-14　湖北省鄂州凤凰路商场楼顶足球场

在深圳福田区一栋四层楼的楼顶建有4片篮球场（图5-15），该篮球场位于小区内建筑物楼顶，方便了小区居民参加体育活动。

图5-15　深圳福田区空中篮球场

据凤凰网2015年4月19日报道，在辽宁沈阳一座高层建筑楼顶上建起1片篮球场地，这个篮球场距地面高达80多米，是当地一家单位为丰富员工业余文化生活而修建。

据人民网消息，河南郑州的郑聪因自小喜欢踢足球，但经常遇到占不到足球场地的情况，为了方便自己和其他足球爱好者踢球，便和朋友合伙在小区写字楼的立体停车场二楼楼顶建造了“空中足球场”。该空中足球场面积约900平方米，并配有LED灯照明、防护铁网等基本安全设施，为了不打扰周边写字楼办公和休息，球场下午3点之后对外开放。

据光明网报道，2018年5月24日，位于重庆南岸弹子石地区的星泽购物中心商场的5楼楼顶建有“空中运动场”（图5-16），该运动场的出现，缓解了南岸弹子石地区体育场地压力，有效服务于周边30万群众。该空中体育场地使用面积达到1.7万平方米，配有4片乒乓球场，3片羽毛球场，一个标准篮球场，一个环形跑道。该空中体育场地免费对外开放，附近市民在休闲购物的同时，可以就近开展体育锻炼，也可以在楼顶俯瞰朝天门大桥等景观。

图5-16 重庆市南岸弹子石地区星泽购物中心楼顶多功能体育场

据《济南时报》报道，2018年9月30日，山东师范大学附属小学作为一所拥有56年历史的足球传统学校，深受体育场地不足的影响，为解决足球场地不足的问题，学校在校园北楼楼顶修建了空中足球场（图5-17）。该场地长50米，宽18米，球场采用人工草坪，防水设施完善，保证场地的安全使用，不仅满足了足球课程的需要，更节约了学校土地资源，让更多的孩子参与锻炼。

图5-17 山东师范大学附属小学楼顶足球场

（四）国外空中体育场地类型分布

国内建筑物楼顶已经有较多建成空中体育场地，国外同样也有空中体育场地案例。根据《体育博览》杂志报道，早在1999年，摩纳哥因国土面积狭小，填海建造了一座四层体育馆，在体育馆的楼顶修建了一座楼顶足球场。建造楼顶足球场的初衷是土地资源严重不足，充分考虑既有体育用地综合利用价值，极力满足当地人们的体育用地需求，有效开发建筑物楼顶可利用空间。

不仅如此，国外还有许多高级酒店在楼顶建设了大型豪华游泳池，不仅合理利用酒店建筑物楼顶资源，还给顾客带来视觉上的享受，在楼顶游泳池放松身体的同时，通过楼顶独特的高点位置，欣赏当地的全城美景。例如，著名的新加坡滨海湾金沙酒店，就在57层楼高的酒店楼顶建设了楼顶游泳池，是世界最大的楼顶泳池之一，宾客们可以在游泳的同时，俯瞰新加坡的城市景观。另外，还有美国拉斯维加斯金砖酒店，它不仅为游客提供了瞩目高位景观，还提供了楼顶娱乐项目，即配备3层楼高的水滑道，可供近距离观赏和接触的鲨鱼展览。我们将部分典型建筑物楼顶空中体育场地进行统计分类，分类结果如表5-6所示，以私密性为主。

表5-6　国外部分现有楼顶体育用地概况

场地名称	类型	属性	面积	层高
新加坡滨海湾金沙酒店	游泳	私密性	网上查阅不详	57层楼顶
巴塞罗那艺术酒店	游泳	私密性	网上查阅不详	44层楼顶
多伦多喜来登酒店	游泳	私密性	网上查阅不详	顶层
日本东京富士幼儿园	田径场	专属性	网上查阅不详	顶层
日本大阪Q’s Mall屋顶运动场	多功能	开放性	网上查阅不详	顶层
迪拜阿拉伯塔酒店网球场	网球	私密性	网上查阅不详	200米
芬兰Koutalaki屋顶滑雪场	滑雪	开放性	4.7万平方米	顶层

（五）国外著名空中体育场地实例

国外出现了不少空中体育场地，而且分布非常广泛，如新加坡滨海湾金沙酒店楼顶的无边游泳池、西班牙的巴塞罗那艺术酒店、希腊的雅典莱德拉酒店、日本东京富士幼儿园楼顶运动场、加拿大温哥华费尔蒙特海滨酒店的屋顶花园、芝加哥城市酒店屋顶花园、纽约帝国大厦屋顶花园、瑞士的草皮屋顶等。这些建筑物楼顶空中体育场地为客人提供个性化体育服务的同时，美化了当地的生态环境，为人们提供了更好的健身娱乐观景平台。

2010年6月23日，世界上最昂贵的酒店之一新加坡滨海湾金沙酒店举行开业盛典，酒店耗资40亿英镑，不仅建有豪华的高档设施，而且在楼顶配备了大型游泳池（图5-18），游泳池建在滨海湾金沙酒店57层楼高的塔楼顶层，高度为650英尺，泳池面积是奥运会比赛标准游泳池的3倍，宾客们在游泳的同时，可以俯瞰新加坡的城市景观，但唯一遗憾的是空中泳池只对酒店客人开放。

图5-18　新加坡滨海湾金沙酒店顶楼空中游泳池

巴塞罗那艺术酒店位于西班牙的巴塞罗那，建于1992年。巴塞罗那艺术酒店有世界顶级的楼顶泳池（图5-19），人们在游泳的同时，通过得天独厚的地理位置，可以一览巴塞罗那当地的美景。

图5-19　巴塞罗那艺术酒店楼顶游泳池

图5-20是加拿大的多伦多喜来登酒店，它拥有加拿大最大的户外游泳池，是在酒店楼顶建造，该楼顶游泳池全年加热，免费对酒店住客开放，且泳池对外开放时间较长，酒店之外的客人也可以去游泳。

图5-20 加拿大多伦多喜来登酒店楼顶游泳池

日本东京富士幼儿园，作为最早在楼顶建设运动场的幼儿园（图5-21），成立于2007年，曾被经济合作与发展组织（OECD）评选为世界上最优秀的教育建筑①，楼顶采用“无终端”、无墙壁、无阻隔的环形建筑，孩子在楼顶可以随意蹦跳、奔跑，更好地与大自然接触。在这种开放的环境下，对于培养孩子们的好奇心、自信心、探索未知的能力无疑是有巨大促进作用的。

图5-21 日本东京富士幼儿园楼顶运动场

①刘靖愉. 寒地幼儿园开放性户外环境创设研究［D］. 哈尔滨：哈尔滨师范大学，2022，6.

同样，位于日本大阪的Q’s Mall屋顶跑道购物中心，楼顶外层建设有一个3个跑道的运动场，形成楼顶“空中跑道”（图5-22），供人们参加体育锻炼。该空中运动场的跑道全长300米，跑道铺设了人工草皮，规划了跑步区和散步区，而且楼顶还附有小型的足球场、攀岩场、健身房、游泳池等设施。该购物中心展现了“身心健康，更好地生活”的建造理念。

图5-22　日本大阪Q’s Mall屋顶运动场

迪拜的阿拉伯塔酒店是世界知名酒店之一，由于其外形酷似一艘巨大的船帆，又称迪拜帆船酒店，更特别的是酒店楼顶拥有世界上最高的网球场（图5-23）。酒店楼顶空中网球场由原来的直升机停坪改造建成，距离地面200多米，在球场上可以俯瞰全城的美丽风景。

图5-23　迪拜阿拉伯塔酒店楼顶网球场

芬兰Koutalaki建筑面积约4.7万平方米，楼顶建有滑雪场（图5-24）。作为早有的屋顶滑雪场，由中央广场和4个独立建筑的发散形建筑群构成，在原有建筑的基础上，依据天然地势自然延伸而出，因地制宜，充分发挥人与自然完美结合的特点，创造出一个可以居住，又可以滑雪的人造景观①。它的独特之处在于每个建筑的屋顶都自上而下连接至地面，可以作为滑雪的雪道，供附近居民滑雪。

图5-24 芬兰Koutalaki屋顶滑雪场

综合国内外关于建筑物楼顶建空中体育场地的案例，虽然楼顶空间的开发国内与国外还是有着较大的区别，但是可以看出空中体育场地越来越受世界各国人民的认可。与我国人口密集、人多地少不同，国外地广人稀，楼顶空间的开发相对休闲化，大部分在酒店的楼顶。就现阶段我国国内建筑物空中体育场地建管现状来看，我国楼顶空间的开发已经初显模型，尤其是在一些人口密集的发达城市及学生比较集中的中小学，受限于土地面积，越来越多的运动场地开始规划和建设在楼顶。楼顶场地的开发也由单一的羽毛球场、篮球场、足球场、田径场，慢慢发展为综合性体育场馆，越来越多的人开始享受楼顶露天的游泳池、滑雪场、网球场等，使得楼顶空中体育场地已经慢慢发展成为集工作、生活、休闲娱乐、健身于一体的综合场所。

三、空中体育场地发展的主要困境

通过对建筑物楼顶空中体育场地建设、运行、使用和管理等方面的利益主体调查访谈，发现空中体育场地发展的困境是观念上的安全意识顾虑、制度上的法律法规缺失、实践上的扰民案例偶发等。

---

①胡玲. 共生视角下的商业综合体屋顶公共空间设计研究［D］. 成都：西南交通大学，2020.

（一）观念上的安全意识顾虑

通过对调查问卷的数据分析可以看出，73.67%的人群不了解空中体育场地，只有26.33%的人群有所了解（图5-25）。

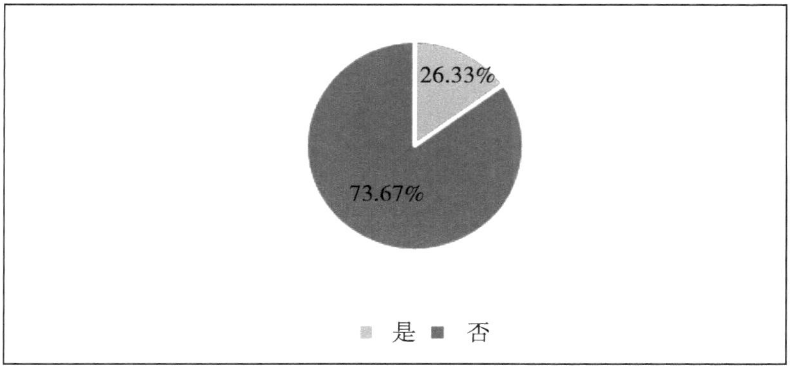

图5-25 对空中体育场地认知示意图

近些年来，虽然我国陆续出现了一部分楼顶建设的体育运动场地，在实践中得到了较好的应用，在新闻报道中也得到了一定关注，但是通常人们还不能，甚至无法和楼顶空间联想起来，常常都是只能想到体育场是建设在地面上的宽阔场，且体育场地的大部分研究者也很少去关注楼顶是否可以建成空中体育场。有研究曾在全国范围内通过问卷开展关于楼顶使用情况的调查，结果显示，61%的调查对象表示从未使用过楼顶，39%的调查对象使用过楼顶，在使用楼顶空间方面主要是用来种植花草、蔬菜、晾晒衣物、堆放杂物等，很少有人用来健身。事实上，许多建筑物楼顶空置的空间场地是可以开发成供人们休闲娱乐的楼顶花园、泳池及体育场地等，但很多人却对楼顶区域没有给予足够的重视，究其原因，主要是对楼顶运动不安全的顾忌。

（二）制度上的法律法规缺失

2013年《人民日报》曾刊登过一篇名为《南宁楼顶足球场如何批建》的报道，该新闻报道了楼顶足球场建造过程中与建筑物楼栋业主沟通、与政府业务部门接洽、审批程序、安全评估、噪声扰民等实际问题。针对建筑物楼顶建设空中体育场地，使用者和相关研究者也不陌生，但是对于一般人民群众和部分管理人员来说都属于新鲜事物。空中体育场地对普通大众来说是新生事物，对相关管理部门来说也就存在规定和制度上的“空白区域”，需要政府业务主管部门出台相关法律法规及配套政策，让建筑物楼顶建设空中体育场地有法可依、有据可查。

（三）实践上的扰民案例偶发

图5-26的调查问卷数据结果显示，目前影响空中体育场地建设的最大因素是安全因素，然后是噪声干扰，分别占64%和17%。安全问题是建筑物楼顶建设空中体育场的重中之重。首先，安全责任无小事。在房屋楼顶建体育场地，涉及房屋结构安全、高空坠物安全、参与人人身安全等多个方面。在建筑物楼顶建设体育场地无疑增加了运动风险，空中体育场地建设在距地几米、几十米，甚至有些在距地几百米的高空，相对于地面，安全隐患更加突出。其次，建筑物楼顶体育场地的排水安全问题。楼顶体育场地在排水问题上，它不同于地面的体育场地，无法通过地表渗透直接排水，需要建立专门的排水系统，或者在原有雨水排水系统上加大排水量[①]。与此同时，由于空中体育场地大、开放时间较长，在比赛的过程中难免出现欢呼或球砸落在铁网发出的嘈吵杂声音，而场地上缺少必要的隔音措施，造成噪声扰民的情况。

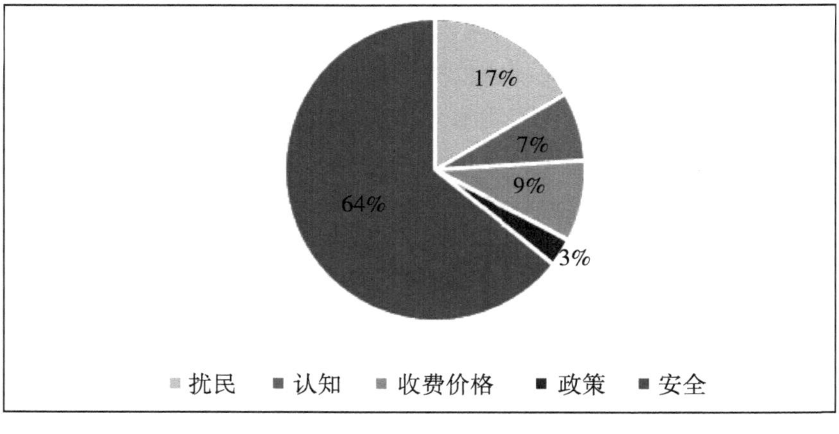

图5-26　对建筑物顶楼改建空中体育场地实践中影响因素的示意图

---

①徐锦星，岳建军，刘伟. 我国空中足球场发展的困境及对策研究［J］. 湖北体育科技，2018，10.

四、空中体育场地建管的基本措施

经过调查研究，我们认为在建筑物楼顶建设空中体育场地需要注意以下几个方面的问题：安全措施是根本前提；纳入城市规划是联动效应；出台规范政策是发展动力；完善管理机制是当前要务；开发建设标准是持续根基；大力宣传案例是加速介质。

（一）安全措施是根本前提

安全问题是阻碍空中体育场地建设的首要因素，要时刻牢记“安全第一”，只有安全有保障，人们才愿意尝试着接受空中体育场地这个新生事物。既有经典空中体育场地的安全措施主要包括：加强安全防护措施、屋面荷载严禁超载、隔音处理避免扰民、防水处理避免漏水、防风处理规避坠物、抗振处理合规达标等方面。

1. 加强安全防护措施

依据建筑物建设、改建和扩建的基本规范，我们认为在楼顶建设体育场地需要注意以下安全措施：其一，适当将建筑物屋顶四周“女儿墙”高度提高到1.2～1.7米，要高于一般成人身高，通透式还是封闭式的围墙可以依据建筑物具体的光线、承重等情况论证而定。其二，依据“女儿墙”结构设置护栏、隔离带及防护墙等多层围护边界[①]。比如，天台第二小学的楼顶围护结构设置三层边护栏，最外层是1.8米高的强化玻璃防护墙，中间层为50厘米的绿化隔离带，第三道防护是1.2米高的不锈钢防护栏，确保在楼顶活动时的人身安全[②]。其三，安装整体笼式球场围网或组装式或可拆卸球场防护网[③]。

2. 屋面荷载严禁超载

当在建筑物楼顶进行体育运动时，楼顶承担的荷载要远远超过人静止

①③潘晨雪. 城市典型消极空间健身利用设计研究［D］. 哈尔滨：哈尔滨工业大学，2017，12.

②张强，刘永水. 日本学校体育场地发展的特点与启示［J］. 体育学刊，2019，26（2）：126-130.

状态的荷载，因此在改建楼顶空中体育场地时或者在新规划楼顶体育场地建设时，需要专门考虑不同运动强度、不同体重及不同跳跃高度的荷载。根据《建筑结构荷载规范》（GB 50009—2012），一般人上屋面活荷载标准取值 3.0 kN/m^2，而楼顶运动场地的活荷载标准值取 4.0kN/m^2；但是，根据楼顶各种运动的实际情况，荷载取值会有相应的不同①，新建和改建都需要相应增加载荷；而且由于改造项目建筑物基础情况不同，运动项目的强度不同，运动参与人体重和跳跃能力的不同，更需要增加在屋面附加的最大荷载，否则不能进行改造②。

3. 隔声处理避免扰民

噪声扰民一直被人们诟病，就像广场舞因为伴舞音乐声音过大经常受到热议。建筑物楼顶的空中体育场地，在其中进行体育运动时，对楼顶居住的人也会造成直接的影响，既有跳跃落地的声音或者呐喊助威的声音，又有运动器材落地或击打发出的声音，处理好运动中各种声音问题就显得尤其重要。一般情况下，建筑物楼顶隔音处理方式有两种：一种是对运动参与者进行体育活动规范，使体育活动中产生的噪声降到最低；另一种是采取物理技术进行声控隔离，铺设吸音材料，进行减震处理，解决共振问题，减弱声音的传递等有效措施，切实降低噪声扰民③。

4. 防水处理避免漏水

空中体育场地相对于地面而言，排水难度更大，由于距地面较高，排水设计更复杂，施工难度更大，既要保证排水效果好，又不能破坏原楼层的结构，所以施工问题也十分重要。屋顶的排水工序较多，构造复杂，成功设计并施工是关键所在。为解决屋顶的排水问题，应该转变原有的防水观念，房子建设之初就应该设计排水，并做好防渗漏工作，建设过程中严格设计工艺及使用防水材料，施工过程严格执行防水标准，施工仔细，避免破坏原防水层，铺设管道尽量为大口径，便于快速排水。

---

①路璇. 武汉市高校体育场地“内需”供给与对外开放现状的研究［D］. 武汉：华中师范大学，2018.

②③潘晨雪. 城市典型消极空间健身利用设计研究［D］. 哈尔滨：哈尔滨工业大学，2017，12.

5. 防风处理规避坠物

由于建筑物楼顶体育场地位置特殊，屋顶的风力相对于地面要大许多，屋顶设施抗风力的要求就会更高。因此，在屋顶建设体育场地必须有防风固定措施，空中体育场地建设中的顶棚、护栏、护网等大型附属建筑物都要达到防风要求。另外，相关体育器材及轻质的桌椅、遮阳伞、雨棚等也尽量谨慎使用，使用时一定要达到防风要求。另外，建筑物空中体育场地的使用还与天气情况有关，异常天气及极端恶劣天气，以及在不可抗拒的情况下都需要禁止运营，要极力防止一切可能的安全事故出现。

6. 抗振处理合规达标

空中体育场地建设在距地几米、几十米甚至几百米以上的楼顶，在较高的位置振动也相对较强，在运动情况下振动还会增强，所以，我们在建筑物楼顶建设空中体育场地时需要充分考虑其静止振动、运动振动及综合因素引起共振等多方面的因素。在空中体育场地进行篮球、足球等剧烈运动时，除上述因素外，还可以选择低弹球、低弹力等弹性较低的运动器械。近年来，防振技术得到快速发展，如图5-27所示的抗振技术，用添加立柱的形式有效避免传统隔振方法支撑点为楼面的缺陷，极大地解决了楼顶振动的问题。

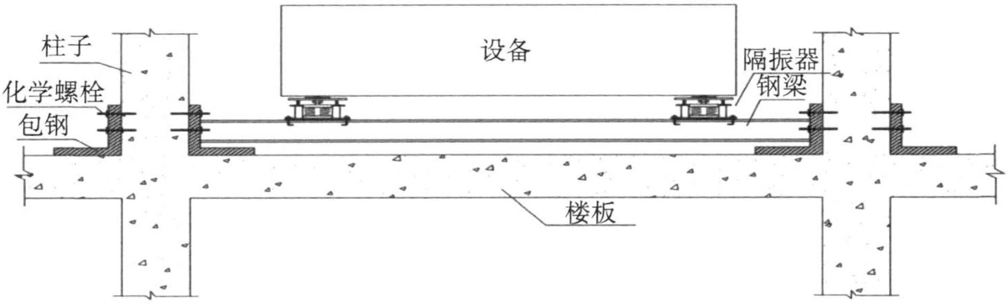

图5-27 楼顶抗振示意图

（二）纳入城市规划是联动效应

城市规划是以空间规划为形式，以城市公共生活的全面塑造为内容的社会性规划，随着我国城镇化的发展，集约、绿色、低碳、人本成为城市规划新的理念追求[①]。空中体育场地作为一种新的运动场地呈现形式，符合我国绿色发展等“五大”发展理念的要求。空中体育场地在不占用地面土地面积的情况下，为人们提供了更加便利的体育锻炼场地，不仅解决了我国人均场地不足的问题，更有效缓解了社会矛盾，满足了人们的需求，促进体育产业的发展。2016年国务院颁布的《“健康中国 2030”规划纲要》明确指出，建设健康城市和健康村镇，应把健康融入城市规划、建设、治理的全过程。空中体育场作为一种崭新的体育场地形式，可以有效解决人口密集地区体育场地不足的问题。关于空中体育场地的开发与运用，我国也可以学习新加坡、日本等国家进行立法，只有这样，空中体育场才能健康、有序地发展。

（三）出台规范政策是发展动力

政策法规的颁布与实施通常具有滞后性或前瞻性，国家政策是推动社会发展的重要因素。在空中体育场地开发过程中，规划部门就应该严格把关，使得空中体育场的建造既不影响城市规划，还能满足居民的场地需求，城市规划部门应做好前期的调查工作。严格空中体育场审批程序，做到有法可依，加强空中体育场的立法建设。严格规范施工技术，保证技术标准与工程质量，避免安全事故的发生。政府部门可以放宽楼顶开发政策，吸引社会资金，增强发展活力，使其得到更好的发展。

（四）完善管理机制是当前要务

管理出效率，成本出效益，空中体育场地运营管理需要比较完善的管理制度和管理机制，尤其需要重点关注动态收费机制、开放时间机制、产权归属机制、综合管理机制等方面。

1. 针对空中体育场地顾客消费特点，制定精准动态收费机制

建筑物楼顶建成空中体育场地后，在后期运营管理过程中，可以依据市场细分的基本原则将消费对象进行详细分类，按照不同类别的顾客，制

①徐锦星，岳建军，刘伟. 我国空中足球场发展的困境及对策研究［J］. 湖北体育科技，2018，10.

定差异化的大众性公共服务和个性化特色服务。比如，离空中体育场地楼层的远近制定差异化收费政策，离场地越近的楼层收费可以越便宜，因越近可能受到的干扰越大，甚至可以探索免费的激励机制。可以依据顾客消费的次数、时长、资金、行为规范等情况，制定相应的价格可调整的激励机制，形成空中体育场地收费的精准动态机制。

2. 针对空中体育场地周边居民生活特点，制定合理开放时间机制

空中体育场地所在的建筑物基于功能可以分为私人住宅顶楼、企业厂房顶楼、事业单位等公共建筑物顶楼等。这些不同建筑物中居住的人群在工作要求和生活状态方面都可能存在差异，空中体育场地的开放时间也会受该楼人们生活习惯的影响，需要制定切合实际的场地对外开放的时间。例如，一些大型商业楼盘及车库楼顶的体育场地可以适当增加开放时间，以此满足更多人的锻炼需求。但对人口密集的小区楼顶来说，周一至周五是大多数人的工作日，可以减少开放时间，周六周日适当延长。合理调控楼顶体育场地收费价格也可以更好地引导人们使用楼顶体育场地（表5-7），尤其是人口密集的小区，工作日适当提高价格、休息日降低价格等。这样既满足人们的运动需求，又可以防止扰民。

表5-7　部分建筑物顶楼空中体育场地收费标准

体育场	开放时间	收费标准
新静安	周一至周五14：00—22：00 周末及节假日9：00—22：00	十一人制3200元/片/小时，七人制800元/片/小时，五人制300元/片/小时
华人球府天空足球场	周一至周五10：00—24：00 周末9：00—24：00	工作日白天250元/片/小时 工作日晚间450元/片/小时 周末全天450元/片/小时
福德宝临空球场	8：00—23：00	8：00—18：00 290元/片/小时 18：00—23：00 390元/片/小时
哇咔梅陇星空足球场	全天	18：00前 400元/片/2小时 18：00后 600元/片/2小时

3. 针对不同建筑物楼顶的产权差异特点，制定场地租赁代理机制

由于空中体育场地所在的建筑物可以分为私人住宅楼顶、企业厂房楼顶、事业单位等公共建筑物楼顶等，其楼顶建立的空中体育场地的产权也存在较大差异，需要按照有关法律法规确定建筑物楼顶体育场地的所有权和使用权等，并据此制定合理的场地租赁代理机制。所以，在各类建筑物楼顶开发的过程中，应当严格遵守各项规章制度，落实好法律法规，严格按照法律程序来开发业主共有的楼顶空间。

4. 针对不同产权、不同时间及收费特点，制定综合管理机制

在实际管理过程中，只依靠某一种单一机制进行管理是很难的，通常都需要几项制度同时运行，共同形成合力，才能使场馆、场地经营效率趋向最佳，这就需要我们将产权、收费、时间开放等多项机制进行整合运用，形成综合管理机制。

（五）开发建设标准是持续根基

调查结果显示，在建筑物楼顶建设空中体育场地需要注意安全措施、纳入城市规划、出台规范政策、完善管理机制、开发建设标准、大力宣传案例等，其中部分参考标准如表5-8所示。

表5-8　防震、抗压、风力抗阻及噪声隔离标准

标准	具体分析
防震标准	通过对高楼抗震性能分析，结合国家抗震规范的要求，采用三水准、两阶段对主体结构进行抗震分析计算，看其结构是否能满足地震作用下结构强度和变形要求，具有较好的承载和抗倒塌能力。对建筑进行结构整体抗震性能和局部性能评价，通过准确地计算找出结构潜在抗震薄弱部位和薄弱构建，做出相应抗震加强措施
抗压标准	目前对于楼顶球场的抗压并没有一个具体的数据分析，但是一般来说，屋面荷载在建筑规范中有明确规定：上人屋面一般为2.0kN/m^2，不上人屋面为0.5kN/m^2，换算成公斤就是上人屋面200公斤/m^2，不上人屋面50公斤/m^2，楼房都属于可上人屋面，可以按照200公斤/m^{2}计算，土方和植被量不超过这个数值就行了，但是还要保守计算，因为还要考虑夏季雨水和冬季雪的数量，所以单位土方量不要超过130公斤/m^2

空中体育场地建设在建筑物距地几米、几十米甚至几百米以上的楼顶，在高度相对较高的位置其防振动、抗压、防风、防震等各方面的安全风险也相对较高，在运动情况下这些风险还会急剧增强。所以，我们在建筑物楼顶设计建设空中体育场地时需要充分考虑其静止振动、运动振动及综合因素引起共振等多方面的因素，建筑及运行管理标准都要高于一般规范标准，通过多种有效手段、想尽一切办法确保安全。

（六）大力宣传案例是加速介质

随着全民健身计划的逐步落实，按照“十四五体育发展规划”要求，面对锻炼人群规模不断扩大，现有场地远远不能满足人们的日常锻炼需求，空中体育场的建设可以延缓活动场地不足的问题。具体来看，学校可以在校园建筑物楼顶修建空中足球场，如青岛一中、北京海淀实验中学、北京史家小学、西安市西北工业大学附属中学等，都已兴建空中操场，满足学生的校内运动需求。空中操场可以给予其他投资者很好的示范作用，并且可以取得很好的宣传效果，从而推动空中体育场地的建设。但是，有调查结果显示，即使有许多空中体育场地已经投入使用，但很多人还是缺乏对空中体育场的了解，自然在付诸实践的过程中就缺乏必要动力。这就需要加大对空中体育场的宣传力度，提高人民群众对建筑物楼顶空中体育场地的认识，提升空中体育场对体育爱好者的吸引力和影响力，使更多人知道空中体育场的重大意义①。

第四节　体育场地新材料——我国气膜体育馆发展现状研究

气膜体育馆的发展为化解大型公共体育场馆建设与运营难题提供了现实路径，为全民健身优质场地的供给提供了全新的解决方案。运用文献资料、实地调研等方法对我国气膜体育馆市场进行研究，认为气膜体育馆具有适用性广、灵活性强、安全稳定、舒适性高、环保节能、运营成本低、外观独特、观赏性强等特点。我国气膜体育馆市场供求失调，主要致因是体育场地资源紧缺、民间参与度不高、技术有待普及与提高。由此，提出

①徐锦星，岳建军，刘伟. 我国空中足球场发展的困境及对策研究［J］. 湖北体育科技，2018，10.

加强统筹协调、给予场馆建设用地支持、鼓励各种经济成分竞相参与、加强市场的规范化管理等对策。

一、气膜体育馆概述及我国气膜体育馆基本情况

气膜体育馆是一种高科技新兴的体育场馆，它是用特制的建筑膜材做建筑外壳，配备一套全自动智能化的机电设备在完全密闭的气膜建筑内部提供新风，同时控制室内的温度、湿度、压力等，使气膜场馆内部始终保持对外部环境的正压，靠内外部压力差把建筑主体支撑起来的一种建筑结构系统。

（一）国内外气膜体育馆概述清清楚楚

气膜体育馆伴随现代科学技术的发展与应用而产生，所涉及的科学领域有建筑学、材料学、航空力学等，气膜体育馆在发达国家尤其是北美地区已经被广泛使用。比如，温哥华冬奥会主会场、日本“巨蛋”棒球场，都是能容纳数万人的大型气膜体育场馆，美国很多大牌橄榄球俱乐部的训练场馆也都是气膜体育馆。2009年由美国知名企业ASATI公司承建的美国康涅狄格州气膜体育馆，是“世界首创的”，以及能全年运营的、恒温控制的棒球和多功能超级气膜体育馆，包括4个室内棒球场、4个室内足球场和12个1对1的棒球练习场，需要时还可以转换为标准的长曲棍球场和其他各项体育运动场地。气膜内配备一个1万平方英尺的会所，为运动者提供管理、更衣、培训等各项服务，一个建在屋顶的巨大看台让观众可以观看整个体育馆内的比赛和活动。

1970年日本世博会上美国馆首次以膜结构建筑出现在人们的视野里。它集建筑学、建构力学、材料学等技术为一体，建造出有标志性的空间结构形式。对于中国来说它起步相对较晚，但在1997—2001年迅速发展起来。我们熟知的一个标志性建筑就是水立方，水立方是全球范围内最大的气膜结构体育场馆。最重要的是气膜结构有很好的排污性、去污性、防尘性，而游泳馆会有很多的水雾，气膜结构的特点之一是防结水滴性特别强。2016年中国体育用品业联合会发布的《中国体育气膜行业白皮书》指出，截至2015年，国内现有气膜建筑主要应用于体育、商业娱乐、工业环保和物流领域项目，其中体育领域发展最快。截至2015年，国内现有气膜

建筑的四个应用领域中，体育是目前应用最多的领域，项目数量为133个，占62%；商业娱乐的项目数量次之，为40个，占19%；然后是工业环保和物流领域项目。相比传统建筑，气膜建筑在造价和运营成本、投资回报周期、节能环保、安全和抗震等多个方面均具有明显优势，但相较国内现有传统形式的体育场馆，体育领域气膜场地总量占比依然相对较小。

气膜体育馆的出现，场地的封闭性、选址的便利性、运动项目的可转换性、营运方式的多样性等，为解决大型公共体育场馆投入大且运营成本高的问题，以及人民群众体育需求的不断升级和运动场馆（特别是室内体育场馆）普遍供给不足的矛盾，提供了全新的视角与策略（图5-28）。

加拿大卑斯体育馆　　日本巨蛋棒球场　　美国康涅狄格州气膜体育馆

图5-28　国外气膜体育馆

（二）我国气膜体育场馆发展的基本状况

由于进入国内市场的时间较短，气膜体育馆在我国发展较为缓慢。资料显示，2006年由北京约顿气膜建筑技术股份有限公司承建的朝阳公园网球场为我国第一个气膜体育馆，我国最大的气膜体育场馆是顺义国际学校综合体育馆，该馆面积为4271.4平方米（75.6米×56.5米），顶棚最高处将近20米，内设有人造草坪的足球场、多功能体育场地和跑道及6片网球场。目前国内大约有100座气膜体育场馆，主要用于乒乓球、羽毛球、网球、篮球等体育项目训练、全民健身、体育俱乐部（图5-29）。

清华大学气膜体育馆　　汕头大学气膜篮球馆　　国家网球中心祥云网球馆

图5-29　我国气膜体育馆

市场的需求方面，对北京约顿气膜建筑技术股份有限公司承建的21个气膜体育馆建设项目进行调查，结果显示我国气膜体育馆的建设单位主要为政府部门、事业单位、厂矿单位，而社区型和商业性气膜体育馆较少；场馆所选项目以羽毛球、网球为主；从建设项目标的金额来看，区间为50万～500万元；从场馆运营的实际情况看，随着我国居民体育消费水平的不断提升，所有场馆运营状况较佳（表5-9）。

表5-9　北京约顿气膜建筑技术股份有限公司承建的气膜体育馆建设项目

建设单位所属	体育系统	厂矿单位	大、中、小学校	其他	合计
项目/个	综合性馆2；羽毛球馆1；网球馆1	网球馆7；羽毛球馆2	网球馆1；羽毛球3；篮球1	网球馆2；综合性馆1	—
小计/个	4	9	5	3	21

注：“其他”主要指公园、工业园等。

市场供给方面，由于气膜体育馆在国内尚未被完全认识与重视，我国从事气膜体育馆材料生产与建筑施工的企业为数不多（网络调查统计为6家），主要有北京约顿气膜建筑技术股份有限公司、北京市适普益康健身器材有限责任公司、深圳市思博凯气膜建筑工程有限公司、深圳市奥克金鼎空间膜技术开发有限公司等，这些企业大都为资本实力较强的内资企业，技术上寻求与国外同类优秀企业合作，在国内通过厂家直接参与承建和地区代理的方式开拓市场。

国外的行业发展经历表明我国有着广阔的市场空间，但气膜体育馆尚未得到国内大众的充分认识，市场有待进一步挖掘；国内从事气膜体育馆生产、经营和施工的企业较少，并且资金、技术实力不够强大，不利于市场的供给与推动。

二、气膜体育馆的主要优势

（一）适用性广，灵活性强

气膜体育馆室内无须梁柱支撑，气膜建筑内部空间无阻隔，巨大的空间适合各类体育活动，可用于足球、篮球、网球、羽毛球、乒乓球等项目，并可按照需要进行自由转换，同时还可作为体育比赛、展览、集会、文艺演出等场所。

气膜体育馆的尺寸及形状可根据具体场地尺寸调整，同时具有季节性建筑及迁徙性建筑特点。

气膜体育馆被誉为可移动的体育馆。气膜体育馆采用先进的基础锚固系统，每平方米自重大约3千克，构成整体建筑的建筑膜材和机电设备可以移动，转移和运输都非常方便，快速的拆装能力使气膜体育馆能灵活处理，方便后期经营，能利用城市的剩余用地，并开拓新的土地资源。

气膜体育馆的应用，解决了传统体育场馆建设周期长、造价昂贵、运营费用高、利用率低、拆除成本高等问题。

（二）舒适性高，安全稳定

（1）膜材的选用。气膜体育馆建筑系统选用最优质的建筑膜材，可达到美国和加拿大等发达国家建筑外膜标准：［UBC（No.42-1&55-5），CAN/ULC-S109］。外膜具有超强的抗张力和抗撕裂性能，在负荷状态下稳定性强，对酸、碱等化学物质具有良好的耐腐蚀性。表层的抗老化涂层，使其具有超强的耐候性。作为阻燃材料，达到国家B1级防火标准，即在没有火源的情况下会自动停止燃烧，而且在火灾发生时的传播速度及烟气产生方面均满足欧美的标准（如NFPA701，ASTM，FTMS等）。在没有火源的情况下，膜材可以抵受230℃的高温，且其物理、化学性质没有任何变化，而钢材在高于200℃时，其强度就已经开始下降。

膜材可滤除大部分紫外线，防止内部物品褪色。屋顶设置透光膜，其对自然光的透射率可达25%，并达到1000流明的照度，即使在阴天，气膜体育馆仍可以在不开灯的情况下正常运营。

（2）照明系统。泛光照明系统为气膜体育馆所特有的照明系统，该系统采用柱式照明灯具，光源发出的光线向斜上方投射在气膜弧形内膜上，由于气膜所采用的高亮内膜具有较强的反射效果，且膜面为弧开，因此经膜材反射后的光线均匀地散射至照明区域，使照明区域在获得足够照度的同时，还能避免灯具直射时产生眩光的不利影响。

独有专利照明系统（DAFT HangLite system）为所有的体育运动提供了最先进的无眩光、均匀舒适的灯光照明。独特照明设计将光源直射到内膜并形成真正的二次反射照明；较传统的吊式照明减少一次的反射，整体节约30%～50%的照明费用；提供100%的光照效果；光线均匀、无眩光、没有黑影及照明死角。

（3）斜向网状钢缆系统（bias-harness cable net system）。这种耐紫外线涂层热镀锌钢缆系统，按美国建筑规范可以作为永久性建筑的气膜结构，它将整个膜体结构完全包裹起来，并将膜材受到的荷载直接传递到钢网上，将受力均匀分摊到地脚锚固系统，减少膜的荷载，提供最佳的稳定性来抵抗大风、暴雪，延长结构的寿命。即使在风速高达150英里/小时（67米/秒）的飓风环境，膜材的荷载仍可以减少约6磅/平方英尺，而在相同条件下，非网状钢缆的气膜结构可能导致膜材本身的荷载超过100磅/平方英尺，从而使膜材撕裂导致整个气膜坍塌。该结构可根据实际外部气候条件的需要，使内部的压力值达到1.5～3.0英寸水柱，抵抗每小时150英里（67米/秒，相当于16级以上的超强飓风）的飓风，抵御超过每平方英尺50磅（250千克/平方米）的积雪。提高大风中建筑的稳定性，减少膜材所受的荷载，延长建筑使用寿命，全面满足国际建筑标准及规范。

气膜体育馆的截面形状一般呈弧形或半圆形，加上材料的柔性和结构固有的特性，没有受弯、受压和受扭的构件，在抗风、抗震、地质灾害、温度变形、沉降变形等方面具有轻钢结构无可比拟的优势。

（4）温控系统。采暖与空调系统实现智能自动控制，根据外部环境变化自动调节室内温度，可控范围为16～25℃，使气膜室内全年保持舒适的运动环境。内置机电充气设备将自动控制风量，以满足体育馆对风量的要求，膜内空气循环可达6～16次/小时，是国家规范的2倍，新风每人享有量大于60立方米/小时，每一套采暖空调充气设备都配有自动启动的备用发电机，保障场馆的安全正常运行。

另外，气膜体育馆设紧急出口、ADA出入口为特殊人群服务，与传统的大众体育设施相比，气膜体育馆可实现室内温度、湿度控制，空气质量及含氧浓度控制，让运动者在最适宜的环境中运动。

（三）环保性强，成本低廉

气膜体育馆采用空气支撑，利用压力差作为支撑力，形成大跨度的空间结构，避免了大兴土木对环境的影响；气膜体育馆内的气压高于馆外的气压，可确保外面的污染空气无法通过门窗和缝隙进入馆内。只要把好空气进入馆内的唯一渠道即充气机械单元，就能保证馆内空气的洁净。北京市顺义国际学校2012年新建的气膜体育场馆，能够过滤PM2.5而受到《纽约时报》、《洛杉矶时报》、美国公共新闻网等国外媒体的关注和报道。

与传统体育场馆相比，气膜体育场馆还有很多优势，如造价低廉，只有传统体育场馆造价的1/3；建设周期短，主体建筑的安装仅需数十天即可完成；节能环保，三层透光膜既增加了隔热系数，同时还能保证自然光进入馆内，在正常的日光条件下，馆内不需要人工照明，大大降低了场馆在采光、取暖、空调等方面的能耗成本。根据北京地区气膜场馆的能耗跟踪统计，气膜体育馆的空调和暖气能耗是传统体育馆的1/4～1/10，同时后期的维护费用低，也大大降低了场馆的运营成本。

（四）观赏性强，设计独特

气膜体育馆形式新颖，容易识别，具有很强的宣传效应，可以根据气膜体育馆将要落户区域的整体建筑风格，提供不同形式、不同颜色、不同风格的设计，使气膜和外部环境自然融合。气膜体育馆还可以融入城市的人文和自然景观，将其打造成城市的名片。北京丰台科丰园气膜网球馆，形态优雅、造型别致，在一片绿地的园林里犹如一个白色的精灵，完全符合生态园整体的环保理念，成为生态园的一大亮点。

三、制约气膜体育馆发展的因素

（一）体育场地资源紧缺

我国人均体育场地的面积本来就偏少。我国第五次体育场地普查数据显示，全国共有各类体育场地850080个，占地面积为22.5亿平方米，平均每万人拥有6.58个，人均面积为1.03平方米，按照第四次与第五次普查数据5.92%的人均年增长率[①]，加上近几年奥运会、亚运会、全运会及各地运动会举办新建的体育场馆，我国人均拥有的体育场地面积也不会超过2平方米，远不及发达国家水平。

①王宏俊. 我国体育场馆建设现状与对策研究［J］. 沈阳体育学院学报，2010，12（29）：139-140.

将现有体育场地转换为气膜运动场地受经费等制约。现有体育场地系统化、条块化严重，因此，体育系统、教育系统、厂矿企业是建设气膜体育馆的主体。尽管这些单位偶尔投入经费建设与改造体育场馆，但投入的总量非常有限，而国家用于体育基础建设的支出也仅占体育事业投入的16.1%①。

城市其他场地转换为气膜运动场地受政策因素等影响较大。城市高额的土地价格，体育产业投入回报时间长，使得城市空置地转化为商业性运动场地几乎不具可行性；即使在绿化带、公园等地建全民健身气膜体育馆，也涉及体育、城管、市政等多部门的横向与纵向沟通问题；另外，还存在谁主导兴建、谁负责运营管理等一系列问题；社区气膜体育场馆的建设与转换，第一，社区建设前开发商是否有意愿投入，第二，场馆要转换，须征得居民的同意，即使居民有意愿，高额的转换建设经费又从何而来？后期的运营又如何进行？

（二）民间参与程度不高

我国气膜体育馆市场呈现“两少一多”的现象。第一“少”是生产、建筑企业少（网络调查统计仅为6家）；第二“少”是民间资本主导气膜体育馆建设与运营的一体化项目少；“一多”是指通过政府、企事业单位投入兴建，委托或承包给私人企业运营的情况较多。

民间参与度低的主要原因是：第一，主观方面，尽管国内体育消费市场巨大，但气膜体育馆是个新兴项目，人们对其性能、健身价值，投入回报率等信息知之甚少，民间建设资金投入不充分，使得生产和建筑企业不敢盲目扩张，进一步，企业的保守性投入导致市场难以得到快速推进；第二，客观方面，城市土地资源稀缺，适合新建气膜体育馆的场地少，而承包经营存在政策上的变数，投入往往难以得到相应的回报。因此，目前人们对气膜体育馆项目正处于了解、认识与观望阶段。

（三）技术普及广度不够

在欧美发达国家，气膜建筑处于普及阶段，相应的气膜材料与建筑

①张凤彪. 湖南省全民健身公共支出现状研究［J］. 体育科学，2012，4（23）：12-19.

技术也比较成熟，一些国家，如美国、加拿大等国建立了相关标准与认证制度。而在我国，气膜建筑才刚刚处于起步阶段，从业企业的实力尚不是很雄厚，另外，技术的成熟也需要自主研发、合作、引进、内化吸收等过程，特别是气膜体育馆涉及建筑学、材料学、航空力学等多学科技术领域，需要不断创新，尤其是必须经历实践的检验与验证。2012年，中国社会科学院研究生院良乡校区气膜体育馆的白色气膜顶突然发生爆炸，随后出现塌陷事件，为我国气膜行业敲响了警钟，所幸事故未造成任何人员伤亡。

四、大力发展气膜体育馆的对策

（一）加强政府的一体化统筹

各级政府要切实加强对体育场馆的建设工作，抓住全国第六次体育场地普查的机遇，加大气膜体育馆建设的宣传与规划，将体育场馆的建设纳入区域经济和社会发展规划，为气膜体育馆的发展营造良好环境。要把公共性的大型气膜体育馆项目优先纳入财政安排，并争取体育产业发展引导资金的支持。

（二）给予场馆建设用地支持

合理安排公共气膜体育馆用地供应，对公共气膜体育馆用地给予优先支持；加强体育、城管、市政等政府部门的沟通协作，盘活与利用好现有空置与闲置的土地，吸纳民间资本参与气膜体育馆的建设与运营；鼓励与引导房地产开发商在社区做好气膜体育馆的规划工作，通过政策引导，采用市场机制与手段，合理有序地将现有的部分体育场馆转化为气膜体育馆。

（三）鼓励利益主体竞相参与

气膜体育馆的建设与运营维护，政府投入不足，单位投入受体制与机制约束。国外的发展经历表明，民间资本的投入将是我国气膜体育馆市场的发展趋势，因此，要建立与完善相关扶持政策。从事气膜体育馆生产与施工的企业属于高新企业，开发新技术、新产品、新工艺发生的研究开发费用，应当按国家税法规定，给予优惠，在计算应纳税所得额时加计扣除，而从事气膜体育馆经营的企业，应当享受国家和省有关扶持服务业发展的各项政策。鼓励非公有资本以独资、合资、合作、联营、参股、特许经营等方式投资气膜体育馆市场，在投资核准、融资服务、财税政策、土地使用、对外贸易和经济技术合作等方面享受优惠待遇。

（四）加强市场的规范化管理

通过建立健全相关法规，完善监督管理机制，规范市场主体行为，维护市场秩序，促进市场规范化发展。加强气膜体育馆的安全监管，依法确定严格、规范、公开、透明的准入和开放条件、技术要求、服务规程、加强技术指导和安全保护，加强日常监督检查及产品质量检测，确保设施设备和管理服务符合要求，以及消费者人身安全。推行服务质量认证制度，建立和完善体育服务规范，提高服务水平。

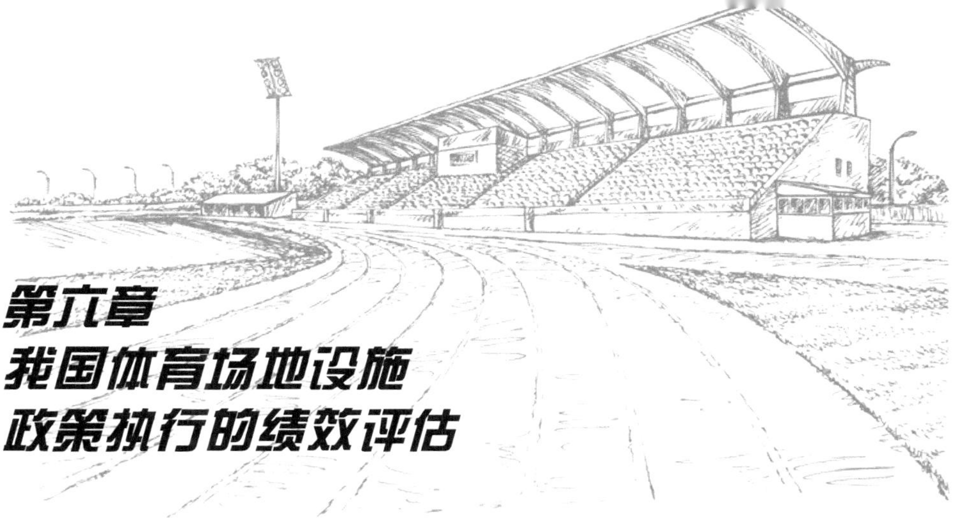

第六章 我国体育场地设施政策执行的绩效评估

从体育场地设施政策的角度看，目前研究的关注者较少，这些为数不多的研究者通过结论、建议都指出了较多需要进一步研究的问题，比较集中的就是关于我国体育场地设施政策制定、执行、评价和纠错优化等问题。本研究认真剖析体育设施政策建管过程中的失灵现象，在借鉴国外体育设施建设与发展有益政策经验的基础上，对我国体育场地设施政策执行情况及市场对政策的反应进行评估，进而提出优化建议，为丰富该领域的研究做出努力。

第一节 体育场地建管政策执行存在的主要问题及影响因素

在经济社会高速发展过程中，在政府控制和市场自主的博弈中，通常会出现“上有政策，下有对策”的政策执行消极现象。作为一种典型的政策执行消极现象，在现实经济社会发展和人们生活中表现出的形态各异的多样化特征。特别是在我国经济社会高速转向高质量发展的过程中，需要对“上有政策，下有对策”的消极现象及时进行剖析并有效地根治消极病症。

一、体育场地建管政策执行存在的主要问题

在体育场地建设与管理政策执行过程中，主要存在以下几个方面的问题。

第一，体育场地建设中因为涉及多个管理部门，使得政策运行机制存在利益博弈弊端。具体而言存在如下几个问题：①不同部门对体育场地建管政策的理解及相关利益存在分歧，因不同组织部门的利益偏重导致

政策的执行力下降；②由于联合办公，导致部分机构重叠，出现“政出多门”“群龙治水”的情况，进一步致使体育场地建管政策执行出现梗塞阻滞；③虽然体育场地政策执行存在联席沟通机制，但由于各部门利益和责任的差异，部门之间沟通与协调的程度依然不深，使得有些政策不能及时报送，政策信息不能准确地传递，进而导致体育场地建管政策运行出现运行断档情况；④在体育场地建设与管理过程中，监督机关或监督人员存在少量监督不力的情况，使得该政策执行情况存在监控缺位，没能实现全方位、全过程监督，导致政策执行部分内容出现政策执行偏差等。

第二，体育场地建管政策文本本身不够完善，存在政策漏洞。该方面的漏洞主要体现在以下几个方面：①政策目标制定比较宏观，不够具体、准确，执行的过程中存在误解或较大弹性；②政策制定的微观层面考量不够充分，存在具体操作层面的不配套；③政策延续性不足，在执行过程中存在断档、跑偏等偏差多变现象，或者存在因人施政，出现“人存政举”“人走政息”等政策多变、朝令夕改的现象。

第三，体育场地建管政策执行过程中，各级、各部门领导及工作人员素质参差不齐，致使政策执行过程和执行结果存在偏误。究其原因，主要体现在如下两个方面：①体育场地建管政策执行人员对新时代、新要求存在一定的不适情况；②体育场地建管政策执行人员对新时代的新发展理念、新的发展格局、新的发展要求不熟悉，他们的服务理念、知识结构、知识水平同经济、高质量发展和政府现代化治理的新要求有较大差距。

要治理好体育场地建管政策执行中存在的“上有政策，下有对策”的消极顽疾，深度探寻体育场地建管政策执行阻滞的影响因素，需要尽快建立完善高效的政策执行控制机制，着力提升政策执行人员的综合素质，建立健全体育场地建管政策执行的评价体系。

二、体育场地建管政策执行的主体影响因素

影响体育场地建管政策执行的因素涉及经济社会发展的方方面面，涉及体育场地建设与管理过程中的各类利益相关者，因此其影响因素必然十分繁杂，需要围绕政策执行过程的不同阶段、不同主体和不同内容进行梳理。综合考虑各种相关因素，重点关注核心关键因素，结合已有研究成果，我们认为体育场地建管政策执行的关键因素为政策执行主体、政策执

行客体、政策执行环境、政策执行资源、政策执行监督评估等方面[①]。在参考陈振明理论模式的基础上，结合群众体育发展及群众体育政策执行的特点，本研究将影响体育场地建管政策执行的主体影响因素归纳为体育场地建管政策本身的因素、政策资源、政策执行主体、政策目标群体的客体特性和政策环境五大因素（图6–1）。

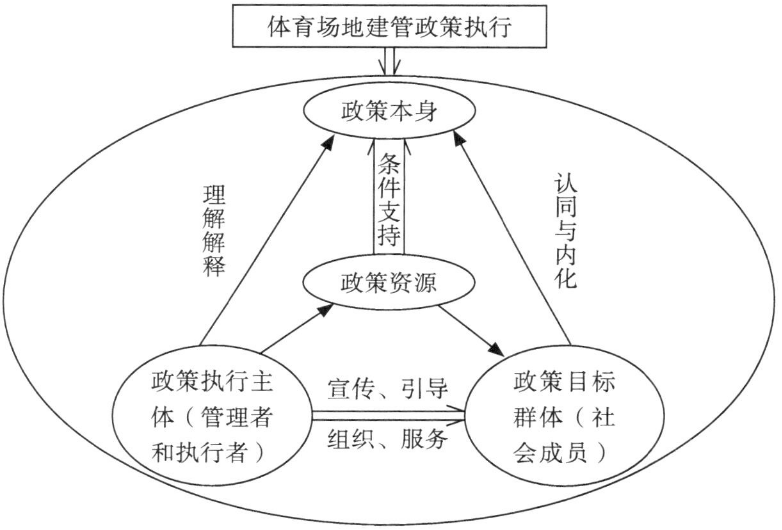

图6–1　体育场地政策执行过程及影响因素模式

（一）体育场地建管政策执行主体

研究者周柏春认为："政策执行主体是依法承担政策执行权限的组织和个人，由于组织比较宏观，往往都是由个人来执行政策。"[②]从国际公共政策执行的实际及惯例来讲，当前政府已经不是公共政策执行的唯一主体，政府和其他主体共存，多元性已经成为公共政策执行主体的重要特征；所以，体育场地建管政策的执行主体不仅仅是各级政府相关部门及体育行政部门，需要形成政府体育职能部门及相关业务部门、非赢利组织、企业事业单位等多元主体执行的局面。

①程华. 大众体育政策执行效果评估研究——以《上海市全民健身实施计划（2011—2015 年）》为例［D］. 上海：上海体育学院，2018.

②周柏春. 提高公共政策执行力的思路选择［J］. 理论学习，2011（5）：54–56.

（二）体育场地建管政策执行客体

目标群体对政策的认知、理解程度，决定了其对政策执行的态度，是配合支持，还是抵触对抗①。体育场地建管政策执行客体，即体育场地建管政策执行的受众对象或目标群体，是体育场地建管政策执行的直接目标受益者或者是体育场地建管政策执行过程中的利益相关者。体育场地建管政策执行客体对政策执行能力及执行效果产生较大的影响：其一，政策执行的受众目标群体的思想认识、知识结构、文化水平、综合素养及政策觉悟等方面的素质，直接影响体育场地建管政策执行能力的优劣；其二，政策执行受众目标群体对体育场地建管政策的认知，直接决定目标群众是否采取积极配合、主动接纳、自愿服从、严格遵守态度，从而直接、多方面地影响体育场地政策执行效果。但是，在政策执行的实际过程中，体育场地建管政策执行客体，并非处处事事时时都专指民众，如当相关职能部门出台政策，相应级别的部门相应出台政策文件的分工方案之时，被分配任务的公务人员，也转变成了政策目标群体，从而对分工方案造成影响，对更上级的政策产生间接影响②。

（三）体育场地建管政策执行资源

通常资源主要包含两类：第一类是硬性资源，如人力成本资源、物质资源资本等可见的资源；第二类是软性资源，如信息资源、制度规范、权威信任、文化理念、技术咨询等方面的软性资源。因此，体育场地建管政策执行资源，就自然而然地包括了人力、物质、制度、信息、文化、技术等硬性资源和软性资源。研究表明，政策执行资源是政策执行主体发挥作用和维持系统正常运转所必需的重要因素③，故体育场地建管政策执行主体执行能力的强弱就会受到执行资源的制约，所以政策执行资源是公共政策执行能力的重要评价指标。

①何静. 地方政府公共政策执行力：内涵、影响因素、提升路径［J］. 中国管理信息化，2015（22）：191-192.

②张帆.《昆明市建设区域性国际中心城市实施纲要》政策执行绩效评估研究［D］. 昆明：云南大学，2019.

③王学杰. 我国公共政策执行力的结构分析［J］. 中国行政管理，2008（7）：62-65.

（四）体育场地建管政策执行环境

按照环境对公共政策影响的作用力方式，体育场地建管政策执行环境主要包括政策执行直接环境和间接关联环境，按照政策执行环境的范围，以体育场地建管政策执行部门职责边界又可以分为内部环境和外部环境。一般而言，良好的政策环境有助于各项公共政策的推广和执行；反之，恶劣的政策环境，则会阻碍各种公共政策的执行，甚至直接导致某项公共政策执行失败。

（五）体育场地建管政策执行手段

国外研究显示，政策执行的手段和方法是影响公共政策最终达成效果的主要因素（美国学者爱尔默和麦克道内尔，1991）。国内公共政策执行相较国外政策执行，由于涉及的人员多、地域范围广，其过程显得更加复杂。国内研究成果认为，法律、经济、行政、宣传教育和科学技术等手段是公共政策执行过程中的典型执行手段和方法①。体育场地建管政策是公众政策的范畴，其执行手段的选择也遵循一般公共政策执行理论。

从上述对体育场地建管政策执行过程中有关执行主体、执行客体、执行资源、执行环境、执行手段和方法等的分析可以看出，政策执行的主体、客体、资源、环境、手段等，是最基本的政策执行影响要素，所以在构建体育场地建管政策执行绩效评估体系时需要充分考量上述影响因素。

三、体育场地建管政策执行的主要过程阶段

政策执行的过程，具有一系列的内在逻辑，有序推进政策执行的各个具体流程，是确保政策执行绩效的根本。通过梳理分析，政策执行过程包含了准备、实施、总结三个阶段，且各阶段紧密联系、相互作用，确保了政策执行的有效性。关于体育政策执行过程及其变数，冯晓丽综合各种见

①程华. 大众体育政策执行效果评估研究——以《上海市全民健身实施计划（2011—2015 年）》为例［D］. 上海：上海体育学院，2018.

解，结合我国的实际情况，将影响体育场地建管政策有效执行的因素归纳为政策问题的特性、政策本身的因素及政策以外的三个因素①（图6-2）。

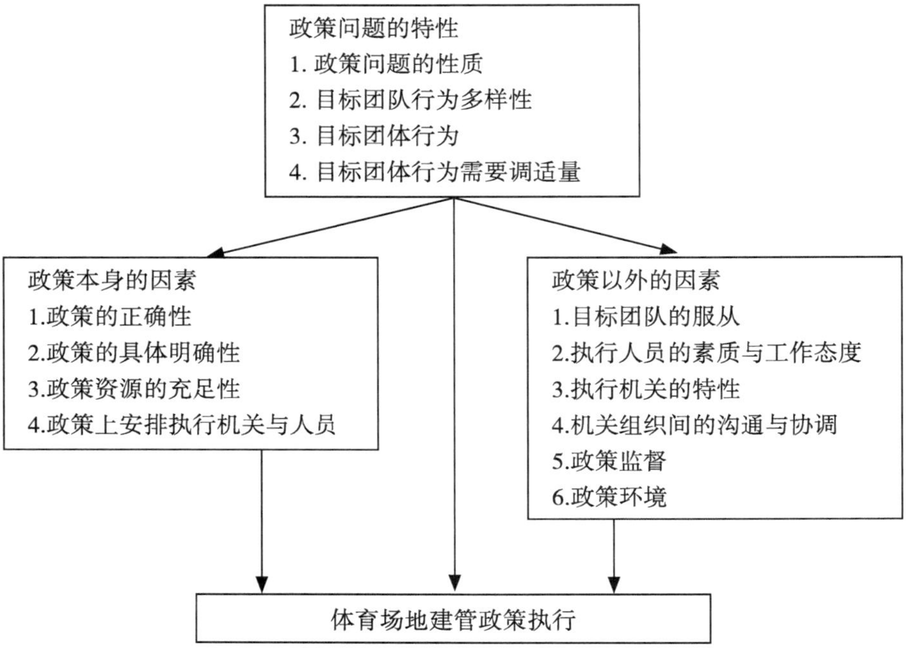

图6-2　体育场地建管政策执行过程及相关因素

结合上述关于政策执行的准备阶段、实施阶段和总结阶段，以及体育场地建管政策起草颁布的根本前提，我们认为在体育场地建管政策评估中要充分考虑政策执行的起草颁布阶段、准备阶段、实施阶段、总结阶段。

（一）体育场地建管政策的起草颁布阶段

体育场地建管政策的起草颁布阶段事关该政策的“政策权威”及合法合规的源头问题。“政策权威”指政府职能部门出台体育场地建设和管理政策单位级别、政策法规渊源的效力位阶、政策法规文本的专业水平等，以及政策法规制定流程的合法性审查。其中合法性审查主要包括政策文件制定的专家专业化水平、公众参与程度、风险评估、集体讨论决议等情

①冯晓丽. 建国以来群众体育政策的变迁特点与影响因素［J］. 体育学刊，2012，5.

况。政策文件颁布后，下发送达及公布、公开的范围等因素，也可能影响该政策的执行效果。

（二）体育场地建管政策执行的准备阶段

公共政策文件颁布之后，如何贯彻执行文件规定，达到政策规定目标，就是政策执行的根本任务。实际经验证实，政策执行是一项非常注重目的性、计划性、组织性的公共服务活动，是树立政府良好形象的重要途径。所以，在各项公共政策方案正式实施之前，各级政府和部门需要做好政策执行的相关配套准备工作，为整个政策执行过程奠定坚实的组织保障和物质基础，从而有效避免公共体育政策实施后的方向、目标、内容和效果等方面的偏差。具体而言，首先需要“通过宣布和传播公共政策意图和内容”[①]进行体育场地建管政策宣传，提高体育场地建管政策执行者和政策受众目标群体对该政策的认同和理解；其次，需要制订比较完善的政策执行落实方案和具体实施计划，建立体育场地政策执行组织，配置体育场地建管政策执行资源，做好各方面的物质保障和思想精神保障等。

（三）体育场地建管政策执行的实施阶段

公共政策执行的实施阶段是政府相关部门及社会相关组织或企业等主体依据政策文件颁布内容和政策执行前期准备情况，将书面形态的政策规定、政策目标和政策执行方案，转化为政策受众目标的现实成果的动态过程。在体育场地政策实施期间，通过政策实施，既可以达成政策目标，又可以通过实施发现问题，反过来对政策文本本身进行修订和完善。具体包括以下流程[②]：一是进行执行部门内容和外部的指挥协调，形成协调沟通机制；二是进行实施过程的监督控制管理，建立健全优质高效的反馈机制；三是进行政策实验与经验推广相结合的实施机制，确保政策平稳有序、有效地执行。

①陈庆云. 公共政策分析［M］. 2版. 北京：北京大学出版社，2011：182.

②张帆.《昆明市建设区域性国际中心城市实施纲要》政策执行绩效评估研究［D］. 昆明：云南大学，2019.

（四）体育场地建管政策执行的总结阶段

政策执行总结是对政策颁布初衷、政策执行前期准备、政策执行过程及政策执行结果和效果的全面检视，在公共政策执行全过程中发挥重要作用，是评估体育场地建管政策执行贯彻落实的程度和效度的重要手段。其中关键的步骤有如下三个方面：其一，对政策准备、执行阶段开展过程评估，力争全过程、全方面、全人员进行全方位跟踪评估；其二，将政策执行的阶段性结果与政策目标进行对比，开展政策执行结果和效果评估，探究其政策执行的成功或不足之处；其三，基于执行绩效进行必要的奖励和惩戒，形成有效的奖惩机制，强化政策执行的激励约束保障①。

上述有关政策起草颁布，以及体育场地建管政策执行的准备、实施、总结等四个阶段，按照政策执行的逻辑顺序，相互关联、制约，相互之间彼此影响，构成了完整的体育场地公共政策执行逻辑流程。由此，启示我们在进行政策执行绩效评估时，要充分考量政策执行整个运行流程的完整性、逻辑性和有效性②。

第二节　体育场地建管政策执行绩效评估指标体系的构建

按照体育政策评估研究成果文献综述的主要观点，依据体育场地建管政策评估的实际需要，结合国家社会经济发展的总体要求，选取35名体育领域及公关政策执行评价方面的专家进行问卷调查，初步构建了5类一级指标、13类二级指标和54类三级指标，经过三轮专家访谈及问卷调查，确定了5类一级、13类二级、40类三级的指标体系，并据此进行权重赋值、生成建议调查问卷和体育场地建管工作完成情况评分的计算公式。其研究过程，主要包括总体框架的设计、构建原则的遵守、评价指标解析、评价指标的确定、评价指标的赋值、评价指标的评分等步骤流程③。

①刘雪明. 社会主义市场经济条件下的政策执行问题研究——“上有政策，下有对策”现象剖析［J］. 求实，2000：5.

②李捷. 北京市群众体育政策执行研究［D］. 福州：福建师范大学，2008.

③张帆.《昆明市建设区域性国际中心城市实施纲要》政策执行绩效评估研究［D］. 昆明：云南大学，2019.

一、体育场地建管政策执行绩效评估总体框架

（一）体育场地建管政策执行绩效评估体系构建原则

研究表明，大众体育政策实施目标群体对政策的理解越深刻和认同程度越大，那么接受和配合大众体育政策执行的可能性就越大[①]。因此，我们在构建体育场地建管政策绩效评估体系时要坚持科学性原则、全面性原则、全程性原则、全员性原则、可操作性原则、独立性原则和灵活性原则等。

科学性原则是我们构建评估体系的根本前提和基础。要求构建过程中理论科学、方法科学、流程科学、结论科学等，针对体系构建中具体的指标要能够准确描述测评对象的特征，避免人为主观造成偏差，有效提高评价体系的科学性和客观性。全面性、全程性和全员性原则就要求在指标构建中，不能仅仅反映局部单一指标的部分特点，同时要注意局部与整体，过去、现在和未来的时间差异，统筹各方相关因素。在此基础上，要求评估的指标体系要具有针对性、时效性和前瞻性，使评估指标体系具有可操作性，同时也为具体问题具体分析提供灵活性操作空间，让评估指标具有相对的独立性，使评估具有实践性和客观性，更具有可持续性。

（二）体育场地建管政策执行绩效评估体系构建框架

在体育场地建管政策执行绩效评价体系构建方面，借鉴3类我国学者的平衡记分卡框架，以及张帆《〈昆明市建设区域性国际中心城市实施纲要〉政策执行绩效评估研究》[②]的具体框架示意图，认为该政策的评估也可以遵循“体育场地政策使命、体育场地政策战略、体育场地目标受众群体、体育场地建管业务流程、财务支撑、执行人员的学习与成长”六大要素的主体框架（图 6-3）。

①陈振明. 公共政策分析［M］. 北京：中国人民大学出版社，2003：50.

②张帆.《昆明市建设区域性国际中心城市实施纲要》政策执行绩效评估研究［D］. 昆明：云南大学，2019.

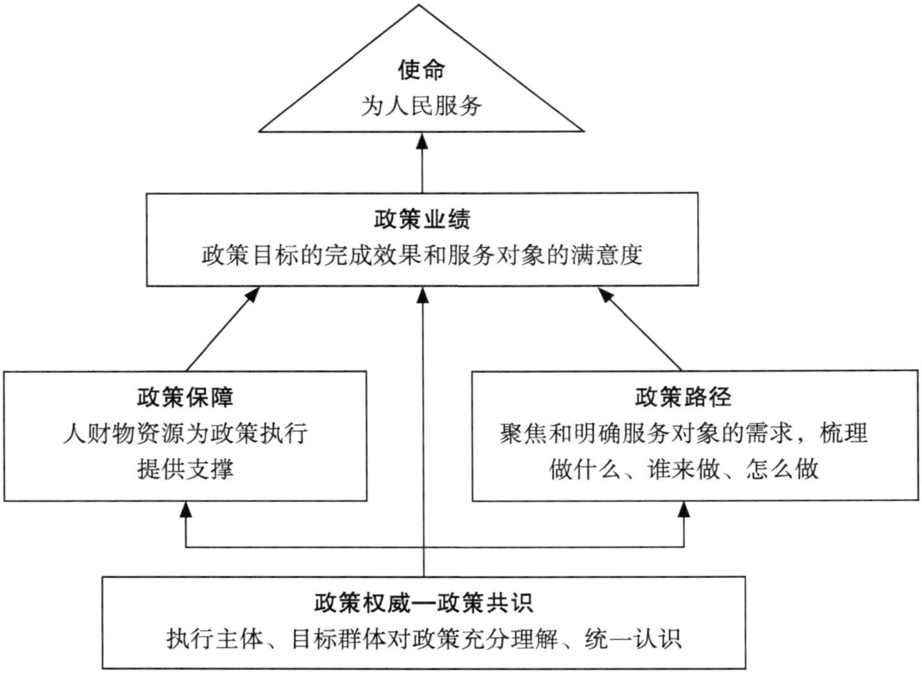

图6–3　体育场地建管政策执行绩效评估框架

第一，体育场地建管政策执行的使命，置于政策评估的最顶层，总体目标是体育场地建设和管理坚持“人民至上”“为人民服务”，体现“以人民为中心”的人本属性。

第二，体育场地建管政策执行的战略，战略高度和视野审视是核心，主要作用是强调隐含着“人民美好生活需要”“国家发展战略布局”“体育强国建设纲要”“体育主力全面推进健康中国建设”的发展规划和战略，围绕“政策权威、政策业绩、政策保障、政策路径、政策共识”五个方面进行绩效评估。

第三，体育场地建管政策业绩，主要借鉴平衡记分卡的顾客维度，结合财务管理的服务对象满意度部分指标，旨在考察体育场地建管政策目标的完成效果。针对体育场地建管政策目标完成效果，计划从政策权威、政策共识、政策路径、政策保障四个方面进行[①]。

第四，体育场地建管政策保障，探究政策路径支撑运转的主要方面，

①张帆.《昆明市建设区域性国际中心城市实施纲要》政策执行绩效评估研究［D］. 昆明：云南大学，2019.

参照平衡记分卡理论中关于学习成长维度和部分财务指标整合而成。

第五，体育场地建管政策路径，参照平衡记分卡中内部业务流程指标，目的在于聚焦和明确体育场地建设受众目标群体的需求。

第六，体育场地建管政策权威和共识，处于框架的最基层，政策权威是体育场地政策的颁布单位及效力位阶，政策共识是各级政府及其职能部门和相关部门，以及人民群众正确认识政策并统一意见，进而齐心协力推进政策执行的重要基础。

因此，在体育场地建管政策执行绩效评估相关变量维度中，总体上按照“政策权威—政策共识—政策路径—政策保障—政策业绩”的顺序发挥作用。

二、体育场地建管政策执行绩效评估指标解析

（一）“政策权威”评估指标分析

“政策权威”指政府职能部门出台体育场地建设和管理政策单位级别、政策法规渊源的效力位阶、政策法规文本的专业水平等，以及政策法规制定流程的合法性审查；其中合法性审查主要包括政策文件制定的专家专业化水平、公众参与的程度、风险评估、集体讨论决议等情况。其中主要重点关注政策法规隶属效力位阶（表6–1）①。

表 6–1 体育场地建管政策权威评估指标

一级指标 A	二级指标 B	三级指标 C
体育场地 政策权威 A1	隶属效力 B1	政策法规颁布地单位级别 C1 政策法规类别的效力位阶 C2 政策法规文本的专业水平 C3 政策法规程序的合法审查 C4 政策法规发送的通告范围 C5

①张帆.《昆明市建设区域性国际中心城市实施纲要》政策执行绩效评估研究［D］.昆明：云南大学，2019.

（二）政策法规隶属效力位阶

指向政策制定者和人民群众参与政策制定的知情权、参与度等。

1. 法律法规的颁布单位级别

指颁布单位的行政级别：中央办公厅、国务院、各部委、省市地方政府等。

2. 法律法规的效力位阶

指宪法法律、行政法规、地方性法规、自治条例或单行条例、行政规章、其他规范性文件。法规又可以分为条例、规定、规则、办法、意见、通知等。

3. 制定内容的专业性

指制定政策的专家是否是该行业、该领域的专家，以及在该领域是否具有权威性、可行性等。

4. 制定程序的合规性

指制定体育场地建设和管理政策的程序是否符合相关规定；颁布体育场馆建设和管理政策文件后下发范围的广泛性；颁布体育场馆建设和管理政策文件对社会公开渠道的公众性及知晓率。

5. 政策法规发送的通告范围

指制定体育场地建设和管理政策法文颁布之后，规定下发或报送、传达的对象和范围，判断政策对执行主体、执行客体及其他主体的影响程度。

（三）“政策共识”评估指标分析

一旦政策通过起草并正式颁布之后，如何形成统一正确的政策共识是政策执行的重要环节，而政策共识通常主要包括政策认知、政策认同两个层次的内容。政策认知是政策执行的前提条件，政策认同是在全面认识政策内容的基础上，才有可能形成的。解决政策共识问题的首要途径，是通过政策宣传，使相关政策执行者和目标群体全面认识政策目标、内容、程序等各个环节[①]。

指向政策执行者、市场参与者和场地使用者宣传政策的目标、举措、程序等。

1. 宣传内容与政策的一致程度

指政策执行者宣传政策过程中所展现的体育场地建设与管理政策目标、举措、程序等，与体育场地建设与管理政策本身描述的一致程度。

2. 宣传方式贴近人民的合理程度

指体育场地建设管理政策宣传的方法、渠道、对象等，是否符合政策执行的需要。

3. 宣传主体和客体范围的广泛性

指各级各部门政策执行者、相关市场主体和社会组织及场地使用者等对体育场地建管政策的认知情况，是否了解政策的目标、举措、程序等。

4. 党政机关领导及基层工作人员对政策的知晓率

指各级党政机关领导及基层工作人员对政策的了解情况等，认为政策的目标、举措、程序等是否科学合理。

5. 党政机关领导及基层工作人员对政策的认同度

指各级党政机关领导及基层工作人员对政策的认同情况等，是否认同体育场地建管政策的目标、举措、程序等。

6. 人民群众对政策的知晓率

指体育场地的使用者——人民群众，对体育场地建管政策的目标、举措、程序等的知晓情况。

7. 人民群众对政策的认同度

指体育场地的使用者——人民群众，对体育场地建管政策的目标、举

①张帆.《昆明市建设区域性国际中心城市实施纲要》政策执行绩效评估研究［D］. 昆明：云南大学，2019.

措、程序等认同情况。

8. **党政机关对政策执行作出承诺的比例**

指各级党政机关、企事业单位等，是否有通过签订责任书或其他方式，对政策执行作出过承诺。

结合上述主要观察内容，体育场地建管政策绩效评估在“政策共识”方面主要考察以下内容，具体指标情况如表6-2所示。

表 6-2 体育场地建管政策共识评估指标

一级指标 A	二级指标 B	三级指标 C
体育场地 政策共识 A2	政策宣传 B2	宣传内容与政策的一致程度 C5
		宣传方式贴近人民的合理程度 C6
		宣传主体和客体范围广泛性 C7
		党政机关对政策的知晓率 C8
		党政机关对政策的认同度 C9
		人民群众对政策的知晓率 C10
		人民群众对政策的认同度 C11
		党政机关对政策执行作出承诺的比例 C12

（四）“政策路径”评估指标分析

按照政策执行过程的重要环节，一般将政策执行细分为“准备阶段（政策宣传、制订计划、建立组织、配置资源）、实施阶段（指挥协调、监督控制、政策实验、全面推行）、总结阶段（过程评估、结果评估、基于执行绩效进行有效的奖惩）”等环节①。体育场地建管政策执行绩效评估中“政策路径”评价指标中，一级指标为体育场地政策路径，二级指标为制订执行方案、指挥协调、监督控制，三级指标为执行方案与政策法规的契合度等12个方面。具体指标情况如表6-3所示。

①张帆.《昆明市建设区域性国际中心城市实施纲要》政策执行绩效评估研究［D］. 昆明：云南大学，2019.

表6-3　体育场地建管政策路径评估指标分析

一级指标 A	二级指标 B	三级指标 C
体育场地 政策路径 A3	执行方案 B3	执行方案与政策法规的契合度 C13
		执行方案对本地场地的适用性 C14
		执行方案与任务分解的合理性 C15
		执行方案与责任分工的明确性 C16
	指挥协调 B4	建立和运行常态化的领导层协调机制 C17
		建立和运行常态化的跨部门协同机制 C18
		建立和运行常态化的跨部门沟通机制 C19
		建立和运行常态化的跨部门共享机制 C20
		探索和推进大部制的多部门改革整合 C21
	监督控制 B5	建立和运行全程监督机制 C22
		建立和运行全面评估机制 C23
		建立和运行全员责任机制 C24

（五）“政策保障”评估指标分析

政策保障是政策执行运转的根本前提。依据政策执行中政策保障的主要方面，以及按照专家问卷调查的意见，政策保障评价指标作为一级指标；二级指标主要考虑政策执行的权力保障、人力保障、组织文化、信息保障、财物保障5个方面①；三级指标中，通过政策贯彻到基层执行的抵达度、对下级政策执行问题的支持度、政府对政策执行难题的解决度、群众对政策执行效果的信任度等方面解释权力保障二级指标；二级指标之人力保障主要从领导班子的领导能力、组织权责结构的合理性、公职人员平均日工作时间、公职人员的职业道德修养、公职人员的合作意识、公职人员的政策执行素质、公职人员的工作满意度等方面评价；三级指标共考虑了20项指标评价、5项二级指标。具体指标情况如表6-4所示。

①张帆.《昆明市建设区域性国际中心城市实施纲要》政策执行绩效评估研究［D］. 昆明：云南大学，2019，6.

表6-4 体育场地建管政策保障评估指标

一级指标 A	二级指标 B	三级指标 C
体育场地 政策保障 A4	权力保障 B6	政策贯彻到基层执行的抵达度 C25
		对下级政策执行问题的支持度 C26
		政府对政策执行难题的解决度 C27
		群众对政策执行效果的信任度 C28
	人力保障 B7	各级领导班子的领导力 C29
		组织权责结构的合理性 C30
		平均工作时间的可用性 C31
		职业道德修养的胜任性 C32
		人员合作意识的有效性 C33
		政策执行素质的过硬性 C34
		公职人员工作的满意度 C35
	组织文化 B8	常态化、制度化、突击化地学习培训活动 C36
		不作为、慢作为、乱作为的不良工作现象 C37
		创新性、创业型、高质量的绿色发展程度 C38
	信息保障 B9	利用信息工具的渠道广度 C39
		传递政策内容的信息速度 C40
		政策信息交流的质量效度 C41
	财务保障 B10	财物拨付时效与经费额度增减的支持程度 C42
		现有财务能力与政策执行要求的匹配程度 C43
		地方财务管理与政策执行需求的配套力度 C44

（六）“政策业绩”评估指标分析

本研究中政策业绩处于“政策共识—政策保障—政策路径”的上端，某种意义上是一种逐层推进的结果，但是，基于我国“自上而下型”典型执行机制，本研究定义的政策业绩还包括三者之间的工作成效①。政策业绩

①张帆.《昆明市建设区域性国际中心城市实施纲要》政策执行绩效评估研究［D］. 昆明：云南大学，2019.

则是客观的政策执行阶段性成果，以及执行过程中执行行为给利益相关者的主观印象的集合。按照“3E理论”，我们将体育场地建管政策业绩评估分为执行效能、执行效率、执行效果三个方面，即一级指标（体育场地执行业绩）下的二级指标，可以设定为执行效能、执行效率、执行效果。从政策执行的合法性、政策执行的合理性、政策目标的完成度、执行任务的完成率、政策执行的前瞻性等方面评估二级指标执行效能下的三级指标，可以设定为执行合法性、执行合理性、政策目标的完成度、执行方案的落实程度。从政策执行的时效性、政策问题解决程度、政策执行经费占财政支出比重评估二级指标执行效率；从上级部门对政策执行的满意度、执行主体对政策执行的满意度、社会公众对政策执行的满意度等方面评估二级指标执行效果。具体指标情况如表6-5所示。

表6-5 体育场地建管政策业绩评估指标

一级指标 A	二级指标 B	三级指标 C
体育场地 执行业绩 A5	执行效能 B11	政策执行的合法性 C45
		政策执行的合理性 C46
		政策目标的完成度 C47
		执行任务的完成率 C48
		政策执行的前瞻性 C49
	执行效率 B12	政策执行的时效性 C50
		政策问题的解决程度 C51
		政策执行经费占财政支出比重 C52
	执行效果 B13	上级部门对政策执行的满意度 C53
		基层执行主体对政策执行的满意度 C54
		社会公众对政策执行的满意度 C55
		第三方组织的评估 C56
		参与政策执行企业主体的满意度 C57
		参与政策执行社会组织的满意度 C58

三、体育场地建管政策执行绩效评估指标体系

（一）第一轮评估指标体系（表6-6）

表6-6　体育场地建管政策执行绩效评估指标体系（X^{1}）

一级指标 A	二级指标 B	三级指标 C	重要程度				
			非常重要	相当重要	重要	比较重要	很不重要
体育场地政策权威 A1	隶属效力 B1	政策法规颁布的单位级别 C1					
		政策法规类别的效力位阶 C2					
		政策法规文本的专业水平 C3					
		政策法规程序的合法审查 C4					
体育场地政策共识 A2	政策宣传 B2	宣传内容与政策的一致程度 C5					
		宣传方式贴近人民的合理程度 C6					
		宣传主体和客体范围广泛性 C7					
		党政机关对政策的知晓率 C8					
		党政机关对政策的认同度 C9					
		人民群众对政策的知晓率 C10					
		人民群众对政策的认同度 C11					
		党政机关对政策执行作出承诺的比例 C12					
体育场地政策路径 A3	执行方案 B3	执行方案与政策法规的契合度 C13					
		执行方案对本地场地的适用性 C14					
		执行方案与任务分解的合理性 C15					
		执行方案与责任分工的明确性 C16					
	指挥协调 B4	建立和运行常态化的领导层协调机制 C17					
		建立和运行常态化的跨部门协同机制 C18					
		建立和运行常态化的跨部门沟通机制 C19					
		建立和运行常态化的跨部门共享机制 C20					
		探索和推进大部制的多部门改革整合 C21					

（续表）

一级指标 A	二级指标 B	三级指标 C	重要程度				
			非常重要	相当重要	重要	比较重要	很不重要
体育场地政策路径 A3	监督控制 B5	建立和运行全程监督机制 C22					
		建立和运行全面评估机制 C23					
		建立和运行全员责任机制 C24					
体育场地政策保障 A4	权力保障 B6	政策贯彻到基层执行的抵达度 C25					
		对下级政策执行问题的支持度 C26					
		政府对政策执行难题的解决度 C27					
		群众对政策执行效果的信任度 C28					
	人力保障 B7	各级领导班子的领导力 C29					
		组织权责结构的合理性 C30					
		平均工作时间的可用性 C31					
		职业道德修养的胜任性 C32					
		人员合作意识的有效性 C33					
		政策执行素质的过硬性 C34					
		公职人员工作的满意度 C35					
	组织文化 B8	常态化、制度化、突击化地学习培训活动 C36					
		不作为、慢作为、乱作为的不良工作现象 C37					
		创新性、创业型、高质量的绿色发展程度 C38					
	信息保障 B9	利用信息工具的渠道广度 C39					
		传递政策内容的信息速度 C40					
		政策信息交流的质量效度 C41					
	财务保障 B10	财物拨付时效与经费额度增减的支持程度 C42					
		现有财务能力与政策执行要求的匹配程度 C43					
		地方财务管理与政策执行需求的配套力度 C44					
体育场地执行业绩 A5	执行效能 B11	政策执行的合法性 C45					
		政策执行的合理性 C46					
		政策目标的完成度 C47					
		执行任务的完成率 C48					
		政策执行的前瞻性 C49					

（续表）

一级指标 A	二级指标 B	三级指标 C	重要程度				
			非常重要	相当重要	重要	比较重要	很不重要
体育场地执行业绩 A5	执行效率 B12	政策执行的时效性 C50					
		政策问题的解决程度 C51					
		政策执行经费占财政支出比重 C52					
	执行效果 B13	上级部门对政策执行的满意度 C53					
		基层执行主体对政策执行的满意度 C54					
		社会公众对政策执行的满意度 C55					
		第三方组织的评估 C56					
		参与政策执行企业主体的满意度 C57					
		参与政策执行社会组织的满意度 C58					
		政策执行经费的使用率 C59					

（二）第二轮评估指标体系

通过第二轮专家问卷调查及专家访谈之后，体育场地建管政策执行绩效评价体系采纳了第6条专家意见，指标体系的一级指标、二级指标没有数量和结构的变动；指标删减体现在三级指标，由原来的59项删减为 53项，形成了体育场地建管政策执行绩效评价指标体系（X^2），如表6–7所示。

表6–7　体育场地建管政策执行绩效评估指标体系（X^2）

一级指标 A	二级指标 B	三级指标 C
体育场地政策权威 A1	隶属效力 B1	政策法规颁布的单位级别 C1
		政策法规类别的效力位阶 C2
		政策法规文本的专业水平 C3
		政策法规程序的合法审查 C4

（续表）

一级指标 A	二级指标 B	三级指标 C
体育场地 政策共识 A2	政策宣传 B2	宣传内容与政策的一致程度 C5
		宣传方式贴近人民的合理程度 C6
		宣传主体和客体范围广泛性 C7
		党政机关对政策的知晓率 C8
		党政机关对政策的认同度 C9
		人民群众对政策的知晓率 C10
		人民群众对政策的认同度 C11
		党政机关对政策执行作出承诺的比例 C12
体育场地 政策路径 A3	执行方案 B3	执行方案与政策法规的契合度 C13
		执行方案对本地场地的适用性 C14
		执行方案与任务分解的合理性 C15
		执行方案与责任分工的明确性 C16
	指挥协调 B4	建立和运行常态化的领导层协调机制 C17
		建立和运行常态化的跨部门协同机制 C18
		建立和运行常态化的跨部门沟通机制 C19
		建立和运行常态化的跨部门共享机制 C20
		探索和推进大部制的多部门改革整合 C21
	监督控制 B5	建立和运行全程监督机制 C22
		建立和运行全面评估机制 C23
		建立和运行全员责任机制 C24
体育场地 政策保障 A4	权力保障 B6	政策贯彻到基层执行的抵达度 C25
		对下级政策执行问题的支持度 C26
		政府对政策执行难题的解决度 C27
		群众对政策执行效果的信任度 C28
	人力保障 B7	各级领导班子的领导力 C29
		组织权责结构的合理性 C30
		平均工作时间的可用性 C31
		职业道德修养的胜任性 C32
		人员合作意识的有效性 C33
		政策执行素质的过硬性 C34
		公职人员工作的满意度 C35

一级指标 A	二级指标 B	三级指标 C
体育场地 政策保障 A4	组织文化 B8	常态化、制度化、突击化的学习培训活动 C36
		不作为、慢作为、乱作为的不良工作现象 C37
		创新性、创业型、高质量的绿色发展程度 C38
	信息保障 B9	利用信息工具的渠道广度 C39
		传递政策内容的信息速度 C40
		政策信息交流的质量效度 C41
	财务保障 B10	财物拨付时效与经费额度增减的支持程度 C42
		现有财务能力与政策执行要求的匹配程度 C43
		地方财务管理与政策执行需求的配套力度 C44
体育场地 执行业绩 A5	执行效能 B11	政策执行的合法性 C45
		政策执行的合理性 C46
		政策目标的完成度 C47
		执行任务的完成率 C48
		政策执行的前瞻性 C49
	执行效率 B12	政策执行的时效性 C50
		政策问题的消解度 C51
	执行效果 B13	政策经费的使用率 C52
		目标群体的满意度 C53

（三）第三轮评估指标体系

通过第三轮专家问卷调查及专家访谈之后，体育场地建管政策执行绩效评估体系采纳了第13条专家意见，指标体系的一级指标、二级指标没有数量和结构的变动，可见指标体系的一级指标和二级指标得到专家的认可且具有较强的稳定性；指标删减体现在三级指标，由原来的53项删减为40项，删除了13项三级指标（表6-8），形成了体育场地建管政策执行绩效评估指标体系（X^3），如表6-9所示[①]。

①张帆.《昆明市建设区域性国际中心城市实施纲要》政策执行绩效评估研究［D］. 昆明：云南大学，2019.

表6-8 隶属度分析剔除的13项指标

一级指标A	二级指标B	三级指标C	得分	排名
体育场地政策权威A1	隶属效力B1	政策法规程序的合法审查 C4	108	53
体育场地政策共识A2	政策宣传B2	宣传方式贴近人民的合理程度 C6	114	45
		人民群众对政策的认同度 C11	121	46
体育场地政策路径A3	指挥协调B4	建立和运行常态化的跨部门共享机制C20	108	48
		探索和推进大部制的多部门改革整合C21	110	52
体育场地政策保障A4	人力保障B7	平均工作时间的可用性 C31	108	50
		职业道德修养的胜任性 C32	112	43
		人员合作意识的有效性 C33	124	49
		公职人员工作的满意度 C35	121	41
	组织文化B8	不作为、慢作为、乱作为的不良工作现象C37	112	47
	信息保障B9	传递政策内容的信息速度 C40	123	51
体育场地政策业绩A5	执行效能B11	政策执行的前瞻性 C49	120	42
	执行效果B13	政策经费的使用率 C52	119	44

表6-9 体育场地建管政策执行绩效评估指标体系（X^3）

一级指标 A	二级指标 B	三级指标 C
体育场地政策权威 A1	隶属效力 B1	政策法规颁布的单位级别 C1
		政策法规类别的效力位阶 C2
		政策法规文本的专业水平 C3
体育场地政策共识 A2	政策宣传 B2	宣传内容与政策的一致程度 C4
		宣传主体和客体范围广泛性 C5
		党政机关对政策的知晓率 C6
		党政机关对政策的认同度 C7
		人民群众对政策的知晓率 C8
		政策执行作出承诺的履行度 C9
体育场地政策路径 A3	执行方案 B3	执行方案与政策法规的契合度 C10
		执行方案对本地场地的适用性 C11
		执行方案与任务分解的合理性 C12
		执行方案与责任分工的明确性 C13

（续表）

一级指标 A	二级指标 B	三级指标 C
体育场地政策路径 A3	指挥协调 B4	建立和运行常态化的领导层协调机制 C14
		建立和运行常态化的跨部门协同机制 C15
		建立和运行常态化的跨部门沟通机制 C16
	监督控制 B5	建立和运行全程监督机制 C17
		建立和运行全面评估机制 C18
		建立和运行全员责任机制 C19
体育场地政策保障 A4	权力保障 B6	政策贯彻到基层执行的抵达度 C20
		对下级政策执行问题的支持度 C21
		政府对政策执行难题的解决度 C22
		群众对政策执行效果的信任度 C23
	人力保障 B7	各级领导班子的领导力 C24
		组织权责结构的合理性 C25
		政策执行素质的过硬性 C26
	组织文化 B8	常态化、制度化、突击化的学习培训活动 C27
		创新性、创业型、高质量的绿色发展氛围 C28
	信息保障 B9	利用信息工具的渠道广度 C29
		政策信息交流的质量效度 C30
	财务保障 B10	财物拨付时效与经费额度增减的支持程度 C31
		现有财务能力与政策执行要求的匹配程度 C32
		地方财务管理与政策执行需求的配套力度 C33
体育场地执行业绩 A5	执行效能 B11	政策执行的合法性 C34
		政策执行的合理性 C35
		政策目标的完成度 C36
		执行任务的完成率 C37
	执行效率 B12	政策执行的时效性 C38
		政策问题的消解度 C39
	执行效果 B13	目标群众的满意度 C40

其中，删除的13项三级指标，主要是基于隶属度分析法的绩效评估指标筛选。模糊数学认为，某个元素对某个集合而言，不能说是否属于，只能说在多大程度上属于。元素属于某一集合的程度称作隶属度。按照隶属度原理，我们将体育场地建管政策执行绩效评估指标体系（X^2）视为模糊集合，指标视为元素，进行隶属度分析。假设专家们对某个元素选择了M_i次，也就是有M_i个专家认为X_i是指标体系的重要指标，则该评估指标的隶属度为$R_i=M_i/X_i$。若R_i值很大，表明该指标在体系中很重要，应当保留；反之，则应当剔除。

按照模糊数学元素属于某一集合的程度，删除表6–8的三级指标，得到表6–9，最终形成了体育场地建管政策执行绩效评估指标体系（X^3）。

四、体育场地建管政策执行绩效评估指标体系权重赋值

运用层次分析法，将同层级上的指标构建两两比较判断矩阵，从而确定各指标相对于某一指标的权重。矩阵判断标准如表6–10所示[①]。

表6–10　判断矩阵标度及含义

序号	重要程度	C_{ab}赋值	注：C_{ab}=8、6、4、2、1/2、1/4、1/6、1/8的重要程度介于C_{ab}=9、7、5、3、1、1/3、1/5、1/7、1/9之间
1	a比b极其重要	9	
2	a比b强烈重要	7	
3	a比b明显重要	5	
4	a比b稍微重要	3	
5	a比b同等重要	1	
6	a比b稍不重要	1/3	
7	a比b明显不重要	1/5	
8	a比b强烈不重要	1/7	
9	a比b极其不重要	1/9	

①张帆.《昆明市建设区域性国际中心城市实施纲要》政策执行绩效评估研究［D］. 昆明：云南大学，2019，6.

（一）各项指标有效性筛选专家调查问卷

各项指标有效性筛选专家调查问卷如表6–11～表6–13所示。

表6–11　一级指标能否有效反映体育场地建管政策执行绩效调查表

一级指标A	能否反映	答案打“√”	否定意见理由与建议
体育场地政策权威A1	能		
	不能		理由：
			建议：
体育场地政策共识A2	能		
	不能		理由：
			建议：
体育场地政策路径A3	能		
	不能		理由：
			建议：
体育场地政策保障A4	能		
	不能		理由：
			建议：
体育场地执行业绩A5	能		
	不能		理由：
			建议：

表6–12　二级指标能否有效反映体育场地建管政策执行绩效调查表

一级指标A	二级指标B	能否反映	答案打“√”	否定意见理由与建议
体育场地政策权威A1	隶属效力B1	能		
		不能		理由：
				建议：
体育场地政策共识A2	政策宣传B2	能		
		不能		理由：
				建议：

（续表）

一级指标A	二级指标B	能否反映	答案打“√”	否定意见理由与建议
体育场地政策路径A3	执行方案B3	能		
		不能		理由：
				建议：
	指挥协调B4	能		
		不能		理由：
				建议：
	监督控制B5	能		
		不能		理由：
				建议：
体育场地政策保障A4	权力保障B6	能		
		不能		理由：
				建议：
	人力保障B7	能		
		不能		理由：
				建议：
	组织文化B8	能		
		不能		理由：
				建议：
	信息保障B9	能		
		不能		理由：
				建议：
	财务保障B10	能		
		不能		理由：
				建议：
体育场地执行业绩A5	执行效能B11	能		
		不能		理由：
				建议：
	执行效率B12	能		
		不能		理由：
				建议：
	执行效果B13	能		
		不能		理由：
				建议：

表6-13　三级指标能否有效反映体育场地建管政策执行绩效调查表

二级指标B	三级指标C	能	不能	否定意见理由与建议	
				理由：	建议：
隶属效力B1	政策法规颁布的单位级别 C1				
	政策法规类别的效力位阶 C2				
	政策法规文本的专业水平 C3				
	政策法规程序的合法审查 C4				
政策宣传B2	宣传内容与政策的一致程度 C5				
	宣传方式贴近人民的合理程度 C6				
	宣传主体和客体范围广泛性 C7				
	党政机关对政策的知晓率 C8				
	党政机关对政策的认同度 C9				
	人民群众对政策的知晓率 C10				
	人民群众对政策的认同度 C11				
	党政机关对政策执行作出承诺的比例 C12				
执行方案B3	执行方案与政策法规的契合度 C13				
	执行方案对本地场地的适用性 C14				
	执行方案与任务分解的合理性 C15				
	执行方案与责任分工的明确性 C16				
指挥协调B4	建立和运行常态化的领导层协调机制 C17				
	建立和运行常态化的跨部门协同机制 C18				
	建立和运行常态化的跨部门沟通机制 C19				
	建立和运行常态化的跨部门共享机制 C20				
	探索和推进大部制的多部门改革整合 C21				
监控控制B5	建立和运行全程监督机制 C22				
	建立和运行全面评估机制 C23				
	建立和运行全员责任机制 C24				
权力保障B6	政策贯彻到基层执行的抵达度 C25				
	对下级政策执行问题的支持度 C26				
	政府对政策执行难题的解决度 C27				
	群众对政策执行效果的信任度 C28				

（续表）

二级指标B	三级指标C	能	不能	否定意见理由与建议	
				理由：	建议：
人力保障B7	各级领导班子的领导力 C29				
	组织权责结构的合理性 C30				
	平均工作时间的可用性 C31				
	职业道德修养的胜任性 C32				
	人员合作意识的有效性 C33				
	政策执行素质的过硬性 C34				
	公职人员工作的满意度 C35				
组织文化B8	常态化、制度化、突击化的学习培训活动 C36				
	不作为、慢作为、乱作为的不良工作现象 C37				
	创新性、创业型、高质量的绿色发展程度 C38				
信息保障B9	利用信息工具的渠道广度 C39				
	传递政策内容的信息速度 C40				
	政策信息交流的质量效度 C41				
财务保障B10	财物拨付时效与经费额度增减的支持程度 C42				
	现有财务能力与政策执行要求的匹配程度 C43				
	地方财务管理与政策执行需求的配套力度 C44				
执行效能B11	政策执行的合法性 C45				
	政策执行的合理性 C46				
	政策目标的完成度 C47				
	执行任务的完成率 C48				
	政策执行的前瞻性 C49				
执行效率B12	政策执行的时效性 C50				
	政策问题的消解度 C51				
执行效果B13	政策经费的使用率 C52				
	目标群体的满意度 C53				
	第三方组织的评估 C54				

（二）各项指标重要性筛选专家调查问卷

各项指标重要性筛选专家调查问卷如表6-14～表6-29所示。

表6-14 一级指标对比A1—A5

指标对比	明显重要	稍微重要	同等重要	稍微次要	明显次要
A1比A2					
A1比A3					
A1比A4					
A1比A5					
A2比A3					
A2比A4					
A2比A5					
A3比A4					
A3比A5					
A4比A5					

表6-15 二级指标对比B3—B5

指标对比	明显重要	稍微重要	同等重要	稍微次要	明显次要
B3比B4					
B3比B5					
B4比B5					

表6-16 二级指标对比B6—B10

指标对比	明显重要	稍微重要	同等重要	稍微次要	明显次要
B6比B7					
B6比B8					
B6比B9					
B6比B10					
B7比B8					
B7比B9					
B7比B10					

（续表）

指标对比	明显重要	稍微重要	同等重要	稍微次要	明显次要
B8比B9					
B8比B10					
B9比B10					

表6-17　二级指标对比B12—B14

指标对比	明显重要	稍微重要	同等重要	稍微次要	明显次要
B12比B13					
B12比B14					
B13比B14					

表6-18　三级指标对比C1—C3

指标对比	明显重要	稍微重要	同等重要	稍微次要	明显次要
C1比C2					
C1比C3					
C2比C3					

表6-19　三级指标对比C4—C10

指标对比	明显重要	稍微重要	同等重要	稍微次要	明显次要
C4比C5					
C4比C6					
C4比C7					
C4比C8					
C4 比C9					
C4比C10					
C5比C6					
C5比C7					
C5比C8					
C5比C9					
C5比C10					
C6比C7					

（续表）

指标对比	明显重要	稍微重要	同等重要	稍微次要	明显次要
C6比C8					
C6比C9					
C6比C10					
C7比C8					
C7比C9					
C7比C10					
C8比C9					
C8比C10					
C9比C10					

表6-20　三级指标对比C10—C13

指标对比	明显重要	稍微重要	同等重要	稍微次要	明显次要
C10比C11					
C10比C12					
C10比C13					
C11比C12					
C11比C13					
C12比C13					

表6-21　三级指标对比C14—C16

指标对比	明显重要	稍微重要	同等重要	稍微次要	明显次要
C14比C15					
C14比C16					
C15比C16					

表6-22　三级指标对比C17—C19

指标对比	明显重要	稍微重要	同等重要	稍微次要	明显次要
C17比C18					
C17比C19					
C18比C19					

表6-23　三级指标对比C20—C23

指标对比	明显重要	稍微重要	同等重要	稍微次要	明显次要
C20比C21					
C20比C22					
C20比C23					
C21比C22					
C21比C23					
C22比C23					

表6-24　三级指标对比C24—C26

指标对比	明显重要	稍微重要	同等重要	稍微次要	明显次要
C24比C25					
C24比C26					
C25比C26					

表6-25　三级指标对比C27—C28

指标对比	明显重要	稍微重要	同等重要	稍微次要	明显次要
C27比C28					

表6-26　三级指标对比C29—C30

指标对比	明显重要	稍微重要	同等重要	稍微次要	明显次要
C29比C30					

表6-27　三级指标对比C31—C33

指标对比	明显重要	稍微重要	同等重要	稍微次要	明显次要
C31比C32					
C31比C33					
C32比C33					

表6-28　三级指标对比C34—C37

指标对比	明显重要	稍微重要	同等重要	稍微次要	明显次要
C34比C35					
C34比C36					
C34比C37					
C35比C36					
C35比C37					
C36比C37					

表6-29　三级指标对比C38—C39

指标对比	明显重要	稍微重要	同等重要	稍微次要	明显次要
C38比C39					

（三）专家调查问卷对各项指标权重赋值

依据层次分析法的分层结果，得到体育场地建管政策绩效评估指标体系及权重系数，具体数据如表6-30所示。

表6-30　体育场地建管政策执行绩效评估指标体系及权重系数（X）

一级指标及权重 A	二级指标及权重 B	三级指标及权重 C
体育场地政策权威 A1 0.0884	隶属效力 B1 0.0884	政策法规颁布的单位级别 C1　0.0442
		政策法规类别的效力位阶 C2　0.0354
		政策法规文本的专业水平 C3　0.0177
体育场地政策共识A2 0.0680	政策宣传B2 0.0680	宣传内容与政策的一致程度 C4　0.0255
		宣传主体和客体范围广泛性 C5　0.0084
		党政机关对政策的知晓率 C6　0.0071
		党政机关对政策的认同度 C7　0.0142
		人民群众对政策的知晓率 C8　0.0045
		政策执行作出承诺的履行度 C9　0.0091

（续表）

一级指标及权重 A	二级指标及权重 B	三级指标及权重 C
体育场地 政策路径A3 0.2324	执行方案B3 0.1152	执行方案与政策法规的契合度 C10 0.0557
		执行方案对本地场地的适用性 C11 0.0340
		执行方案、任务分解的合理性 C12 0.0156
		执行方案与责任分工的明确性 C13 0.0099
	指挥协调B4 0.0692	建立和运行常态化的领导层协调机制 C14 0.0305
		建立和运行常态化的跨部门协同机制 C15 0.0177
		建立和运行常态化的跨部门沟通机制 C16 0.0210
	监督控制B5 0.0461	建立和运行全程监督机制 C17 0.0146
		建立和运行全面评估机制 C18 0.0069
		建立和运行全员责任机制 C19 0.0246
体育场地 政策保障A4 0.2011	权力保障B6 0.0768	政策贯彻到基层执行的抵达度 C20 0.0302
		对下级政策执行问题的支持度 C21 0.0129
		政府对政策执行难题的解决度 C22 0.0151
		群众对政策执行效果的信任度 C23 0.0186
	人力保障B7 0.0525	各级领导班子的领导力 C24 0.0345
		组织权责结构的合理性 C25 0.0090
		政策执行素质的过硬性 C26 0.0089
	组织文化B8 0.0143	常态化、制度化、突击化的学习培训活动 C27 0.0086
		创新性、创业型、高质量的绿色发展氛围 C28 0.0057
	信息保障B9 0.0207	利用信息工具的渠道广度 C29 0.0124
		政策信息交流的质量效度 C30 0.0083
	财物保障B10 0.0367	财物拨付时效与经费额度增减的支持程度 C31 0.0190
		现有财务能力与政策执行要求的匹配程度 C32 0.0121
		地方财务管理与政策执行需求的配套力度 C33 0.0057
体育场地 政策业绩A5 0.4120	执行效能B11 0.1823	政策执行的合法性 C34 0.0750
		政策执行的合理性 C35 0.0650
		政策目标的完成度 C36 0.0248
		执行任务的完成率 C37 0.0175
	执行效率B12 0.0864	政策执行的时效性 C38 0.0432
		政策问题的消解度 C39 0.0432
	执行效果B13 0.1432	目标群众的满意度 C40 0.1432

五、体育场地建管政策执行绩效评估问卷及评分公式

（一）体育场地建管政策执行绩效评估问卷

体育场地建管政策执行绩效评估问卷如表6-31所示。

表6-31　***体育场地建管政策执行绩效评估调查问卷

一级指标及权重 A	二级指标及权重 B	三级指标及权重 C	百分制评价评分H				
			优秀	良好	一般	合格	不合格
			90 ~ 100	80 ~ 90	70 ~ 80	60 ~ 70	60以下
体育场地政策权威 A1 0.0884	隶属效力 B1 0.0884	政策法规颁布的单位级别 C1 0.0442					
		政策法规类别的效力位阶 C2 0.0354					
		政策法规文本的专业水平 C3 0.0177					
体育场地政策共识 A2 0.0680	政策宣传 B2 0.0680	宣传内容与政策的一致程度 C4 0.0255					
		宣传主体和客体范围广泛性 C5 0.0084					
		党政机关对政策的知晓率 C6 0.0071					
		党政机关对政策的认同度 C7 0.0142					
		人民群众对政策的知晓率 C8 0.0045					
		政策执行作出承诺的履行度 C9 0.0091					

（续表）

一级指标及权重 A	二级指标及权重 B	三级指标及权重 C	百分制评价评分H				
			优秀	良好	一般	合格	不合格
			90 ~ 100	80 ~ 90	70 ~ 80	60 ~ 70	60以下
体育场地政策路径 A3 0.2324	执行方案 B3 0.1152	执行方案与政策法规的契合度 C10 0.0557					
		执行方案对本地场地的适用性 C11 0.0340					
		执行方案、任务分解的合理性 C12 0.0156					
		执行方案与责任分工的明确性 C13 0.0099					
	指挥协调 B4 0.0692	建立和运行常态化的领导层协调机制 C14 0.0305					
		建立和运行常态化的跨部门协同机制 C15 0.0177					
		建立和运行常态化的跨部门沟通机制 C16 0.0210					
	监督控制 B5 0.0461	建立和运行全程监督机制 C17 0.0146					
		建立和运行全面评估机制 C18 0.0069					
		建立和运行全员责任机制 C19 0.0246					
体育场地政策保障 A4 0.2011	权力保障 B6 0.0768	政策贯彻到基层执行的抵达度 C20 0.0302					
		对下级政策执行问题的支持度 C21 0.0129					
		政府对政策执行难题的解决度 C22 0.0151					
		群众对政策执行效果的信任度 C23 0.0186					

（续表）

一级指标及权重 A	二级指标及权重 B	三级指标及权重 C	百分制评价评分H				
			优秀 90～100	良好 80～90	一般 70～80	合格 60～70	不合格 60以下
体育场地政策保障 A5 0.2011	人力保障 B7 0.0525	各级领导班子的领导力 C24 0.0345					
		组织权责结构的合理性 C25 0.0090					
		政策执行素质的过硬性 C26 0.0089					
	组织文化 B8 0.0143	常态化、制度化、突击化的学习培训活动 C27 0.0086					
		创新性、创业型、高质量的绿色发展氛围 C28 0.0057					
	信息保障 B9 0.0207	利用信息工具的渠道广度 C29 0.0124					
		政策信息交流的质量效度 C30 0.0083					
	财物保障 B10 0.0367	财物拨付时效与经费额度增减的支持程度 C31 0.0190					
		现有财务能力与政策执行要求的匹配程度 C32 0.0121					
		地方财务管理与政策执行需求的配套力度 C33 0.0057					

（续表）

一级指标及权重A	二级指标及权重B	三级指标及权重C	百分制评价评分H				
			优秀	良好	一般	合格	不合格
			90～100	80～90	70～80	60～70	60以下
体育场地政策业绩 A6 0.4120	执行效能 B11 0.1823	政策执行的合法性 C34 0.0750					
		政策执行的合理性 C35 0.0650					
		政策目标的完成度 C36 0.0248					
		执行任务的完成率 C37 0.0175					
	执行效率 B12 0.0864	政策执行的时效性 C38 0.0432					
		政策问题的消解度 C39 0.0432					
	执行效果 B13 0.1432	目标群众的满意度 C40 0.1432					

（二）体育场地建管政策执行绩效评分公式

利用《***体育场地建管政策执行绩效评估调查问卷》针对体育场地建管政策中的某一项政策***进行评估，相应得出所有三级指标C1—C40的等级得分H-C1—H-C40，然后，对H-C1—H-C40乘以C1—C40相应的权重系数，得到权重得分，进而除以二级指标权重得到二级指标得分，再进一步除以一级指标权重得到一级指标的得分，就可以得出该政策执行完成的工作情况得分，据此可以评估工作完成的相应等级。

具体公式为：

体育场地建管政策绩效评价计算方法=（H-C1×0.0442+ H-C2×0.0354+ H-C3×0.0177）÷0.0884×100+（H-C4×0.0255+ H-C5×0.0084+ H-C6×0.0071+ H-C7×0.0142+ H-C8×0.0045+ H-C9×0.0091）÷0.068×100+

$$\left[\left(H-C10\times0.0557+H-C11\times0.0340+H-C12\times0.0156+H-C13\times0.0099\right)\div0.1152\times100+\left(H-C14\times0.0305+H-C15\times0.0177+H-C16\times0.0210\right)\div0.0692\times100+\left(H-C17\times0.0146+H-C18\times0.0069+H-C19\times0.0246\right)\times0.0461\right]\div0.2342\times100+\left[\left(H-C20\times0.0302+H-C21\times0.0129+H-C22\times0.0151+H-C23\times0.0186\right)\div0.0768\times100+\left(H-C24\times0.0345+H-C25\times0.0090+H-C26\times0.0089\right)\div0.0525\times100+\left(H-C27\times0.0086+H-C28\times0.0057\right)\div0.0143\times100+\left(H-C29\times0.0124+H-C30\times0.0083\right)\div0.0207\times100+\left(H-C31\times0.0190+H-C32\times0.0121+H-C33\times0.0057\right)\div0.0367\times100\right]\div0.2011\times100+\left[\left(H-C34\times0.0750+H-C35\times0.6500+H-C36\times0.0248+H-C37\times0.0175\right)\div0.1823\times100+\left(H-C38\times0.0432+H-C39\times0.0432\right)\div0.0864\times100+H-C40\times0.0432\times100\right]\div0.4120\times100$$

将《***体育场地建管政策执行绩效评估调查问卷》计算得出的工作情况分对比表6-32，按照通用的政策执行绩效评估得分标准，结合《***体育场地建管政策》的实际，以5个等级为标准，综合评价政策执行的成绩。

表6-32 《*体育场地建管政策》政策执行绩效评价标准**

得分情况	评价结论
90分以上	优秀
80～90分	良好
70～80分	一般
60～70分	合格
60分以下	不合格

第七章 我国体育场地建管“新使命—新动向”

习近平总书记在全国卫生与健康大会上曾指出：“将健康融入所有政策，人民共享共建。”①在全面建成小康社会的攻坚期，要充分认识全面小康需要全民小康，全民小康需要全民健康。全民健康关系人民群众切身利益，是中国特色卫生与健康发展的核心，是健康中国建设的战略要地，是《“健康中国2030”规划纲要》的战略使命。“广泛开展全民健身运动，加强体医融合和非医疗健康干预”已是《“健康中国2030”规划》针对提高全民身体素质的核心主张，并且健康长寿是人类与生俱来的普遍追求。

第一节　我国体育场地建管新使命——促进人民健康的实证研究

从实证研究视角，对新时代全民健身等非医疗方式、医疗投入对健康水平的影响进行研究，对于促进全民健身普及，实施预防为主治未病，对症下药治未病，倡导运动是良医，稳步增强全民身体素质，有效提升全民健康水平，切实改善人民平均寿命，具有十分重要的理论和实际意义。

一、体育场地建设促进健康的文献梳理与研究假设

查阅相关文献，纵观已有研究，学术界关于全民健身、医疗投入和平

①全国干部培训教材编审指导委员会组织编写. 改善民生和创新社会治理［M］. 北京：人民出版社/党建读物出版社，2019，2：75.

均寿命的研究主要集中在以下三个方面。

第一，关于全民健身与平均寿命的关系研究。全民健身已然上升为国家战略，成为一项既可以强民，又可以富国的民生工程。提升全民族身体素养是《体育强国建设纲要》的重要战略目标，结合全民健身“六个身边”工程建设，开展日常生活的体力活动、休闲活动、体育锻炼、体育运动及体育竞技欣赏等提升全民族身体素养。研究表明，不同体力活动对人的寿命具有一定促进作用，其中有研究者认为，极少量的体力活动有助于降低死亡率，延长寿命①；亦有研究认为有规律的激烈运动可以延长寿命②；还有研究认为只要每天运动不少于15分钟，就可以有效延长寿命③；在此基础上，有研究进一步提出每天不少于15分钟中等强度运动就能降低死亡率并延长寿命④。以上研究至少说明，体育锻炼活动对居民健康、寿命，具有良性的、持续性的促进作用⑤；这种作用并非只有体育促进健康单向的因果关联，同时也存在双向作用机制⑥；同时，我们也需要认识到由于受身体活动时长、身体活动强度差异等限制，全民健身相关身体活动对执行功能的促进效应有所区别⑦。

第二，关于医疗投入与平均寿命的关系研究。随着人民生活水平的不断提高，人民群众对健康的需求日益增强，外加人口老龄化提前快速来临，通过医疗手段来维护健康、康复及预防疾病已成为全社会共识。一方面，由于人们对医疗需求的无限增多，医疗供给的投入有限，出现了“看病难”“看病贵”“医不好”等社会问题，因没有达到健康或延长寿命预期而频频引发医闹事件⑧；另一方面，为了满足患者和家属的医疗期望，又

①余国膺. 极少量的体力活动有助于降低死亡率，延长寿命［J］. 中国心脏起搏与心电生理杂志，2011，11（25）：573.

②Klaus Gebel . 规律的激烈运动可延长寿命［J］. 基础医学与临床，2016，9（5）：1309.

③Sophia Antipolis. 运动15min可延长寿命［J］. 基础医学与临床，2018，38（2）：234.

④黄灵燕，刘宇. 运动对预防疾病、延长寿命及降低死亡率的量化研究［J］. 体育科学，2013，9（15）.

⑤李骁天，车利，纪元，等. 体育锻炼活动、医疗消费与健康满意度——基于京津冀城市居民体育参与的调查研究［J］. 武汉体育学院学报，2019，53（7）：34-42.

⑥黄安龙. 使用多模型识别技术探索体育锻炼的健康回报效应——基于2012 年中国综合社会调查数据的分析［J］. 体育学刊，2017，24（2）：73-79.

⑦王积福，漆昌柱，韦晓娜. 身体活动对执行功能影响的元分析［J］. 首都体育学院学报，2019，31（4）：375-384.

⑧蒋文峰，王文娟. 从供给侧结构性改革看我国“看病难”与“看病贵”的解决策略［J］. 求实，2017（8）：55-66.

存在过度医疗的问题①；甚至出现无效医疗的情况，为了尽到亲情极致、人道主义关怀，为了全力挽留重症患者的生命而采取超越医疗极限但没有效果的医疗措施，导致患者健康寿命、家属财务和亲情、医师医术和医德及国家医疗投入“四输”的局面②。不过，即使存在这些问题，用先进的医疗手段维护人民健康，建立整合型医疗服务体系依然是世界各国卫生改革的重要研究命题和趋势③，实现从“治病救人”为主向“预防优先”的机制转型和理念更新④，已然成为新时代健康生活方式。

第三，关于全民健身与医疗投入的关系研究。新时代以体育锻炼为代表的非医疗手段与医疗手段的结合已经成为维护人民健康的重要措施，以运动处方为“体医融合”枢纽促进了体育和医疗在理念、技术、业务和产业等方面的融合⑤。在国外，体医融合已经步入深度融合阶段，其中重要的倡导者和先行者就是美国，美国强调医疗与体育的高度融合，注重体育与医疗、卫生、教育等多元主体的系统合作，并将体力活动作为健康促进的重要方式⑥；在国内，以治理社会整体体质持续下降态势，有效提升全民健康问题为导向，体育与医疗融合是新时代医学思路与体育方法结合的创新发展阶段性尝试，需要相关政策法规的支持和跟进，需要相关部门的紧密协作⑦。

综观以上研究，基本立足于全民健身、医疗投入与平均寿命三者各自发展的相关因素，以及围绕任意两者间关系而展开的关联性研究，且侧重两者之间的理论关系，这些研究为进一步探究奠定了良好的基础。由于侧重点和观察视角的不同，已有文献仅仅局限于两种变量之间的相互影响，

①郭科，顾昕. 过度医疗的解决之道：管制价格、强化竞争还是改革付费？［J］. 广东社会科学，2017（5）：176–187.

②孙也龙. 无效医疗的成因、伦理问题及因应对策［J］. 科学技术哲学研究，2019，36（5）：118–123.

③叶江峰，姜雪，井淇，等. 整合型医疗服务模式的国际比较及其启示［J］. 管理评论，2019，31（6）：199–213.

④孙树菡，闫蕊. 英国医疗卫生事业的转型——从“治病救人”到“预防优先”［J］. 兰州学刊，2010（8）：64–81.

⑤李璟圆，梁辰，高璨，等. 体医融合的内涵与路径研究——以运动处方门诊为例［J］. 体育科学，2019，39（7）：23–32.

⑥冯振伟，张瑞林，韩磊磊. 体医融合协同治理：美国经验及其启示［J］. 武汉体育学院学报，2018，52（5）：16–23.

⑦杨继星，陈家起. 体医融合的制约因素分析及路径构建［J］. 体育文化导刊，2019（4）：18–23.

侧重理论分析，实证分析仍显单一和单薄。为此，将全民健身、医疗投入与平均寿命放在同一研究框架之中进行综合考察，假设三者之间存在某种相对稳定的联系，研究各变量之间的动态互动作用，在国家全面建成小康社会的关键时期，对于促进体育发展，提升居民幸福感，提高全民平均寿命，在新时代实现美好生活具有重要意义。

二、体育场地建设促进健康的研究方法与数据说明

（一）研究方法

向量自回归模型（VAR模型）是克里斯托弗·西姆斯（Christopher A. Sims）于 1980年提出用来估计联合内生变量的动态关系，而不带有任何事先约束条件的一种常用计量模型，滞后期为P阶的VAR（P）模型的数学表达式为：

$$y_t=\Phi_1 y_{t-1}+\cdots+\Phi_p y_{t-p}+Hx_t+\varepsilon_t,\ t=1,\ 2,\ 3,\ \cdots,\ T \qquad (1)$$

其中，y_t是k维内生变量列向量，x_t是d维外生变量列向量，p是滞后阶数，T是样本个数。Φ_1，…，Φ_p是$k\times k$维矩阵，矩阵H是待估的系数矩阵。

（二）数据说明

1. 变量选择

被解释变量：按照《“健康中国2030”规划纲要》，全民健康水平是健康中国的重要前提，而人均预测寿命又是健康水平评价的首要参考指标。人口平均预测寿命可以反映出一个社会生活质量的高低，是综合反映健康水平的核心指标，全面衡量国家或地区的经济发展水平及医疗卫生服务水平的基本指标①。借鉴已有研究，用女性预期寿命、男性预期寿命、预

①杨东亮，王晓璐. 中国人口预期寿命的省际差异与空间相依特征［J］. 社会科学战线，2016（4）：172-179.

期寿命代表寿命状况的研究[①]，本研究选用人口平均预测寿命作为被解释变量，用于诠释平均寿命。

解释变量：本研究以人均体育场地面积代表全民健身、以人均医疗费用代表医疗投入作为解释平均寿命的变量。按照运动是良医、运动是良药等理论，体育锻炼活动作为非医疗手段已达成基本共识，而影响人们体育参与的三大主因是体育场地、闲暇时间和参与意识，其中没有场地是不参与体育锻炼活动的首要原因。研究显示，体育场地是全民健身的先决条件，全民健身是全民健康的重要手段，体育场地和全民健身、健康能形成良性互动[②]。因此，把研究选用人均体育场地面积作为全民健身的代理评价指标。

医疗投入无论是从国家的层面，还是从个体的角度，都可以转化为一定形式的货币表现，这种表现可以是公益性质，也可以是市场盈利性质，其政策范式经历了从“福利化”到“市场化”再到“健康中国”的转型[③]。因此，本研究用全国人均医疗费用代表医疗投入。

2. 数据说明

为了有效研究全民健身、医疗投入对平均寿命的影响，依据可得性、权威性、可靠性等原则，通过查阅《中国统计年鉴》、国家统计局官网年度数据，获得1999—2018年人均医疗费用数据。

人均体育场地面积数据通过国家体育总局官方网站2014年公布的《第六次全国体育场地普查数据公报》数据，2015年数据依据国家发改委《“十三五”公共体育普及工程实施方案》公布数据，2016年数据依据刘国永在2018年《体育科学》刊发的论文《对新时代群众体育发展的若干思考》中获得[④]，2018年数据依据《中国群众体育发展报告（2018）》获得[⑤]，其他年份数据依据数据趋势采用分层均值插补获得。

①周小菲，薛建礼，陈滔. 经济增长、社会医疗保险和国民健康的相互影响——基于FAVA R模型的实证研究［J］. 保险研究，2019（2）：88-100.

②岳文言. 论公共体育场地投入与全民健身良性互动［J］. 体育文化导刊，2017 ，2（2）：123-126.

③丁忠毅，谭雅丹. 中国医疗卫生政策转型新趋势与政府的角色担当［J］. 晋阳学刊，2019（5）：84-91.

④刘国永. 对新时代群众体育发展的若干思考［J］. 体育科学，2018，38（1）：4-9.

⑤刘国永，戴健，曹可强，等. 中国群众体育发展报告（2018）［M］. 北京：社会科学文献出版社，2018.

平均预测寿命依据国家统计局官网年度数据中人口平均预测寿命中获得2000年、2005年、2010年、2015年数据，通过2017年9月发布的《中国健康事业的发展与人权进步》获得2016年数据[①]，通过《改革开放40年中国人权事业的发展进步》获得2017年数据[②]，通过2019年国家卫健委发布《2018年我国卫生健康事业发展统计公报》获得2018年数据[③]。具体数据如表7-1所示。

表7-1 全民健身、医疗投入及平均寿命代理指标数据

年份	全民健身—人均体育场地/平方米	医疗投入—人均医疗费用/元	平均寿命—人口整体平均预测寿命/岁
1999	0.342	321.78	71.1
2000	0.386	361.88	71.4
2001	0.418	393.8	71.7
2002	0.461	450.75	72
2003	0.519	509.5	72.4
2004	0.569	583.92	72.7
2005	0.633	662.3	73
2006	0.696	748.84	73.4
2007	0.767	875.96	73.7
2008	0.866	1094.52	74.1
2009	0.961	1314.26	74.4
2010	1.083	1490.06	74.8
2011	1.187	1806.95	75.5
2012	1.302	2076.67	75.7
2013	1.432	2327.37	75.9
2014	1.520	2581.66	76.1

①②中华人民共和国国务院新闻办公室. 中国健康事业的发展与人权进步［M］. 北京：人民出版社，2017.

③2018年我国卫生健康事业发展统计公报［EB/OL］. http：//www.nhc.gov.cn/guihuaxxs/s10748/201905/9b8d52727cf346049de8acce25ffcbd0.shtml.

（续表）

年份	全民健身—人均体育场地/平方米	医疗投入—人均医疗费用/元	平均寿命—人口整体平均预测寿命/岁
2015	1.570	2980.8	76.3
2016	1.620	3351.74	76.5
2017	1.660	3783.83	76.7
2018	1.700	4215.92	77

借鉴已有研究，全民健身用人均体育场地面积（单位：平方米）表示，记为X_1。医疗投入用人均医疗费用（单位：元）表示，记为X_2。平均寿命用人口整体平均预测寿命（单位：岁）表示，记为Y。

3. 变量描述性统计

为了在某种程度上消除可能存在的异方差和多重共线性等问题，对各变量作自然对数处理得到LNX_1、LNX_2和LNY，自然对数变换并不影响原始变量之间的互动关系。样本来源于国家统计局网站，样本区间为1999—2018年，对样本中的缺失值和异常值采用线性插值法和均值替换法进行补全和替换，采用EViews8.0软件对相关数据进行分析。

全民健身、医疗投入与平均寿命的时序图如图7-1所示，三个变量都有明显的增长趋势，表明三者都是非平稳序列，它们之间存在着某种关联，但是这三者间的内在相关性还需要进一步分析，表7-2为各变量的基本特征描述。

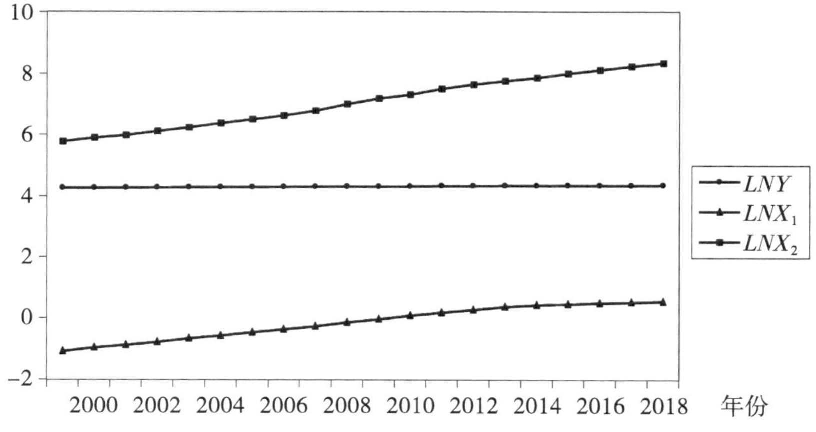

图7-1　平均预测寿命LNY、全民健身LNX_1和医疗投入LNX_2时序图

表7-2　变量基本特征描述

	LNY	LNX_1	LNX_2
平均值	4.306711	–0.144802	7.058963
中位数	4.307436	–0.091826	7.089550
最大值	4.343805	0.530628	8.346623
最小值	4.264087	–1.072945	5.773868
标准差	0.026097	0.541147	0.846544
观察值	20	20	20

三、体育场地建设促进健康的序列检验与实证分析

（一）平稳性检验

图7–1显示了各变量不平稳的特征，为了防止出现“伪回归”的现象，必须对各变量做平稳性检验。通常情况下，ADF检验是检测经济变量时间序列平稳性最多、最有效的方法。因此对序列LNX_1、LNX_2、LNY进行ADF检验，结果如表7–3所示。LNX_1、LNX_2和LNY二阶平稳，服从同阶单整。

表7–3　ADF单位根检验结果

变量	检验形式	ADF值	1%临界值	5%临界值	10%临界值	P	平稳性
LNX_1	（C，T，3）	–1.866085	–4.667883	–3.733200	–3.310349	0.6248	不平稳
LNX_2	（C，T，0）	–1.399809	–4.532598	–3.673616	–3.277364	0.8271	不平稳
LNY	（C，0，0）	–1.523370	–3.831511	–3.029970	–2.655194	0.5005	不平稳
$DLNX_1$	（C，0，0）	–0.866315	–4.667883	–3.733200	–3.310349	0.7748	不平稳
$DLNX_2$	（C，0，0）	–2.726874	–3.857386	–3.040391	–2.660551	0.0889	平稳
$DLNY$	（0，0，0）	–0.989273	–2.699769	–1.961409	–1.606610	0.2766	不平稳
$YLNX_1$	（0，0，0）	–5.766104	–2.708094	–1.962813	–1.606129	0.0000	平稳
$YLNX_2$	（0，0，0）	–5.767126	–2.708094	–1.962813	–1.606129	0.0000	平稳
$YLNY$	（0，0，0）	–6.143780	–2.708094	–1.962813	–1.606129	0.0000	平稳

注：（C，T，P）为检验形式。C，T表示检验类型带有常数项和时间趋势项，P为滞后阶数。

由表7–3可知，序列LNX_1、LNX_2和LNY不平稳，一阶差分序列$DLNX_1$、$DLNX_2$和$DLNY$不平稳，二阶差分序列$YLNX_1$、$YLNX_2$和$YLNY$均在1%的检验水平下，即平稳，LNX_1、LNX_2和LNY服从同阶单整。

（二）协整检验

鉴于时间序列LNX_1、LNX_2和LNY在二阶差分后均平稳，它们之间可能存在协整关系，选择Johansen检验方法，对时间序列LNX_1、LNX_2和LNY进行协整检验，使用迹统计量与最大特征值统计量，检验结果如表7–4所示。

表7–4　协整检验结果

原假设	Trace Statistic 迹检验			Max–Eigen Statistic最大特征值检验		
	统计量	5%临界值	*P*值	统计量	5%临界值	*P*值
不存在协整关系*	93.62414	35.19275	0.0000	68.89989	22.29962	0.0000
至多一个协整关系	24.72425	20.26184	0.0113	15.95457	15.89210	0.0489
至多两个协整关系	8.769681	9.164546	0.0594	8.769681	9.164546	0.0594

注：*表示在5%的水平上显著下拒绝原假设。

由表7–4可知，在5%的检验水平下，拒绝不存在协整向量的原假设，进而表示LNY和LNX_1、LNX_2之间存在显著协整关系，也就是说，非医疗手段、医疗手段和健康水平之间存在长期稳定的均衡关系。

协整检验结果显示LNX_1、LNX_2和LNY之间存在长期均衡关系，其协整方程为：

$$LNY = -0.196116 \times LNX_1 + 0.173291 \times LNX_2 + 2.967786 \quad (2)$$

$$(0.06715) \qquad (0.04394) \qquad (0.31929)$$

由协整方程可知，当LNX_1增加1%时，LNY减少0.196116%，当LNX_2增加1%时，LNY增加0.173291%。

（三）Granger因果检验

为了探析全民健身、医疗投入和平均寿命之间的因果关系，对序列LNX_1、LNX_2和LNY进行格兰杰因果关系检验，结果如表7-5所示。

表7-5 Granger因果关系检验结果

原假设	Obs	F统计量	P值	结论
全民健身不是平均寿命的格兰杰原因	19	6.41490	0.0222	拒绝原假设
平均寿命不是全民健身的格兰杰原因	19	1.62411	0.2207	接受原假设
医疗投入不是平均寿命的格兰杰原因	19	0.00038	0.9846	接受原假设
平均寿命不是医疗投入的格兰杰原因	19	4.22174	0.0566	拒绝原假设
医疗投入不是全民健身的格兰杰愿因	19	8.69804	0.0094	拒绝原假设
全民健身不是医疗投入的格兰杰原因	19	7.13458	0.0167	拒绝原假设

由表7-5可知，检验在5%的显著水平上，拒绝全民健身不是平均寿命的格兰杰原因的原假设，接受了平均寿命不是全民健身的格兰杰原因的原假设，表明全民健身与平均寿命具有单向的格兰杰因果关系。检验接受了医疗投入不是平均寿命的格兰杰原因的原假设，在10%的显著水平上，拒绝平均寿命不是医疗投入的格兰杰原因，表明医疗投入与平均寿命之间仅具有单向的格兰杰因果关系。在1%的显著水平上，拒绝医疗投入不是全民健身的格兰杰原因，在5%的显著水平上，拒绝全民健身不是医疗投入的格兰杰原因，表明医疗投入与平均寿命之间具有双向的格兰杰因果关系。

（四）VAR模型分析

1. 最优滞后期确定

根据LR、FPD、AIC、SC、HQ五个信息准则VAR确定模型最优滞后期。如表7-6所示，当滞后期为1时，五个准则均为最小值，因此构建VAR（1）模型。

表7-6　VAR模型最优滞后期确定

Lag	Log*L*	*LR*	*FPE*	*AIC*	*SC*	*HQ*
0	108.1030	NA	3.15×10^{-9}	−11.06347	−10.91435	−11.03824
1	195.4314	137.8870*	8.42e−13*	−19.30857*	−18.71208*	−19.20762*

注：*表示该准则下建议选择的最优滞后期。

2. **模型有效性检验**

依据AR图，进行模型有效性判断，如图7-2所示，全部根的倒数值均在单位圆内，模型稳定性好。

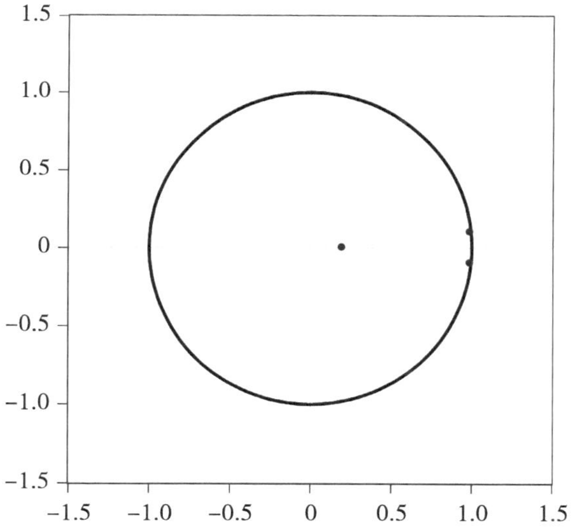

图7-2　VAR（1）模型有效性检验

根据软件计算结果，写出 VAR（1）模型估计结果矩阵：

$$\begin{pmatrix} LNY \\ LNX_1 \\ LNX_2 \end{pmatrix}=\begin{pmatrix} 3.1664 \\ -11.8526 \\ +7.2107 \end{pmatrix}+\begin{pmatrix} 0.2620 & 0.0297 & 0.0028 \\ +3.1101 & 1.1193 & -0.2045 \\ -1.2928 & 0.3776 & 0.7937 \end{pmatrix}\times\begin{pmatrix} LNY \\ LNX_{1t-1} \\ LNX_{2t-1} \end{pmatrix}+\begin{pmatrix} \varepsilon_{1t} \\ \varepsilon_{2t} \\ \varepsilon_{3t} \end{pmatrix} \quad (3)$$

计量结果显示，其拟合优度R^2及调整后的R^2值分别为0.9974和0.9968，远远大于0.80的经验值，表明VAR（1）模型拟合效果最优；而且也通过了模型结构稳定性检验，证明模型构建客观合理。

3. 脉冲响应值分析

通过蒙特卡洛方法模拟100次，获得健康水平对非医疗手段与医疗手段的脉冲响应函数图，图中纵轴代表响应数值，横轴代表年份变化，实线显示的是脉冲响应函数的变化曲线，虚线表示上下两个标准差波动的范围，变化的时间设定为10年（图7–3、图7–4）。

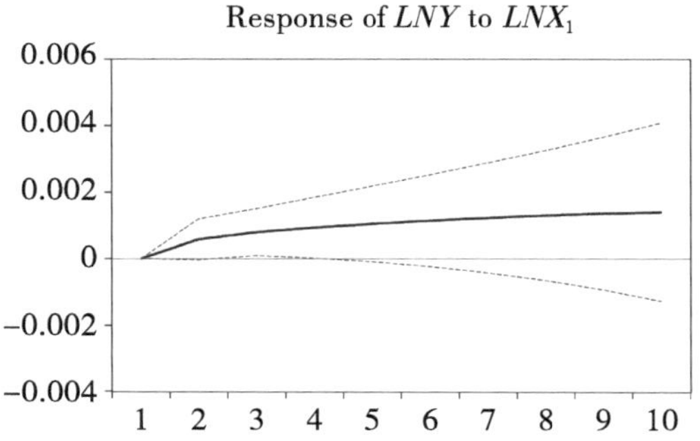

图7–3　平均寿命对全民健身的脉冲响应

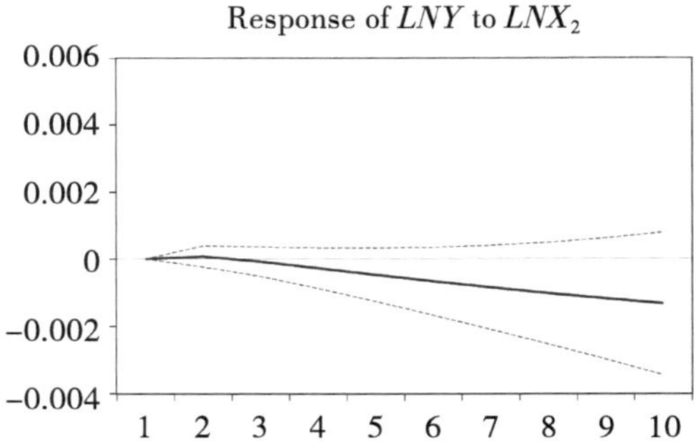

图7–4　平均寿命对医疗投入的脉冲响应

如图7–3、图7–4所示，平均寿命对全民健身的脉冲响应值在当期为0，随后逐渐增加，在第4期达到最大值，随后响应值保持基本不变且始终为正，表明全民健身对平均寿命有长期的正向冲击。平均寿命对医疗投入的脉冲响应值在当期为0，随后缓慢增加，在第2期达到最大值，随后缓慢下降，至第3期变为负，时间越长，负向响应越明显，表明医疗投入对平均寿命有长期负向的冲击。也就是过度医疗、看病贵、无效医疗现象的潜在原因。通过比较发现，全民健身对平均寿命的冲击强于医疗投入，这与我国大力倡导全民健身、提倡非医疗手段促进健康的政策导向一致，从侧面反映模型构建的稳定性和必要性。

4. 方差贡献度分解

为了详细地了解全民健身和医疗投入对平均寿命变动的贡献度，对LNY做10期的方差分解，结果如表7–7所示。

表7-7　平均寿命的方差贡献度分解

Period	*S.E.*	*LNY*	LNX_1	LNX_2
1	0.001395	100.0000	0	0
2	0.001649	87.52631	12.27461	0.199081
3	0.001906	73.11503	26.56144	0.323528
4	0.002199	60.27982	37.91813	1.802047
5	0.002532	49.52106	45.62880	4.850137
6	0.002903	40.79091	50.24882	8.960270
7	0.003304	33.84296	52.61237	13.54468
8	0.003729	28.35953	53.46188	18.17859
9	0.004170	24.03276	53.34994	22.61730
10	0.004620	20.60153	52.65337	26.74511

从表7-7可以看出，平均寿命在第1期时的变动贡献率全部来自自身。在第5期时，平均寿命变动的自身贡献率有49.52%，全民健身对平均寿命变动的贡献率为45.63%，医疗投入对平均寿命变动的贡献率仅为4.85%。在第10期时，平均寿命变动的自身贡献率减少为20.60%，全民健身对平均寿命变动的贡献率高达52.65%，医疗投入对平均寿命变动的贡献率只有26.75%。这表明从长期来看，全民健身对平均寿命变动的贡献率要远远高于医疗投入。

四、体育场地建设促进健康的因果关系与体医融合

（一）体育场地建设促进健康的因果关系

（1）全民健身、医疗投入与平均寿命之间存在长期稳定的均衡关系。Johansen协整检验结果显示，三者之间存在两个协整关系，表明全民健身和医疗投入对平均寿命具有正向影响，能够促进人民平均寿命的改善。

（2）全民健身、医疗投入与平均寿命之间存在稳定的长期均衡关系；全民健身是平均寿命的格兰杰原因，具有单向的格兰杰因果关系；平均寿

命是医疗投入的格兰杰原因，具有单向格兰杰原因；全民健身与医疗投入之间互为格兰杰原因，具有双向的格兰杰因果关系。

（3）全民健身对平均寿命的贡献率高于医疗投入。方差分解结果显示，全民健身对平均寿命的贡献率在第2期就达到了12.27%，到第6期就快速增加到50.25%，随后增加幅度放缓，在第10期后保持52.65%的贡献率，表明全民健身对平均寿命的影响较大；而相比之下，医疗投入对平均寿命的贡献率整体偏低，但是逐年增强的趋势较为明显，到第10期达到26.75%，表明当前医疗投入对平均寿命也发挥着比较显著的作用。

（二）体育场地建设促进体医融合

（1）加强“运动是良医”理念推广，加大体育场地的建管力度。全民健身活动有利于人们平均寿命的整体提升，因此需要全方位、全覆盖、多渠道、多主体开展体育锻炼活动，促进国民体力活动的提升和体育运动的参与。借鉴国外经验，美国《国民体力活动计划》[①]、爱尔兰《国民体力活动计划》[②]等都注重激励人们体力活动的提升，鼓励全民健身。然而，体育场地是增强人民体质、丰富人民群众精神文化生活和提高竞技水平的重要物质基础[③]。在体育场地建设中，要注重各政府部门之间的协作，在相关部门规划发展中镶嵌体育场地建设内容，明确相关部门的体育场地建设责任，建立体育场地建设增量的联动式目标执行体系[④]。

（2）创新医疗服务水平和效用，提升大健康产业服务水平。研究表明，我国的医疗质量地域差异较大、重点病种诊治水平有待提高，需要加快建立联合监管模式[⑤]，促进医疗技术和服务在改善寿命状况方面的效度。

①岳建军. 美国《国民体力活动计划》中体育与卫生医疗业融合发展研究［J］. 体育科学，2017，37（4）：29-38.

②徐锦星，岳建军，刘伟. 爱尔兰《国民体力活动计划》特征、作用及启示［J］. 体育文化导刊，2019，2（2）：40-45.

③雷雯，魏德样，雷福民. 中国体育场地类型的发展特征研究［J］. 成都体育学院学报，2018，44（5）：27-33.

④张强，王家宏，王华燕. 日本体育场地发展与管理运营特点及启示［J］. 上海体育学院学报，2019，43（5）：7-18.

⑤付强. 创新政府医疗服务质量及安全监管：动因与路径［J］. 中国行政管理，2018，400（10）：13-16.

需要以优美生态环境为基础，以健康产品制造业为支撑，以健康服务业为核心，通过产业融合发展满足社会健康需求的全产业链活动①。大健康产业既是满足人类需要的产业，也是满足人类终极需要的产业②，努力提升大健康产业服务水平，助力人们健康水平提升，助推全民健身非医疗手段提升平均寿命效果。

（3）促使体育与医疗深度融合，合力改善体质与寿命状况。运动不但能够提高身体素质、控制体重、降低诸如心血管疾病等慢性疾病风险、促进大脑发育、提高身体稳定性、保持骨骼肌健康，还有助于缓解压力，提高工作效率及增强幸福感等③。基于社会共生理论，构筑协同联动、联席会商、利益均衡、政策保障、一体化发展“五维一体”的体医共生机制，改善体育与医疗的共生环境，促进体医形成相互补充、相互依赖、共同进化、共同发展的共赢应然共生关系④。

第二节　我国体育场地建管新动向——促进场地建构的探索创新

依据我国“十四五”规划和2035年远景目标的总体要求，按照颁发的“十四五”体育发展规划，我国体育场地建设和管理将肩负更大的使命，为人们追求美好幸福生活提供新的服务。按照现有体育场地建管基础，依据新阶段人们对美好生活的新追求，未来体育场地建管将有可能从以下六个方面发展。

①张车伟，赵文，程杰. 中国大健康产业：属性、范围与规模测算［J］. 中国人口科学，2018（5）：17-30.

②金碚. 关于大健康产业的若干经济学理论问题［J］. 北京工业大学学报：社会科学版，2019，19（1）：1-8.

③张美珍，黄涛，李方晖，等. 运动是良医还是什么？——“生命过程中的体力活动与健康”国际研讨会综述［J］. 体育学刊，2017，24（2）：140-144.

④常凤，李国平. 健康中国战略下体育与医疗共生关系的实然与应然［J］. 体育科学，2019，39（6）：13-21.

一、我国体育场馆建设结构新模式

首创非对称车辐式单、双层组合索网结构①：该种结构具有三个方面的特点，其一是相对常规双层索网结构，车辐式单、双层组合索网结构具有优良的防内环扭转失稳能力；其二是车辐式单、双层组合索网的单层索网竖向刚度远小于双层索网，且存在单、双层索网随预应力一升一降变形的“跷跷板”效应；其三是将单层索网、双层索网进行有机组合，形成一种非对称索网结构，这在国内外尚属首例。

别于张拉整体的鸟巢四撑杆型大开口索穹顶②：这种鸟巢四撑杆型大开口索穹顶结构区别于 Fuller的张拉整体构想。该种四撑杆型大开口索穹顶结构构形具有如下特征：①通过增加上下弦间的撑杆数量，加强了环索对上弦网格的支撑作用，明显改善了结构的整体及局部稳定性；②此类体系有 4 根撑杆交汇于同一下弦节点，减少了环索和斜索用量，便于张拉施工并提高了整体稳定性；③交错布置的上弦通长脊索替代了上弦环索，赋予了结构鸟巢状的新颖建筑造型；④这种新型索穹顶具有优越的技术经济指标。所以，它在稳定性和经济指标上具有新的优势。

具有足够刚度和强度储备的一种罩棚结构：体育场罩棚常用结构体系一般有悬挑桁架网架、悬索及拱结构等③。罩棚钢结构的稳定性分析和连续倒塌分析结果表明，罩棚钢结构整体性良好，结构具有足够的刚度和强度储备，结构安全可靠。

二、我国体育场地建设路径新思路

《全民健身计划（2016—2020 年）》提出了 7 个方面的主要任务，其中包括统筹建设健身场地设施，推动公共体育设施，充分利用旧厂房、仓

①吴小宾，陈强，冯远，等. 乐山奥体中心体育场车辐式单、双层组合索网罩棚结构设计［J］. 建筑结构学报，2022，43（1）：182-191.

②董石麟，刘宏创. 鸟巢四撑杆型索穹顶大开口体育场挑篷结构形态确定、参数分析及试设计［J］. 空间结构，2020，26（3）：3-15.

③夏世群，陈军法，柳温忠，等. 阜城全民健身中心体育场罩棚结构设计［J］. 建筑结构，2021，51（12）：14-18.

库、老旧商业设施、农村“四荒”（荒山、荒沟、荒丘、荒滩）和空闲地等闲置资源，改造建设为全民健身场地设计，为健身场地设施的建设工作指出了新思路。在实践过程中，以下几个方面体现了该文件精神。

第一，矿区废弃地再利用①，充分体现体育附加值。

矿区废弃地：废弃矿区是（Abandoned Mining Area）隶属于棕地（Brown Land）的一种土地类型，是因采矿活动（Mining Activity）占用、破坏后弃置不用的，未经处理而无法使用的用地，由一个或多个矿山构成，涵盖矿业生产与生活所占用的空间②。矿产资源型城市废弃矿区生态修复的资源再利用及其价值评估是城市可持续发展研究的热点③。因此矿区废弃地用于体育场地建设是一种新路径。如昔日无人问津的废弃矿区，如今已成为连城县城区及周边村镇群众的网红打卡地。经过工程治理后的废弃矿区，不仅处处藏绿，而且带动了乡村旅游业的发展④。目前我国体育场地存在室内外场地比例失衡、农村体育场地不足、部分重点项目场地短缺和投资渠道来源不广等问题⑤。矿区废弃地改造利用成体育场地使矿场废弃地的附加价值得到充分体现，相较于传统的初次规划体育场地建设，矿产废弃地的利用价值更高。

第二，利用非体育用地建设体育场地设施⑥，可以开发“金角银边”的价值，体现“见绿插足”“融体于绿”的发展理念。非体育用地建设的新思路主要表现为以下几个方面：①利用街边绿地、城市拆迁改造产生的“金角银边”等非体育用地，即利用闲置用地建设结合城市更新修补、老旧小区改造等工作，充分利用废弃厂房、闲置地，复合利用公共场地，创造可建设空间。②利用城市绿地兼容建设，践行“见绿插足”“融体于

①张晗，张萍萍. 矿区废弃地再利用与体育场地建设探讨——评《煤矿废弃地的治理与生态恢复》［J］. 矿业研究与开发，2019，39（5）：154.

②Ferronato Chiara，Vianello Gilmo，Feudis Mauro De，et al. Technosols development in an abandoned mining area and environmental risk assessment［J］. Applied Sciences，2021，11（15）：6982.

③汤姚楠，周伟奇. 废弃矿区生态修复的资源再利用价值评估——以徐州为例［J］. 生态学杂志，2020，39（10）：3430-3441.

④吕洪荣，吴炯悦，巫金连. 废弃矿区的涅槃重生［N］. 中国矿业报.

⑤曹可强，徐文强. 我国体育场地建设现状与发展对策［J］. 上海体育学院学报，2017，41（4）：6-12.

⑥陈元欣，何开放，杨金娥，等. 我国利用非体育用地建设体育场地设施研究［J］. 体育学研究，2020，34（5）：41-47.

绿”的发展理念。③利用小区和单位自有用地建设。利用新建规划小区配建运动场地，挖掘已建小区的可用空地，以此复合利用建设体育场地设施。④利用建筑物楼顶空间建设。楼顶建设是一种集约高效利用土地的方式，在合法合规前提下，经业主同意，场地设施可结合楼顶空间进行建设。⑤利用江河湖泊滩涂用地建设。

第三，被撤并学校体育场地服务于农村全民健身①。“撤点并校”是对我国基础教育学校结构布局调整的简称，它以大量农村中小学校被撤并为特征，是我国基础教育史上的一个重大事件。农村中小学撤并后大量学校体育场地闲置，而农村全民健身场地设施不足，农村居民体育场地需求旺盛。东北师范大学农村教育研究所课题组2008年对8个省（自治区）的8个县（市）共978所农村被撤并中小学校资产处置情况的调查显示：体育场地杂草丛生，被撤并学校体育场地有的被用来变为农业用地，有的被驾校用来做训练场，这个现象充分表明被撤并学校体育场地浪费现象严重，如果被撤并学校体育场地能够充分服务于农村地区全民健身，按2007年农村人口71 496万计算，农村人均体育场地面积将会增加0.16m^2，这将对农村健身环境起到较好的改善作用。首先从地域上，被撤并学校在地理上普遍离村庄较近，大多数小学都建在村庄内，用于农民健身具有天然的地理优势。其次，“撤点并校”中被撤并学校体育场地属于农村建设的优质待利用资源，其改造利用拥有政策优势。最后，“撤点并校”中被撤并学校体育场地服务于农村全民健身的困境，既有“改造”环节，也有“利用”环节，撤并学校遗留下来的可供农民健身的只有室外体育场地、空旷教室、篮球架等设施。这些资源中部分可以直接服务于农民的广场体育健身，但更多需要清理环境、购置设备、改造改建，使原有场地具备服务农民健身的条件。

三、我国体育场馆运营模式新策略

首先，引入体育场馆“大运营”概念，推进“公建民营”运营模式②。即

①张朋，郑小凤，方程. 被撤并学校体育场地服务于农村全民健身的困境与对策［J］. 西安体育学院学报，2019，36（2）：180–184.

②许月云，陈霞明. 区域体育场馆运营现状与发展对策研究——以侨乡泉州为例［J］. 山东体育学院学报，2017，33（2）：46–51.

体育场馆运营管理各方面要从场馆的规划及城市规划时期开始介入，参与场馆的建筑设计，在建设的同时开始运营前期工作，以便达到真正的赛后或建成后的无缝运营。与此同时，积极推进“公建民营”运营模式，即对于一些已经建成的体育场馆也可试行政府向民间“购买服务”试点工作，组织开展基本公共服务“公建民营”试点工作，逐步与政府建立起符合企业运营规律和要求的市场关系，将原有的政府补贴转变为政府购买公共服务的方式。

其次，推广“基本费用＋绩效费用”的薪酬激励机制，探索混合所有制的股权激励机制，适度引入隐性激励机制①。此激励模式下，运营商仍需支付资产使用费，但委托人更看重的是运营商提供公共体育服务的质量，对公共服务质量进行绩效评估，评估结果与政府购买费用支出挂钩。在此模式下，可有效避免运营商消极运营、坐等补贴等弊端。

最后，简化体育场地普查指标，减轻调查工作难度，提高普查效率。我国可针对各管理体系的体育场地运营管理差异，采取分体系、分类别设计统计指标。教育体系统计场地类型、面积、数量等开放经营性体育场地，可增设关联指标，与此同时应减少无效统计，减轻调查工作难度，提高体育场地统计数据质量，以便给被调查单位增添场地经营活力。

四、我国体育场地建设新空间

体育场地建设空间也从传统的空间逐步发展到楼顶空中健身场地、地下健身场所及移动交通工具上健身。通过对这三类体育场地建设新空间实际案例的分析，主要体现在以下方面：首先，楼顶空中运动场地已经实现了楼顶篮球场、足球场、高尔夫球场、游泳池、羽毛球场地、排球场地等；其次，地下运动场地主要涉及地下室、地下车库、地下商场、地下人防防空洞等场地；最后，移动交通工具上的运动健身，据报道英国一家公司员工在上班途中乘坐的交通车上有健身动感单车，员工可以利用上班时间在汽车上健身，未来在大型交通工具上健身将成为新时尚。

①陈元欣，姬庆，周彪. 公共体育场（馆）委托管理激励机制研究［J］. 中国体育科技，2019，55（1）：52-60.

五、我国体育场地建设新材料

气膜体育馆具有适用性广，灵活性强；安全稳定，舒适性高；环保节能，运营成本低；外观独特，观赏性强等方面的特点。装配式体育场馆利用原有的装配式建筑或对场地、厂房进行改造，不需改变土地性质，与此同时，不同于传统的政府主导投入巨资兴建体育场馆，装配式体育场馆主要采取PPP模式，通过连锁加盟的形式降低投资成本。装配式建筑的优势主要表现为以下四点：第一，建造成本低廉，与传统体育场馆相比，装配式体育场馆建造成本减少了30%～70%；第二，维护使用简单便捷，混凝土结构容易开裂老化，钢结构面临防腐防火问题，气膜建筑需要不间断电源维持气压，装配式建筑则通过全金属结构，避免了维护难题；第三，建造周期短，装配式体育场馆可到达1000～3000平方米/天的框架搭建速度；第四，灵活，模块式建筑模式使装配式体育场馆可复制、可搬迁，反复搬迁使用率高达50%～90%。

六、我国体育场地建设目标新理念

在新发展阶段，体育场地建设应承担五项使命。其一，“以人民为中心的发展路线”是中国特色社会主义的鲜明特征，通过深化改革惠及全体人民，是以习近平同志为核心的党中央领导集体的庄严承诺[①]。这就要求在发展上提出惠及民生的“最大公约数”，无疑“健康中国”就是这一最大公约数的集中体现，是全社会发展的共同目标，以体育促进全民生活方式的积极转变。其二，体育产业的大力发展是中国经济推进供给侧结构性改革的现实需求。“健康中国”的实现需要建立一个具有活力、多元和协同的体育产业体系，以满足人民对健康文化的需求。其三，体育事业作为“健康中国”的有力支撑要素，应在其发展过程中建设具有中国特色的体育文化，锻造凝聚、彰显中国特色的体育话语体系与文化自信。其四，体育事业无论从教育价值还是从文化价值上看，都应当能够承担起传播和培

①万炳军，史岩，曾肖肖．“健康中国”视域下体育的价值定位、历史使命及其实现路径——基于习近平治国理政的思想与战略［J］．北京体育大学学报，2017，11．

育社会主义核心价值观的使命。原因在于就体育本身而言，其蕴含着社会主义核心价值观，如民主、公正、法治、诚信；因此，利用体育的独特优势来建立培育社会主义核心价值观的实践体验体系无疑是可行且必要的①；其五，在生态和人居环境的民生健康治理工程中，体育应当全面介入，这既是中国社会发展对体育的生态要求，也是体育健康多元价值的体现。具体而言，人居环境的建设应全面将体育设施、体育文化元素纳入其中，同样体育也应从人居环境的建设需要出发，进行器材设计、制度安排、科普平台、人才培养等方面的创新建设，为体育场地建筑融入人居环境奠定基础②。

所以，新时代体育场地建设要以人民群众的利益诉求为核心，人民的需要是体育场地设施资源建设的前提条件，需要拓展了解群众体育需求的渠道，全面了解群众多元体育需要，加大财政投入，加强体育设施服务建设，加强体育智能化发展，满足人民群众个性化需要，实现体育设施资源与社会经济发展相适应③，保障体育事业的发展与社会发展趋势相适应，以促进体育事业获得更大的经济效益④。

第三节　我国体育场地运用新时空——交通工具上的健身

一般人都会觉得体育健身活动需要专门的场地、专门的时间、专门的运动项目，甚至还需要专门的器材器械等，但是，事实上在当今社会快节奏、高效率等的影响下，有很多人是没有专门的时间到专门的场所进行专门的健身活动，而只能在力所能及的时间空间下进行“随时、随地、随便”的健身活动。在交通工具上健身就是人们利用乘坐交通工具的时间，利用交通工具上有限的空间和器物进行一些力所能及的身体活动。目前，我国的交通工具可以大致分为火车类、汽车类、轮船类、飞机类、地铁类、摩托车类、电动车类、自行车类等。其中火车类主要包括高铁、动

①②万炳军，史岩，曾肖肖．“健康中国”视域下体育的价值定位、历史使命及其实现路径——基于习近平治国理政的思想与战略［J］．北京体育大学学报，2017，11．

③寇健忠，于作军．体育场地资源建设与社会经济协调发展评价研究［J］．北京体育大学学报，2018（10）：39-45；54．

④许月云，陈霞明．区域体育场馆运营现状与发展对策研究——以侨乡泉州为例［J］．山东体育学院学报，2017，33（2）：46-51．

车、普通列车、地铁、磁悬浮列车等；汽车类主要包括城际长短途客车类、城内公交车、出租车、私家车等。总之，当前交通工具种类十分齐全，出行人群较为庞大，出行次数较为频繁，出行时间持续增长，如何打发交通工具上的时间和如何挖掘乘坐时间的多重价值，是我们出行者和体育研究者重点研究的问题。利用交通工具出行，有时是上下班，有时是上下学，有时是业务沟通，有时是观光旅游，有时是走亲访友，乘坐交通工具的人不计其数。当前我国乘客途中进行健身活动并没有得到普遍开展，大多数乘客在旅途中通过睡觉、看书、玩手机、看沿途风景等来打发时间，很少有乘客在交通工具上能够自觉主动地活动身体。另外，我国各类交通工具的内部环境设施设计很少关注乘客的身体活动需求。所以，如何了解乘客的身体活动需求，如何创设乘客在旅途中活动身体的基本条件，如何引导乘客进行适度的健身锻炼，如何提高乘客旅途中的效率等，是现今摆在眼前的一个实际问题。

一、交通工具上健身——新时间、新空间

在交通工具上进行力所能及的健身活动，从人群类别来看，主要包括两类人员：第一类是司乘人员，主要是指驾驶交通工具的人员和乘坐在交通工具上的司乘服务人员；第二类是指交通工具上的乘客，通常是按照性别、年龄、活动能力进行分类。这两类人员在职责分工上严格区分，但是健身的环境和条件并没有本质上的差异，故随后的研究不再分开论述，健身的内容可视为等同。在交通工具上进行健身，虽然不是很普遍，但是从国内外新闻报道中还是可以搜集到部分典型案例。

（一）交通工具上健身的案例依据

在国内，有一些关于乘车健身的报道。比如，在城市生活工作的人们，由于工作的需要，上下班都需要乘坐公共汽车，因此可以在公交车上进行“头俯仰、头侧屈、头旋转、肩耸动、膝夹手、腿独立、脚悬垂”等简单肢体活动。在公交车上进行健身，就健身动作而言主要可以分为站姿运动和坐姿运动。

交通工具本身就是乘客的健身工具，其中自行车就是最典型的代表，实现了由交通工具向“健身器材”的转变，还有如今电动车配套安装脚踏

板等。用自行车进行健身，可以考虑使用不同类型的自行车，也可以考虑调整坐垫角度、高度及坐姿等。

首都体育学院运动专家王向宏教授曾提出建议：在公交车上健身可以充分考虑利用公交车上的座椅、护栏、护手、吊环等进行上身、下肢及全身的锻炼。

在火车上也可以进行健身，有资料显示，有国外乘客在火车上进行瑜伽锻炼。

那在上班通勤汽车上健身有没有可能呢？据英国《每日邮报》2016年5月17日报道，为了解决上班一族因上班而没有时间或不愿另花时间进行健身的窘态，英国健身品牌1Rebel提出将伦敦巴士转型成为动感单车室，让上班的乘客在上班交通车车内利用乘车时间进行健身。

从图7–5可以看出，上班的巴士车内不再安装座椅，而是换装成两排动感单车，乘客可以在上班途中踩着动感单车进行健身。1Rebel公司其中一位创始人介绍，他们设计的宗旨是改变交通方式，提高日常生活效率。按照公司设计，动感单车巴士会在伦敦城市的四个站点停靠，车程一次大约45分钟，车费为12～15英镑（约人民币113～141元），下车站点可洗澡。虽然官方消息称该动感单车巴士方案还未通过实施，但对于那些想健身但又没有时间的乘车人来说，无疑是一种非常值得期待的有效健身方式。

2016年5月9日，我国新华网、中国青年网对《伦敦巴士转型成动感单车室，上班健身两不误》也进行了转载。

在飞机上健身，也有案例讲述（图7–5）。

图7–5　谷爱凌外婆在飞机上跑步的视频截图

2022年4月30日，作者梦舞清歌在新浪网发布，奥运冠军谷爱凌晒视频透露已返回美国，并晒出外婆在飞机上运动的视频。

在舰艇上也可以健身。据人民网转载《中国国防报》2018年6月25日的报道，东部战区海军某导弹快艇大队上士伍超华以62公斤获得艇队“最佳体重大赛”冠军，这得益于该艇坚持每天举办“甲板运动会”，有俯卧撑、仰卧起坐等增强体质的传统项目。

电影《泰坦尼克号》头等舱甲板上就有许多娱乐项目，其中就有健身房，还安装了当时最先进的哑铃、划船机等体育器械（图7–6）。

图7–6　电影《泰坦尼克号》船上的健身房

地铁里也能健身吗？能。地铁健身是指城市上班族每天在乘坐地铁的上班途中采取的健身方式。生活在大城市中，每天许多上班族都需要乘坐地铁上下班，在地铁里候车的时间一般为几分钟，而乘坐地铁的时间少则几十分钟，多则几小时，因此可以在等待地铁及乘坐地铁的时候进行力所能及的局部肢体健身。为了奉行“无处不健身”的理念，东日本铁路公司于2019年12月推出了一款在东京山手线地铁健身指南App，让人们在乘坐地铁的同时还能进行身体锻炼。乘客在乘坐地铁前下载“TRAINing”，该程序启动后有两种功能，其一是乘客在语音指示下选择上车站与下车站；其二是在不看手机的情况下依据语音提示借助座位、吊环、扶手进行相应的锻炼，直至乘客到达预设站点。App中内置 87 种锻炼方式，会根据电车的拥挤情况选择最合适的锻炼项目，当地铁乘客较多发生拥挤时会提供动作幅度较小的锻炼项目。日本地铁公司这一乘车健身App从设计的角度确实有较好的实际意义和借鉴价值，为人口密度大、乘车时间长、健身需求高的乘客量身打造。对此，也有部分网友表示不看好，称在地铁做这些动作不合适。

不过，在国内地铁上健身，目前反对的居多。曾有乘客在天津地铁上健身的新闻报道，无论从报道者的角度，还是从网友的角度，似乎都不怎么支持，报道者称“地铁里不是健身房哟，这样乘车既危险又影响别的乘客”，还列举了《天津市轨道交通管理规定》第三章中第二十五条第十一项：“禁止在轨道交通设施范围内停放车辆、堆放杂物或擅自设摊、卖艺、健身、派发物品、广告宣传、从事销售等行为”的条款。

天津地铁3号线上除倒立舞者外，还有抓着吊环玩“引体向上”的孩子，大家对在吊环上进行“引体向上”“悬垂收腹举腿”等大幅度健身动作也持质疑态度，这与日本地铁“锻炼新高度！地铁变身健身房：效果极佳”报道形成反差。据此，我们进一步在网上搜寻，曾有一位40多岁的大叔早在2018年武汉地铁8号线塔子湖站把地铁站当成健身房跑步的报道，地铁工作人员、媒体和网友留言也持反对态度，工作人员轮番上阵劝阻致使大叔放弃跑步行为。

私家车里可以健身吗？答案也是肯定的。据2013年9月大众养生网的养生专家介绍，遇到堵车时在私家车里也可以进行一些诸如展肩背、展腰背、转腰身的锻炼。曾有健身圈网红一哥“keep”，号召全民开启一场别出心裁的健身方式——“车内健身之V身材炫腹集结令”！随后，他还号召在KEEP上分享车内锻炼腹肌、蹲马步、跪腿起、后弯腰、俯卧撑、仰卧起坐、平板支撑、单脚臀桥边等各种运动图片（图7-7）。

图7-7　车内健身引爆运动圈时尚风潮

概而言之，关于在交通工具上进行健身虽然没有得到大众接受，而且有部分反对的声音；但是，从收集的案例来看，几乎所有交通工具上都存在锻炼行为。所以，只要转变思想观念，规范交通工具上健身的动作幅度，降低健身锻炼对其他乘客的潜在干扰，规避健身锻炼可能存在的安全等意外风险，秉承共享发展新理念，交通工具上的健身活动定会发挥重要作用。

（二）对在交通工具上健身的调查

调查围绕“乘客在旅途中消遣活动现状”与“乘客在旅途中健身的内容及措施”两大主题，对乘客旅途中的活动情况进行利弊分析，并对乘客在交通工具上能采取的有效健身方法等内容进行研究，尝试为今后交通工具能更好地满足乘客旅途中的身体活动需要，提供乘客在旅途中健身所需的基本条件，为更多乘客能在交通工具上健身提供切实可行的建议。

本次调查主要采用了网络问卷和实地发放问卷两种形式。问卷采用自填式问卷《关于旅客乘坐交通工具途中身体活动需求的问卷调查》（附录8），问卷通过信度、效度检验，制作出符合本题的调查问卷，并随机发放问卷250份。本次问卷调查于2018年5月16日开始，5月20日结束。通过购买短程火车票进入荆州市火车站候车厅随机发放给乘坐火车的乘客问卷100份，在荆州沙市长途汽车客运站售票厅给乘坐汽车的乘客随机发放50份，在荆州市长江大学东校区北门公交站随机发放给乘坐公交车的乘客30份，在问卷星上发放网络问卷70份。被调查者包括工人、农民、企业管理人员、医务人员、服务业人员、教科文工作者、行政机关人员、自由职业者等各种职业。本次调查共发放问卷250份，实际填写250份，回收率100%（逐一发放回收）。其中有效问卷为230份，有效率为96%，并对回收的有效问卷的数据进行统计、整理。

二、乘客在旅途中的时间消遣

为了了解交通工具上的乘客在乘车期间是否有时间健身？是否愿意健身？我们分别对城市市内乘车出行的乘客（表7-8、表7-9）、对城市外出行的乘客进行了乘车时间的问卷调查（表7-10）。

（一）乘客在所在城市内出行占据的时间

由表7–8可知，在被调查的230名乘客中，一天中在所在城市乘坐交通工具出行的时间为1小时以内、1～2小时、2～3小时的人数分别为88人、52人、19人，共占总人数的69.13%；出行的时间为3～4小时，4小时以上的人数较少，分别为4人、3人，二者只占总人数的3.04%。这意味着大约有60%的乘客每天在城市内出行所花费的时间为1～2小时。

表7–8　乘客一天中在所在城市内出行所需时间（n=230）

	0.5小时以内	1小时以内	1～2小时	2～3小时	3～4小时	4小时以上
人数/人	64	88	52	19	4	3
比例/%	27.83	38.26	22.61	8.26	1.74	1.3

由表7–9可知，一天中在所在城市乘坐交通工具出行的次数为1～2次的人数为13人，占总人数的59.13%；出行次数为3～4次、5～6次、6次以上的人数分别为59人、20人、15人，三者共占总人数的40.87%。可以看出将近40%的乘客每天在城内出行的次数超过2次。

表7–9　乘客一天中在所在城市内出行次数（n=107）

	1～2次	3～4次	5～6次	6次及以上
人数/人	13	59	20	15
比例/%	59.13	25.65	8.7	6.52

表7–8、表7–9数据充分说明，城市市内乘客在交通工具上单次乘车时间和累计乘车时间较多，如果用乘坐交通工具的时间进行健身，时间是完全可以超过“经常参加体育锻炼的体育人口”每次锻炼时间的要求。

（二）乘客离开所在城市出行占据的时间

还有很多乘客会跨城市、跨省份，甚至跨国进行旅行，这使在交通工具上的时间更长，调查离开城市的时间如表7–10所示，出差旅行次数如表7–11所示。

表7-10 乘客一年中离开所在城市出差旅行所需时间（n=230）

	3小时以内	3～8小时	8～12小时	12～24小时	1～3天	3天以上
人数/人	37	123	42	17	6	5
比例/%	16.09	53.48	18.26	7.39	2.61	2.17

表7-11 乘客一年中离开所在城市出差旅行次数（n=230）

	0～1次	2～3次	4～5次	6～7次	8～9次	10次及以上
人数/人	45	78	37	22	14	34
比例/%	19.57	33.91	16.09	9.57	6.09	14.78

如表7-10所示，一年中乘客出差旅行时间为3～8小时的乘客最多，占总人数的53.48%；所需时间为8～12小时、12～24小时分别占总人数的18.26%、7.39%，共占总人数的25.65%；所需时间为1～3天、3天以上的人数比较少，占总人数的4.78%。这说明超过50%的乘客一年中离开所在城市出差旅行途中所需时间为3～8小时，有大约25%的乘客出差旅行途中所需时间为8～24小时。

如表7-11所示，在被调查的230名乘客中，一年中离开所住城市出差旅行的次数为10次及以上的有34人，占总人数的14.78%；出差旅行次数为2～3次、4～5次、6～7次、8～9次的人数分别为78人、37人、22人、14人，共占总人数的65.65%。这就意味着高达65.65%的乘客一年中出差旅行的次数为2～9次，其中出差旅行2～3次的人数最多，最不容忽视的是，一年中出差旅行次数为10次及以上的人数达到了14.78%。

从表7-10、表7-11的调查数据结果看，出差到所在城市之外的乘客每年10次以上的人达到14.78%，50%的乘客一年中离开所在城市出差旅行途中所需时间为3～8小时，如果这批乘客也转变思想在旅途中进行健身活动，那也将是全民健身的重要群体。

（三）乘客旅途中的健身及其他消遣活动

上述调查与其他相关调查研究结果一致，在交通工具上的乘客，乘车次数较多，每次乘车时间也较长，从时间的角度可以引导其参与锻炼健身，现在关键的因素就是乘客有没有在乘车途中进行健身？为此，我们针对旅客在旅途中进行的健身及其他消遣活动进行调查，调查结果如图7-8所示。

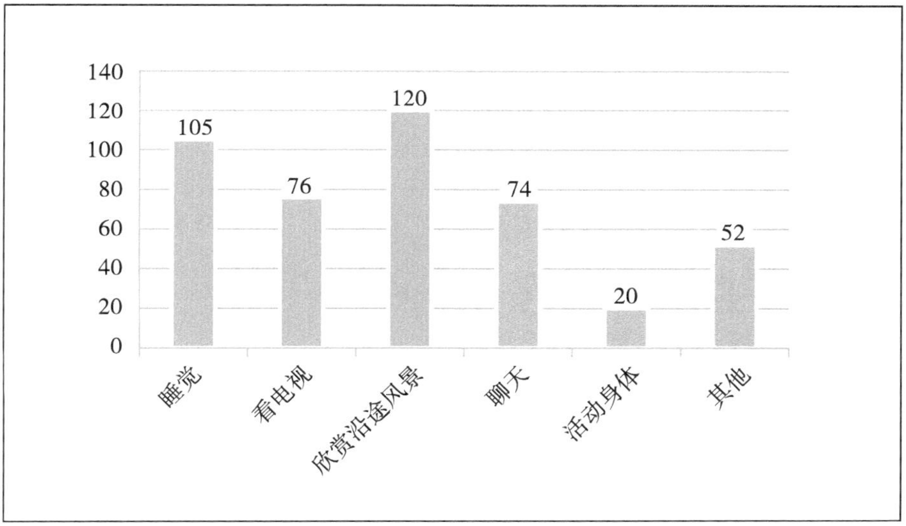

图7-8　乘客乘坐交通工具中最常做的消遣活动

由图7-8可以看出，被调查的乘客在乘坐交通工具的途中最常做的事为欣赏沿途风景和睡觉；其次是看视频和聊天及做其他事；最少的选项是活动身体。可见，目前在交通工具上进行健身的人群较少，还没有形成主流；反观乘客最愿意做的消遣活动是欣赏风景、休息睡觉、观看视频，这也可能是部分人群反对在交通工具上健身的原因，即锻炼健身的行为可能影响其他乘客睡觉、休息和休闲活动。

结合以上图表的数据可知，乘客在交通工具上有着较为充裕的时间，乘客对旅途中的时间安排与利用呈现出多样化的趋势，但就目前而言很少有乘客活动身体。人们常常将生活中大部分时间用来工作，另外还有较多时间需要花在上班和下班的路上，工作时间、乘车路途时间、日常生活时间等多方面的时间支出，使得很大一部分人群苦于没有时间去锻炼身体。事实上，无论是长途还是短途乘坐交通工具出行，从理论上和典型成功案例来看，都是可以利用在交通工具上的时间来锻炼身体，既省去了专门去健身房、体育场锻炼的时间和费用，又能赶走疲倦，使自己以精神饱满的状态投入接下来的工作之中，还可以使自己拥有健康的身体。

三、乘客在旅途中的健身意愿

从我们日常生活及抽样来看，在交通工具上健身的人确实只有少数，那么交通工具上是否存在有需求但是又没有付出行动的人群呢？为此，我们对乘客在旅途中的健身需求进行了专门的问卷调查，调查主要围绕“在交通工具既有条件下是否愿意健身”“在现有交通工具上新配置健身器后是否愿意健身”“乘车多长时间愿意健身”“乘车时一般选择哪个身体部位进行健身”等实际问题，结果如表7–12、表7–13所示。

（一）在交通工具既有条件下的健身意愿

从表7–12中可以看出，当下非常愿意、比较愿意、愿意在交通工具上活动身体的人数分别为20人、75人、52人，分别占总人数的8.7%、32.61%、22.61%，总计63.92%；十分不愿意、不太愿意在交通工具上活动身体的人数分别为8人、75人，占总人数的36.08%。由此可见，有少部分乘客对在交通工具上活动身体的态度十分积极，只有极少的乘客十分不愿意在交通工具上活动身体，但大多数乘客都愿意在乘坐交通工具时活动身体。

表7–12　乘客在交通工具既有条件下健身的意愿（n=230）

	十分不愿意	不太愿意	愿意	比较愿意	非常愿意
人数/人	8	75	52	75	20
比例/%	3.47	32.61	22.61	32.61	8.7

（二）交通工具上新增器材后的健身意愿

在交通工具既有条件下愿意进行健身的乘客达到六成以上，在此基础上，我们假设交通工具上新增健身器材乘客是否愿意健身（表7–13），其结果显示愿意以上意见的占比达到78.7%，即通过改善交通工具上的健身条件就可以吸引两成的乘客参与健身活动。

表7–13　假设交通工具增设健身器材乘客是否愿意健身的意愿（n=230）

	十分不愿意	不太愿意	愿意	比较愿意	非常愿意
人数/人	10	39	83	77	21
比例/%	4.35	16.96	36.09	33.48	9.13

从表7-13可以看出，假设交通工具增设了健身器材，选择非常愿意、比较愿意、愿意三者达到78.7%；而十分不愿意、不太愿意的比例分别为4.35%、16.96%，仅占总人数的21.32%。这就意味着如果交通工具上增设了健身设施，有接近八成左右的乘客愿意健身，而只有将近20%的乘客不想健身锻炼，且相对既有条件下健身人数比例，新增体育器材后又增加了两成乘客愿意健身。

因此，在稳定原有参与人群的基础上，可以通过在现有交通工具上新增适合的体育健身器材或空间，吸引更多乘客参与健身活动。另外，交通工具的设计者和制造者可以长远规划在交通工具上设置健身区域和健身设备器材等，使在交通工具上健身成为新时尚、新生活方式。

（三）交通工具上乘坐多久才有健身意愿

结合本专题的问卷调查结果及其他相关研究的主要结论，在所居住城市内，大约60%的乘客每天出行所花费的时间为1～2小时，大约80%的乘客每天乘车的次数为2～3次，乘车时间主要用来观看风景、睡觉休息、观看视频、聊天等。基于此，我们进一步对乘客进行咨询访谈，了解乘车多久才有身体活动的意愿（图7-9）。

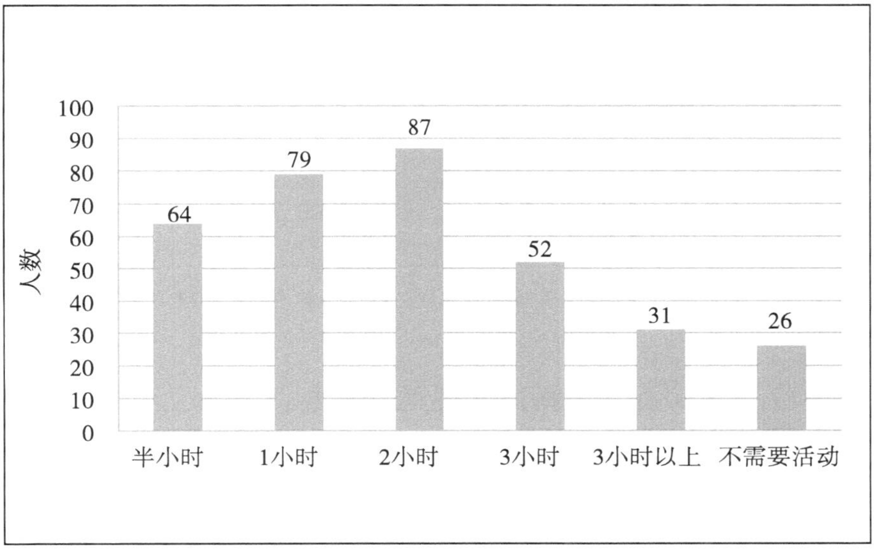

图7-9 乘客乘坐交通工具多久才有健身意愿统计图

由图7-10可知，被调查的乘客中，认为每半小时、1小时、2小时就需要活动一次身体的人数最多（n=230），分别占被调查人群的比例为27.83%、34.35%、37.83%；仅有11.3%的乘客认为在所乘交通工具上不需要健身活动。无论乘坐时间长短，乘客几乎都具有活动身体、调节身体姿势等健身的需求，但是又基于思想观念、现实条件、担心打扰或被打扰等多方面的因素而未能在交通工具上健身。

由图7-11可知，近3年从未在交通工具上活动身体的乘客高达155人，占被调查总人数的67.39%；活动过1～2次、3～4次的乘客共占被调查总人数的23.91%；活动过5次以上的乘客有20人，占总人数的8.7%。虽然从图7-10可以看出，绝大多数乘客在乘坐交通工具途中都有活动身体的需求，但实际上却有将近70%的乘客近3年来从未在交通工具上活动身体，是“有健身需求，没健身行动”，这与前面的调查也一致，体现了乘客意愿的真实性和调查的可信性。

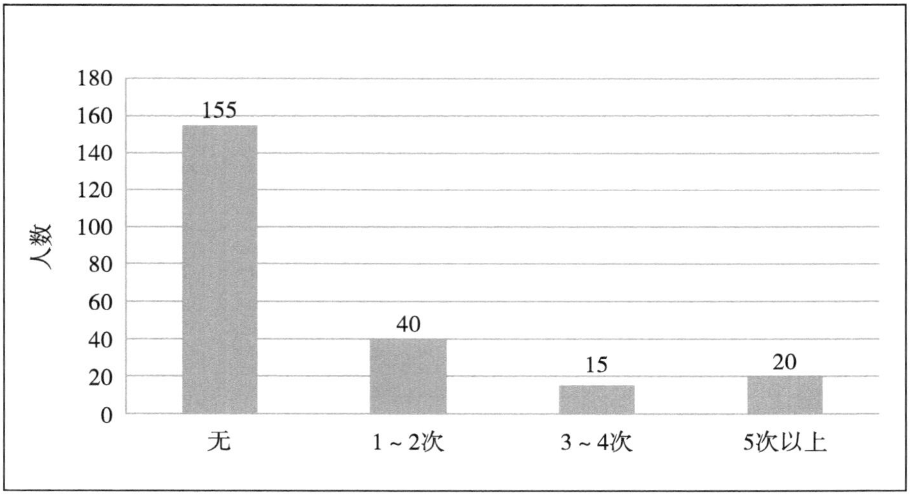

图7-10 乘客近3年在所乘交通工具上活动身体次数统计图

（四）交通工具上选择活动哪里的意愿

由于受到交通工具空间限制、安全限制和乘客间相互影响的限制，在交通工具上健身和在日常体育场地上健身确实存在一定差别，我们对乘客在交通工具上的活动部位进行了调查（图7-11）。

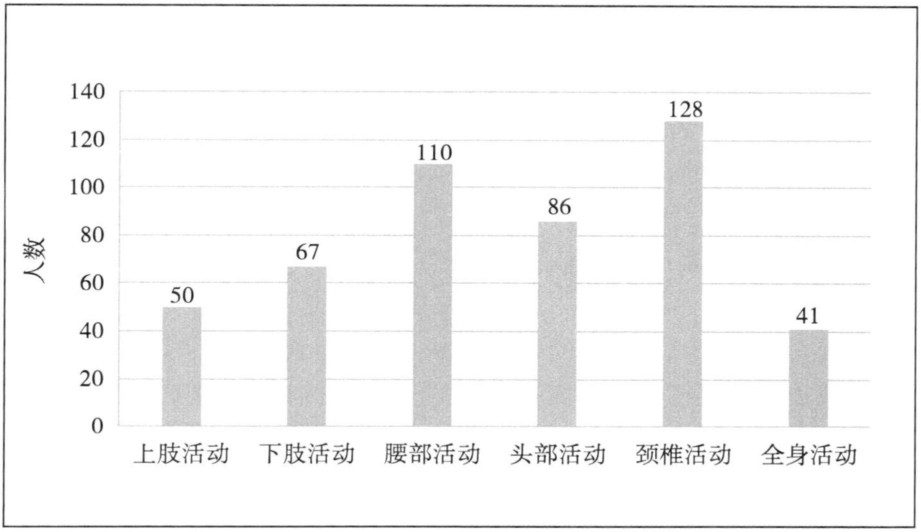

图7-11　乘客在交通工具上活动部位统计图

由图7-12可知，排名第一的是颈椎活动，其次是腰部活动，其余依次为头部活动、下肢活动、上肢活动和全身活动。这些部位怎样进行活动呢？调查结果如图7-12所示。

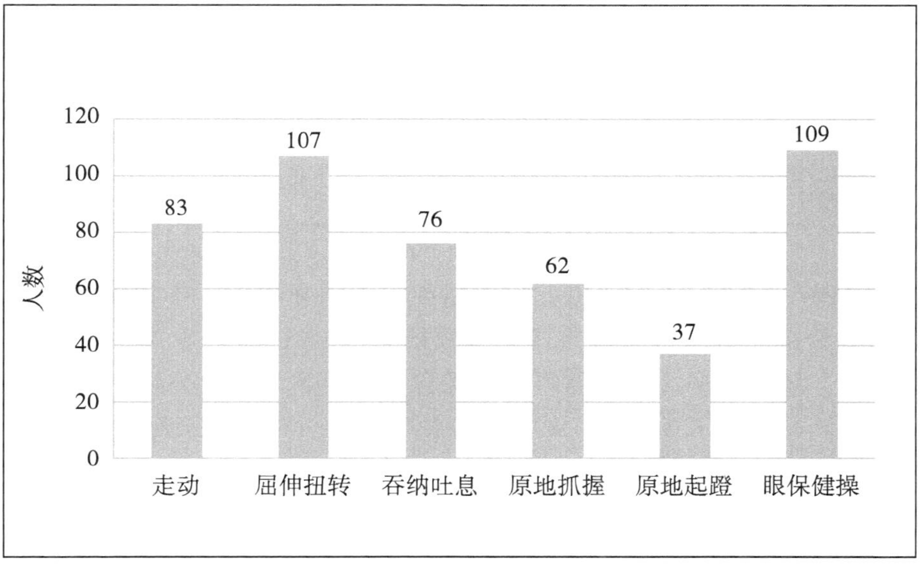

图7-12　乘客所乘交通工具上可进行的身体活动统计图

由图7-12可知，在被调查的230名乘客中，最受欢迎的是眼保健操，其次是屈伸扭转，分别有109人、107人；紧接着是走动，有83人；然后是吞纳吐息，有76人；而进行原地起蹬和原地抓握的有37人和62人。就图7-12统计结果来看，乘客认为在交通工具上所做的身体活动具有“力所能及、随处可坐、安全系数高、扰民影响低、依赖器材少、动作幅度小”的特点。

四、乘客在旅途中的健身条件

当前在交通工具上健身的人并不多，因此，我们需要进一步研究，在交通工具上匹配哪些条件才能吸引更多的乘客参与到交通工具上的健身活动中来，包括交通工具上健身活动的趣味性、健身活动的理论指导、健身设施设备的配置及健身舆论环境的营造等。

（一）交通工具上的健身趣味性

动机会激发某个行为的意向，是推动人们从事某种活动的内部心理动因。而运动动机是由运动目标引发的，有了目标就会产生内部需要，有了需要就会出现满足需要的意向，进而成为行动的动力，为此我们对交通工具上的乘客进行健身动机的调查（表7-14）。

表7-14　乘客在交通工具上活动身体的原因统计表（n=230）

	喜欢运动	锻炼身体	结交朋友	打发时间	其他
人数/人	19	77	16	77	41
比例/%	8.26	33.48	6.96	33.48	17.83

由表7-14可以看出，因“喜欢运动”“锻炼身体”而愿意在交通工具上活动身体的乘客人数共占总人数的41.74%；而由于打发时间、喜欢运动、结交朋友及其他等原因锻炼身体的乘客的人数分别占总人数的33.48%、8.26%、6.96%、17.83%，共占总人数的66.52%。因此，我们在交通工具上倡导健身活动，首先需要动员的是喜欢运动的乘客，其次是通过具有趣味性的健身活动方案吸引“打发时间”的乘客，最后就是制定强制规则和鼓励激励制度吸纳更多乘客参与。

（二）交通工具上的健身理论指导

科学研究表明，内部动机对人的影响较外部动力更为深远，只有从心里喜欢或是认可这一事物，才会形成内部动机，给人带来积极的促进作用。在交通工具上健身，需要形成合适的健身动机及合适的健身理论。交通工具上的健身环境相对于健身房来说有空间限制、器材限制、动作幅度限制、运动项目限制、运动氛围限制、运动指导限制，也不能像健身房有专门的教练为会员提供健身指导，只能通过线上和线下等途径对乘客提供坐姿、站姿和小幅度移动姿势等的健身指导，需要形成有针对性的健身指导理论。

（三）交通工具上的健身设施

相关调查显示，在交通工具上配置运动健身器材可以吸纳约两成的乘客健身。因此，我们可以在确保安全的前提下，尝试在交通工具上配备一定的健身设施，指导乘客在安全的前提下，正确、有效地使用健身设施，为此我们对配置健身设施的必要性进行相关调查，其结果如表7-15所示。

表7-15　在交通工具上增设健身设施必要性的调查（n=230）

	十分必要	比较必要	必要	不太必要	很不必要
人数/人	12	74	51	81	12
比例/%	5.22	32.17	22.17	35.22	5.22

由表7-15可以看出，在被调查的230位乘客中，认为必要、比较必要、十分必要在交通工具上增设健身设施的乘客分别占总人数的22.17%、32.17%、5.22%，三者占总人数的59.56%，结果显示一半以上的乘客认为在交通工具上增设健身设施是有必要的。不过，我们也要清楚地认识到，被调查者中也有5.22%认为“很不必要”和35.22%的人认为“不太必要”，持有该类观点的乘客主要考虑现如今交通工具上的空间太狭窄，无法提供放置健身设施的场地，再者就是担心在交通工具上健身存在安全隐患。

基于国内外交通工具上健身的案例，我们认为当前交通工具上健身的场地设施可以从以下三个方面进行探索：其一，在现有交通工具上配置体积小、质量轻、安全系数高的健身器材；其二，设计和运行专门的运动巴士等交通工具[①]；其三，设计专门的健身车厢或专门的健身空间区域[②]。比如在火车上能够单独开放一节类似餐饮车厢的“运动车厢”，编制出一套合理的使用规则，乘客可以在这节车厢中自由、安全地锻炼身体[③]。

（四）在交通工具上健身的环境舆论

当前在交通工具上健身存在“需求大，行动少，报道多，身边少”的现象，对于新闻报道的不同观点和典型例证，作为该现象的研究者我们应该一分为二地看待，既要看到在交通工具上健身的益处和前景，也要看到其安全方面的担忧和被干扰的顾虑。为了了解关于在交通工具上健身相关研究者态度和乘客态度的差异，我们对部分乘客进行问卷调查，调查结果如图7–13所示。由图7–13可知，从未听说过、从未看到过可以在交通工具上锻炼身体的乘客分别有71位和63位，占总人数的30.87%和27.39%，两者占总人数的58.26%；而表示在网上看到过、偶尔听说过共有64人，占总人数的27.8%。这就意味着将近一半以上的乘客其实还不知道在交通工具上也可以进行健身活动，仅有三成乘客知晓交通工具上的健身活动案例。

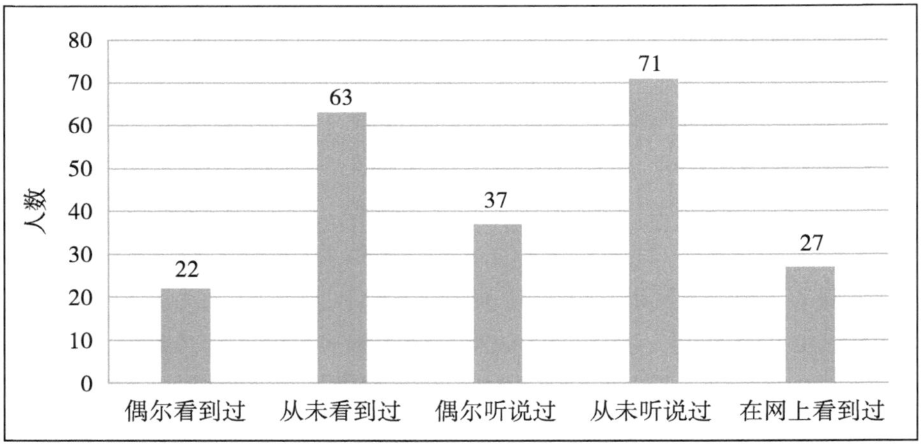

图7–13 关于乘客是否听说过可以在交通工具上进行健身活动的统计图

①余之敏. 把健身房搬到公交车上/场景消费下的新商机［J］. 中外管理，2017（11）.

②实拍铁路移动“健身房”：车厢虽小 “五脏俱全”［EB/OL］. https：//cj.sina.com.cn/articles/view/1784473157/6a5ce64502002gvgk

③陆建雄，张福昌，申利名. 坐姿理论与座椅设计原则及其应用［J］. 江南大学学报：自然科学版，2015.

通过分析调查结果，出现该现象的主要原因是在交通工具上进行体育健身的宣传引导偏少，政府相关业务主管部门对其认可度的宣传偏少。因此，政府部门应该引导新闻媒体的舆论导向，鼓励乘客在旅途中的健身活动，推动交通工具健身设施的增设，加快推动旅途中健身活动的普及，加强体育健身文化宣传。

五、乘客在旅途中的健身活动

乘客可以根据需要和交通工具的空间器物条件进行力所能及的体育健身活动。结合各类交通工具的实际情况，我们认为在交通工具上健身主要包括吞纳吐息健身、坐姿锻炼、站姿锻炼、移动锻炼和持械锻炼五种锻炼形式。

（一）吞纳吐息健身

调节呼吸也是一种健身运动①。吞纳吐息不受人群、场地、姿势、时间等多方面因素的限制，真正可以做到“随时、随地、随人、随事”。按照呼吸的方式、呼吸时间长短主要分为以下几类：

1. 呼吸方式变换的健身

医学上通常把呼吸分为腹式呼吸、胸式呼吸和混合呼吸三种，在交通工具上可以通过这三种呼吸方式的变化来达到健身养生的作用。而腹式呼吸又可以分为逆腹式呼吸和顺腹式呼吸，通常采用逆腹式呼吸进行锻炼的居多。因此，我们可以一种呼吸方式进行15分钟，反复交替进行呼吸锻炼，起到一定健身养生的效果。

2. 呼吸深度变化的健身

按照呼吸的深度可以分为浅呼吸和深呼吸。一般而言，浅呼吸无意识、无规则、无知觉，深呼吸有意识、有规则、有知觉。因此，在交通工具上的乘客一般采用浅呼吸，故可以通过改变浅呼吸为深呼吸来进行健身

①布朗蒂娜·卡莱-热尔曼. 关于呼吸的全景解读与实践运动（呼吸运动全书）［M］. 刘菁，译. 北京：北京科学技术出版社，2021.

养生。通常有意识地进行深呼吸可以有效缓解晕车，且深呼吸对于身体有很多好处，即深呼吸可以增加肺功能，使身体放松，使人心境平和焦躁消除，能够消除精神紧张，改善心脏的代谢，预防心血管疾病，利于血压的控制。

（二）坐姿原位健身

在广西至北海的动车上，列车行驶一段时间后会播放健身的视频。早在2009年4月郑州交运集团就推出新服务，即坐大巴累了可做健身操放松，据该集团负责人介绍，该类活动最早在铁路上推行。因此，交通工具上可以分时段统一播放眼保健操和活动身体的小动作教学视频，带领乘客一起活动身体，提供良好的健身氛围①。

另外，2005年《家庭中医药》第4期曾刊登《班车上的健身运动》一文，其中列举了搓手掌心、搓手背、握拳放开、顶十指、干洗脸、摩发根、旋眼睛、揉眼皮、捏揪眉头、揉太阳穴、摩鼻背、鸣天鼓、捏耳垂、叩齿、运舌、鼓漱、左右转头、头侧屈、低头仰面、头绕环、举臂拉肩、屈腿抬膝、直角支撑、旋摩膝盖、靠椅桩、提肛、提踵、提跟腱28种具体运动动作②。

（三）站姿移位健身

上述交通工具上坐姿健身的各类动作同时适合站姿练习，只是在幅度上更加自如一些，在空间上也更加自由一些，站姿动作具有以下几个特点。

"屈"：头部慢慢向后屈，由左至右做180°的旋转，头部前屈及旋转，或者腰部前屈围及旋转。这样的动作可以增加颈椎及腰部的活动度，增强血液循环，也能缓解颈椎或腰部的不适。

"伸"：伸懒腰会引起全身大部分肌肉收缩，从而使堆积的血液被"赶"回心脏，增加人体血流量，促进血液循环。所以，常伸懒腰在促进人体肌肉收缩和舒张、增进肌肉本身血液流动的同时，还能带走肌肉中的

①王洪涛. 消除旅游疲劳6大秘笈［J］. 家庭护士，2004（4）：34.

②穆道宏. 班车上的健身运动［J］. 家庭中医药，2005，4：34-35.

代谢产物，缓解身体疲劳，使人感到全身舒展，神清气爽。

“扭”：坐在座位上，左手搭在前排座椅靠背上，右手向后环抱住自己座椅靠背，用腰部的力量带动整个身体向右转，然后换另一个方向重复做这个动作。扭转腰身这个小动作可以大大减轻久坐给腰椎带来的不适，有效防止腰痛。

“转”：两脚平放于地面，然后抬起右脚，再用双手抱住右腿膝关节处，大腿稍微放松，顺时针转动脚腕，两只脚交替进行，重复四至五次，可以促进脚腕处的血液循环。

（四）持械运动健身

在交通工具上坚持利用健身器械锻炼可以增加身体内血红蛋白的能量，提升机体的抵抗力，还可以抗衰老，提高大脑皮质的工作效率及明显改善心肺功能等。乘客可以自带健身小器械，在交通工具上稍空旷的地带或者座位上持器械运动①。如迷你哑铃、平衡板、拉力带、拉力器等灵便小巧的健身器械，不但携带方便而且能够随时进行简便易行的身体活动，这样乘客坐在座椅上就可以达到锻炼身体的目的，适合旅途中久坐的乘客。同时，交通工具也可以为乘客提供大型健身器械，但无论是何种器械，必须是在排除一切安全隐患的前提下使用，不可对他人的安全造成威胁②。此外还应该控制运动的时间和运动量，否则容易感到疲劳，甚至是肌肉酸疼，稍不注意就会引起运动损伤。

第四节　我国体育场地运用新尝试——共享健身仓

共享是我国“五大发展新理念”的重要组成部分，共享健身仓（也称共享运动仓）是在共享发展理念的指引下，基于我国人民的健身需求，面对我国体育场地面积供给总体不足的困境，是既能满足人们健身需求，又能弥补体育场地供给不足的有益尝试。共享健身仓具有运动模式的便捷性、运动环境的私密性、运动场所的智能化等主要特点，能够在一定程度

①刘永晓. 飞机上做做“小动作”［N］. 健康时报，2010-03-29（6）.

②韦娜. 人性化设计理念导入国内公共汽车设计的应用研究［D］. 武汉：武汉纺织大学，2013.

上缓解人们健身需求多元化及公共体育服务有效供给不足的矛盾[①]。

一、共享健身仓的基本内涵

共享健身仓是继共享单车、共享睡眠舱等“共享模式”下的一种新的共享项目，于2017年8月首次出现在北京的某小区内。该运动仓占地5平方米左右，仓内配备跑步机或动感单车1台，配备瑜伽垫、哑铃、阻力带等轻便小型健身器材及相关辅助设施，通过扫描进舱锻炼，需要缴纳99元押金，使用收费为0.2元/分钟。

（一）共享健身仓的价值

共享健身仓就外观内饰、功能设计、投资模式及运营管理等方面来看主要具有以下特点：其一，占地面积小，体积容量有限，可拆卸移动。占地约5平方米，可做拆卸装配，可根据需要做整体移动。其二，配备器材呈现“一大多小”的状况。即一个大器械，主要是1台跑步机或动感单车等；多个小设备，主要是瑜伽垫、弹力球等。其三，采用共享经济模式，投放到高档社区和繁荣的商场周边，方便、快捷，私密性较好。其四，单次容纳十分有限，按顺序1～2人依次使用。其五，用户无须到固定健身房办卡，在手机上几分钟即可完成下载、注册、开门解锁、运动支付的全过程（图7-14）。

图7-14　觅跑自助健身共享健身仓

①戴茜，张文鹏，王钧. 共享健身仓的发展路径研究［J］. 体育文化导刊，2019，2：52-57.

共享健身仓已成为城市社区和繁华商场的靓丽风景，按照“共享健身仓”创始人毕振的说法：“室外运动是刚需，自助运动仓可能是切入这一场景的最有效方式。”共享健身仓具有运动模式的便捷性、运动环境的私密性、运动场所的智能化等鲜明突出的特点①。共享健身仓是我国共享经济模式发展的新的投资热点，是我国全民健身活动日益高涨的市场需求，是对我国全民健身公共服务供给不足、供给方式有限的积极回应。因此，其具有宏观、中观和微观三个方面的重要意义：从宏观层面来看，可以缓解健身需求多元化与公共体育服务有效供给不足的矛盾；从中观层面来看，搭借共享经济的“东风”推动健身市场变革；从微观层面来看，自身特点鲜明，要着力解决市场面临的痛点。

（二）共享健身仓开发依据

共享健身仓的出现与发展既有健身市场需求的促进，也有市场背后资金的推动。

首先，从发展机遇来看，共享健身仓是共享经济发展模式的延续，是互联网技术的应用，是数字经济发展的需要，是共享健身行业发展的趋势，是向高度互联网智能化、管理轻量化和市场需求量大的方向发展②。

其次，从发展的环境来看，共享健身仓的发展遇到了政治环境、经济环境、社会环境、技术环境发展的最好时刻。其一，政治环境。国家先后出台系列政策，尤其将全民健身战略上升为国家战略，为共享健身仓发展提供多重政策利好。其二，经济环境。我国经济发展规模不断扩大，经济发展水平也大幅度提升，人们生活水平的提高使健身付费的可能性大大提升。其三，社会环境。体育产业的发展速度不断加快，规模不断扩大。其四，技术环境。随着我国信息化日益提高，线上预约、智能解锁、智能计费和网络社交功能的实现都为共享健身仓的研发奠定了基础②。

二、共享健身仓的主要问题

共享健身仓自2017年在北京市海淀区某小区投放以来，一些大城市的

①戴茜，张文鹏，王钧. 共享健身仓的发展路径研究［J］. 体育文化导刊，2019，2：52-57.

②赵思齐，廖艺琛. 共享健身仓发展及问题研究［J］. 现代商贸工业，2018，25：62-63.

社区内先后出现共享健身仓，经过一段时间发展扩张后，一些一线城市的投放量都在下降，开始遇冷逐渐沉寂了下来。究其原因，主要存在以下问题。

（一）作为器材：产品设计存缺陷

1. 设备单一不够用

共享健身仓目前配备的器材对大众健身多元化需求存在供给不足的短板。

2. 仓体设计空间小

共享健身仓占地约5平方米，这就决定其空间的有限性，如可容纳的器材、同时健身人数、排风去味、运动安全和卫生医疗安全的有效性，影响用户的运动体验[①]。

3. 缺乏教练员指导

从共享健身仓的顾客来源来看，主要是有一定运动健身基础的客户和没有基础的客户。没有基础的客户在没有教练员指导的情况下，不仅达不到健体的效果，也容易受伤，甚至可能出现危及生命安全的情况[②]。

4. 社交功能未体现

交流健身心得等社交功能是体育运动健身的一项重要功能，由于共享健身仓空间狭小且封闭，一次同时也只有2人，而且多数情况只有1人，让健身的社交功能在这里无法直接体现。

5. 封闭空间存隐患

共享健身仓为封闭式仓房，内部空间狭小，通往外部出口窄，智能装备需供电，辅助设备电量大，装饰装潢材料易燃，通透玻璃等材质易破损，无人值守与监管，如果发生火灾则无法及时扑灭逃生，存在治安和消防隐患。

---

①赵思齐，廖艺琛. 共享健身仓发展及问题研究［J］. 现代商贸工业，2018，25：62-63.

②王华丽. 共享健身仓发展的问题分析［J］. 现代商贸工业，2018，14：67-68.

（二）作为市场：盈利前景不明朗

1. 从消费者视角，消费成本高

价格是影响消费的重要因素，共享健身仓收费是按照每次或每分钟按时收费，以觅跑共享健身仓为例，每 5 分钟收费1元，跑步1小时就是12元，一年的费用就是4000多元，相对传统健身房收费较高，而且有教练现场指导[①]。

2. 从投资者视角，利润回报低

从消费者角度来看，共享健身仓的收费不低，甚至较多消费者还认为偏高。相反，从投资者角度看，该项目投资周期长，利润回报低；从运营者来说，共享健身仓由于造价偏高，运营成本较高，每天运营的时间短，每次健身人数少，致使单台的收入有限，导致资金回笼的时间较长。

3. 从经营模式看，行业同质化

共享运动仓是新的共享项目，行业的同质化严重，需要借此机会进行共享行业的创新[②]。

三、共享健身仓的应用前景

共享健身仓就发展前景而言，未来可能有以下几个方面。

（一）依靠经济，把握行业发展机遇

我国经济社会持续发展，体育健身行业向好，共享健身仓也因此获得巨大的发展机遇。

①王华丽. 共享健身仓发展的问题分析［J］. 现代商贸工业，2018，14：67-68.

②赵思齐，廖艺琛. 共享健身仓发展及问题研究［J］. 现代商贸工业，2018，25：62-63.

（二）优化设计，激活体育社交属性

目前共享健身仓占地面积约5平方米，可适当增大占地面积到15～20平方米，提供多样化设备，提高空间利用率，增加同时健身的人数，增加线上教练员及线上健身人员的交互性，切实提高共享健身仓的社会社交属性。

（三）夯实商场，降低投资运营成本

当前共享健身仓主要有三种模式，即共享健身仓（觅跑、抖吧、纯净跑）、集装箱式健身仓（公园盒子、矮马健身）、自助健身房（乐刻运动、光猪圈、超级猩猩）三种新型健身房模式。其进入的场地区域主要在小区，研究者认为还可进军商场等商业场所①。

（四）根植社区，提供公共体育服务

共享健身仓发展至今，最先投放在社区，最多投放也在社区，未来也需要根植在社区。从目前共享健身仓投放社区的状况来看，与社区合作的深度不够，合作的层次尚浅，合作的机制不畅，还有很大的空间值得挖掘。

（五）开拓职场，发挥轮流健身优势

未来可将共享健身仓的投放地点拓展到工作区域，投入单位或企业内部，按照就近方便的原则让工作人员轮流进行健身，这样减轻了时间轮流选择的机会成本，同时在单位内部使用，也确保了健身仓的安全问题和卫生问题。

总之，共享健身仓是目前大型城市健身领域中的一种创新形式，是“互联网+共享经济”时代探索发展的结果。我们要直面共享健身仓投放应用和使用中的问题，在共享健身仓平台中的投资者、管理者和消费者都需

①赵思齐，廖艺琛. 共享健身仓发展及问题研究［J］. 现代商贸业，2018，25：62-63.

要感知便利、感知成本、感知风险[①]，既充满期待，又不缺理性。

第五节 我国体育场地运用新认识——生活实景的场地

生活实景的场地是指在电影实景的基础上，结合生活中时间、地点、人物和事件加以诠释。我们每一个人的健身场地和健身活动都应立足于该生活瞬时全景，与我们此时的工作、学习、生活直接关联，进行力所能及、短时间、低强度、无难度、重复性的身体活动，实现“随地、随时、随人、随事”的“四随健身”。

一、立足四大实景——栖居之处“四随健身”

栖居之处“四随健身”，就是在生活实际中立足于生活状态进行力所能及的健身。首先，实现“随地、随时、随人、随事”的“四随健身”，就需要立足“生活、学习、工作、闲暇康养”四大场景进行力所能及的随地健身。其次，从随时健身来看，在生活实景状态中，根据学习时间、工作时间、生理必需时间、家务时间、医疗健康保养时间及其他闲暇时间等，随时进行力所能及的健身活动。再次，从随人健身来看，在全生命周期，婴幼儿、青少年、中老年等不同生命周期阶段的人都需要进行体育运动健身。最后，从随事的角度来看，按照事情和人体姿态，保持一定身体状态之后就需要调整身体姿态，而这就是我们随事健身的依据。

二、凭借重复手段——四大实景互利双赢

（一）重复练习是体育的关键手段

任何一项训练内容，任何一门技术技巧，任何与操作有关的技能，都是通过无数次地重复达到熟练的程度。一项技能从不会到会，从陌生到熟练，

①戴茜，张文鹏，王钧. 共享健身仓的发展路径研究［J］. 体育文化导刊，2019，2：52-57.

从初步到了解到完全自动化的程度，是经过无数次的重复得到的（图7–15）。因此，在日常生活中应坚持进行体育锻炼。

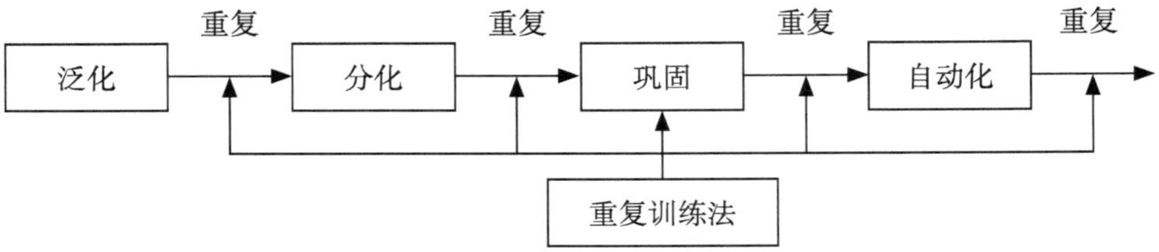

图7–15 重复训练在动作技能形成过程中的应用示意图

（二）重复记忆是学习的重要手段

重复是记忆之母。重复记忆法，指的是把所记忆的内容连续重复或间隔一定时间后再重复学习一次，经过多次重复，变为永久性记忆。而对于运动而言，运动技能的重复练习可不断增加肌肉记忆，提升肌肉对于运动动作的敏感性，通过对运动动作的重复性练习，一定程度上加强身体肌肉群对于该运动动作的应激反应。因此，我们平时进行运动，选择重复的形式对于运动的习得与身体健康水平的提升有显著的作用。

（三）小量多次运动是健康的有效手段

运动是良药已成为大众的广泛认知。对于运动的具体形式，更有学者研究指出，使用小重量、小负荷进行较多次数的练习方法如常见的健身操、简易单车运动可助力疾病的改善。对于每天有应酬、有工作的上班族来说，专门腾出时间在健身房是件极为奢侈的事情，因此不少健身爱好者提出利用早起时间来进行20分钟的健身，真正地做到随时随地运动，出差旅行从不间断。随生活场景的小量多次运动方式如下：

扫地：扫地需弯腰屈臂，四肢随之运动，血液循环加快，人体骨骼、肌肉、关节及韧带一并得到适度锻炼，不失为一项老少皆宜的健身劳动。

蹬摩脚心1分钟：以双足跟交替蹬摩脚心，使脚心感到温热。蹬摩脚心有活经络、健脾胃、安心神等功效。

伸屈四肢1分钟：通过伸屈运动，使血液迅速回流到全身，供给心脑系统足够的氧和血，增强四肢大小关节的灵活性。

收腹提肛1分钟：反复收缩，使肛门上提，可增强肛门括约肌收缩力，促使血液循环，预防痔疮的发生。

手指梳头1分钟：用双手手指由前额至后脑勺，依次梳理，增强头部的血液循环。可预防脑部血管疾病，还能使头发黑亮。

转动眼睛1分钟：眼球可顺时针和逆时针运转，能提神醒目。

轻揉耳轮1分钟：用双手指轻揉左右耳轮至发热，这样做可使经络疏通，尤其对耳鸣、目眩、健忘等症有防治功效。

拇指揉鼻1分钟：用双手手拇指上下揉鼻部，可预防晨起着凉而引起的鼻塞流涕，防治感冒。

叩齿卷舌1分钟：轻叩牙齿，可使牙齿和牙龈活血并健齿；卷舌可使舌活动自如，增加其灵敏度①。

总体而言，运动与健身应是一个长期蓄积的过程，应把健身融入生活中，使之真正地成为生活中不可或缺的一部分。

（四）重复手段与碎片时间的实景联通

平日的运动健身，要利用碎片化与重复手段实景联通，可根据自身所处环境开展运动项目，真正将健康贯彻至每一秒，做到“四随运动”。

三、边运动边学习——学习实景中的运动

运动对我们的大脑有唤醒作用，可以更好地促进信息融入长时记忆②。这对于学业繁忙而运动时间不足的学生群体来说无疑是一个两全其美的活动，同时这也为众多教育工作者提供了一个新思路：让学生在体育运动中进行知识学习，进而高效利用时间。

四、边运动边工作——工作实景中的运动

职场工作间隙如何健身保养？可以学习下面几种方法。

---

①专家教你生活中的八个健身小动作［EB/OL］. http：//sports.39.net/a/120829/4039758.html

②刘文彬. 低强度运动对小学生陈述性记忆及其再巩固的影响研究［D］. 信阳：信阳师范学院，2022，5：34-36.

1. 伏案工作时

我们多数时间是坐在椅子上工作，因此让自己保持一个正确的坐姿是非常重要的。选择一把有靠背和扶手的椅子，工作的时候，一定要让自己的两前臂保持平行，膝盖成90° 。另外，可以给背的下部垫上一个柔软的靠垫。

2. 复印文件时

复印文件的时候，可在等候的过程中放松自己的脖子和肩膀肌肉，有节奏地转动自己的头部等，伸展自己的四肢。这些运动都可以帮助缓解伏案工作给身体带来的压迫。

3. 午餐休息时间

吃完午餐不要急于马上回到办公室工作。饭后一段短距离地散步不仅助消化，而且可以帮助自己放松身体各个部位及心情。

4. 做下蹲运动

双脚分离与肩同宽，然后双手扶着椅子慢慢下蹲，起身站立。如此反复做10次，休息片刻后继续做10次。该运动可以帮助增强大腿和背部肌肉强度。

5. 喝茶或咖啡时

工作一段时间后就起身去给自己冲杯茶或者咖啡。冲茶或者冲咖啡的时候可以单腿轮流站立，最大限度抬高一腿；或者双腿并拢站立，弯腰、让自己的双手掌触摸地面。

6. 使用电脑时

应与电脑屏幕保持健康距离，电脑屏幕应该位于正前方至少50厘米，屏幕高度应该略微低于双眼高度。屏幕不应正对窗口，以免反光。经常远眺和眨眼。

7. 尽量少乘电梯

中强度的身体锻炼可以帮助人加强心脏功能。因此要尽量少搭乘电梯，改为走楼梯。如果办公室在第5层，那么每天上下班步行上楼是最好不过的锻炼方式[①]。

五、边运动边生活——生活实景中的运动

体育生活化是将体育作为生活内容的重要组成部分，并逐步形成体育生活方式的过程。它包括时间、空间和情感体验三大要素。时间上，要求体育活动由非日常型向日常型过渡，即养成经常参加体育活动的习惯。空间上，要求体育活动场所贴近居民，以形成生活圈体育，为参加体育活动提供方便。情感体验上，要求体育活动过程轻松愉快，使参加者能获得文化享受和需求满足，从而对体育产生亲近感和良好情感体验。在我国，体育生活化是实现终身体育目标的基本条件，也是实施全民健身计划的核心问题。

六、边运动边康复——医疗实景中的运动

医疗的本源是保障人民健康，治疗患者疾病，恢复患者功能，提高患者生活质量，使患者回归家庭和社会。而体育的本源是保障人民健康，增强全民体质、预防和减少各类发病、提高工作和生活的效率、延长寿命。体育运动是体力活动的重要组成部分，体育锻炼可以强身健体，促进健康，预防疾病。此外，体育锻炼还有一个重要功能，就是在病后康复中应用，预防和康复两个环节对健康有着重要意义[②]。

（1）因人而异，选择适宜运动：应根据自己的身体状况、所具备的条件，选择适合自己的运动种类、时间、地点。一般而言，运动时间以每日1～2次、每次 30分钟为宜，每日运动的总时间不超过2小时；运动的强度应根据老年人运动后心率而定，其计算方法为：一般老年人运动后最宜心率（次/分）=170–年龄；身体健壮的老年人可采用运动后最高心率（次/分）=180–年龄。

---

①上班时间也能健身 教你工作锻炼两不误！［EB/OL］. https：//www.360kuai.com/pc/9366e019f0fd1850e?cota=3&kuai_so=1&sign=360_57c3bbd1&refer_scene=so_1.

②李秋利，张少生，罗亮. 钟南山院士学术访谈录：体育融入生活的“主动健康”模式探索［J］. 体育与科学，2022，2：1–7.

（2）循序渐进，持之以恒：活动或运动的强度应由小到大、逐渐增加，并长期坚持。

（3）自我监护，确保安全：在活动或锻炼过程中，一定要注意自我感觉。当出现不适感觉时，应立即停止活动；出现严重不适感觉时，应及时就医。

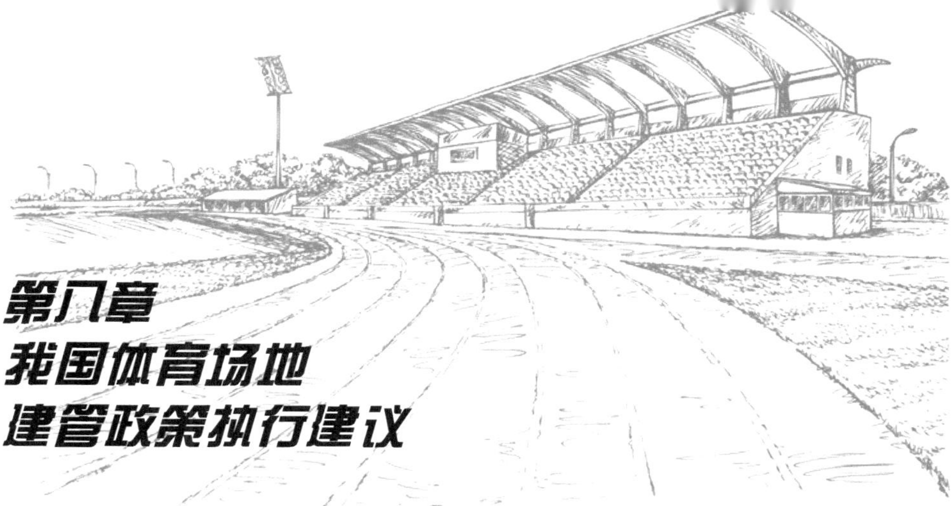

第八章 我国体育场地建管政策执行建议

一、遵循“新时代、新征程、新阶段、新理念、新格局、新目标”的使命

在开启全面建设社会主义现代化国家新征程的进程中，体育场地建设要发挥巩固夯实全面建成小康社会后的基础性作用，要在迈进第二个百年历史进程中发挥标志性作用，要按照“十四五”规划及2035年远景目标规划中关于建成健康中国、体育强国的要求建好体育场馆，要践行“五大发展理念”高质量建设体育场地，要在“国内大循环为主体、国内国际双循环相互促进”新的发展格局下建好体育场地，力争早日实现《体育强国建设纲要》规划的“人均体育场地面积达到2.5平方米”的阶段性新目标。

二、实现“新用地、新用途、新结构、新材料、新空间、新模式”的创新

“新用地”就是要在土地规划使用中，划拨专门的土地作为体育场地建设的新用地。按照《全民健身计划（2016—2020年）》等国家相关文件规定要求，按室内人均建筑面积不低于0.1平方米或室外人均用地不低于0.3平方米的标准配备建设全民健身设施划拨体育场地建设新用地。

“新用途”就是挖掘部分闲置土地、废弃矿区、“荒山、荒沟、荒滩”等荒地、闲置厂房仓库、“撤点并校”暂闲校址等低价值、低效率用地的体育场地增值功用。

“新结构”就是体育场地建设、场馆造型和内部结构进行创新，进行索网结构、四撑杆型大开口索穹顶结构、张拉整体结构、罩棚结构等及可

装配可拆卸可移动等方面的创新。

“新材料”就是要求在体育场地建设中使用新材料技术，降低建设成本、提高场地设施质量，体现绿色环保设计，实现自然和谐的美好生活方式。

“新空间”就是在常规体育场地占地空间的基础上，开发“楼顶空中空闲场地”“地下车库、地下人防工程、地下商城商场”及“空中运动娱乐项目”“水上水下项目”“移动交通工具内的微型健身活动”可以开发利用的体育活动空间。

“新模式”就是在体育场地建设管理中实行与经济社会发展相适应的开发、建设、管理和服务模式。

三、协调“热政策、冷市场、新理念、旧观念、新技术、老平台”的关系

体育场地建设管理政策执行过程中，出现“热政策—冷市场”“冷政策—热市场”的现象，出现体育场地建设、管理和使用过程中“新理念”与多数人“旧观念”的不合拍，出现“新技术”的应用和“老平台”的不匹配。需要从制定科学化、执行高效力、坚持公益性、适度市场化、奖惩制度化、评估经常化等方面进行协调。

附　录

附录1　体育场地建管政策执行绩效评估指标体系隶属度调查问卷

尊敬的专家：

您好！非常感谢您在百忙之中能够抽出宝贵时间参加我们课题组设计的匿名调查问卷。

此次研究的主要目的是探究如何评价我国体育场地建管政策执行绩效。此次问卷调查紧紧围绕我国体育场地建设管理相关政策文件颁发实施以来，该政策执行落实的情况，研究制定体育场地建设管理政策执行绩效评估指标体系。通过对已有文献资料的分析梳理，我们初步构建了A、B、C三级59项的“我国体育场地建管政策执行绩效评估指标体系”。鉴于您在公共政策执行、政策目标管理、政策绩效评估及体育场地建管政策等领域具有深入的研究和良好的职业声望，敬请您能依据您自身的专业知识和实践经验给予专业客观判断，根据每一个三级指标对评估体系的重要程度，在相应栏目中打“√”，并请提出宝贵意见。

《体育场地建管政策执行绩效评估》课题组

2020年10月

表1　体育场地建管政策执行绩效评估指标体系

一级指标 A	二级指标 B	三级指标 C	重要程度				
			非常重要	相当重要	重要	比较重要	很不重要
体育场地政策权威 A1	隶属效力 B1	政策法规颁布地单位级别C1					
		政策法规类别的效力位阶 C2					
		政策法规文本的专业水平C3					
		政策法规程序的合法审查C4					

一级指标 A	二级指标 B	三级指标 C	重要程度				
			非常重要	相当重要	重要	比较重要	很不重要
体育场地政策共识A2	政策宣传B2	宣传内容与政策的一致程度C5					
		宣传方式贴近人民的程度C6					
		宣传主体和客体范围广泛性C7					
		党政机关对政策的知晓率C8					
		党政机关对政策的认同度C9					
		人民群众对政策的知晓率C10					
		人民群众对政策的认同度C11					
		党政机关对政策执行作出承诺的比例C12					
体育场地政策路径A3	制定执行方案B3	执行方案与政策法规的契合度C13					
		执行方案对本地场地的适用性C14					
		执行方案、任务分解的合理性C15					
		执行方案与责任分工的明确性C16					
	指挥协调B4	建立和运行常态化的领导层协调机制C17					
		建立和运行常态化的跨部门协同机制C18					
		建立和运行常态化的跨部门沟通机制C19					
		建立和运行常态化的跨部门共享机制C20					
		探索和推进大部制的多部门改革整合C21					
	监督控制B5	建立和运行全程监督机制C22					
		建立和运行全面评估机制C23					
		建立和运行全员责任机制C24					
体育场地政策保障A4	权力保障B6	政策贯彻到基层执行的抵达度C25					
		对下级政策执行问题的支持度C26					
		政府对政策执行难题的解决度C27					
		群众对政策执行效果的信任度C28					

（续表）

一级指标 A	二级指标 B	三级指标 C	重要程度				
			非常重要	相当重要	重要	比较重要	很不重要
体育场地政策保障 A4	人力保障 B7	各级领导班子的领导力C29					
		组织权责结构的合理性C30					
		平均工作时间的可用性C31					
		职业道德修养的胜任性C32					
		人员合作意识的有效性C33					
		政策执行素质的过硬性C34					
		公职人员工作的满意度C35					
	组织文化 B8	常态化制度化突击化的学习培训活动C36					
		不作为慢作为乱作为的不良工作现象C37					
		创新性创业型高质量的绿色发展程度C38					
	信息保障 B9	利用信息工具的渠道广度C39					
		传递政策内容的信息速度C40					
		政策信息交流的质量效度C41					
	财务保障 B10	财物拨付时效与经费额度增减的支持程度C42					
		现有财务能力与政策执行要求的匹配程度C43					
		地方财务管理与政策执行需求的配套力度C44					
体育场地执行业绩 A5	执行效能 B11	政策执行的合法性C45					
		政策执行的合理性C46					
		政策目标的完成度C47					
		执行任务的完成率C48					
		政策执行的前瞻性C49					
	执行效率 B12	政策执行的时效性C50					
		政策问题的消解度C51					
		政策经费的使用率C52					

一级指标 A	二级指标 B	三级指标 C	重要程度				
			非常重要	相当重要	重要	比较重要	很不重要
体育场地执行业绩A5	执行效率B12	上级部门对政策执行的满意度C53					
		基层执行主体对政策执行的满意度C54					
		社会公众对政策执行的满意度C55					
		第三方组织的评估C56					
		参与政策执行企业主体的满意度C57					
		参与政策执行社会组织的满意度C58					
		政策执行经费的使用率C59					

对于A、B、C三级指标选取的其他修改意见（如增加指标、删除指标、调整指标等意见）：

增加的一级指标及名称：

增加的二级指标及名称：

增加的三级指标及名称：

删除的指标代码：

调整的指标代码：

最后，再次衷心感谢您的大力支持和宝贵意见！衷心祝愿您身体健康！工作顺心！生活美满！

附录2　体育场地建管政策执行绩效评估指标体系效度调查问卷

尊敬的专家：

您好！非常感谢您在百忙之中能够抽出宝贵时间参加我们课题组设计的匿名调查问卷。

此次研究的主要目的是体育场地建管政策印发实施以来，该政策执行落实的情况，研究制定体育场地建管政策执行绩效评估指标体系。经过理论研究梳理，我们构建了“我国体育场地建管政策执行绩效评估指标体系（X）”。鉴于您在公共政策执行、政策目标管理、政策绩效评估及体育场地建管政策等领域具有深入的研究和良好的职业声望，且参加了之前的专家访谈和隶属度分析，希望您能再次通过专业知识和实践经验，就以下指标对测量体育场地建设和管理政策执行绩效的有效程度作出判断，在相应方框中打“√”，并对否定意见给予原因指导和提出宝贵意见。

《体育场地建管政策执行绩效评估》课题组

2020年10月

第一部分　专家调查问卷填写说明

1. 一级指标能否有效反映体育场地建设和管理政策执行绩效？若不能，请说明理由并提出建议指标。

A. 能□

B. 不能□，原因是：

若不能，建议采用指标：

2. 二级指标能否有效反映一级指标的特征？若不能，请说明理由并提出建议指标。

A. 能□

B. 不能□，原因是：

若不能，建议采用指标：

3. 三级指标能否有效反映二级指标的特征？若不能，请说明理由并提出建议指标。

A. 能□

B. 不能□，原因是：

若不能，建议采用指标：

表2 体育场地建管政策执行绩效评估指标体系（X）

一级指标 A	二级指标 B	三级指标 C
体育场地政策权威 A1	隶属效力 B1	政策法规颁布的单位级别 C1
		政策法规类别的效力位阶 C2
		政策法规文本的专业水平 C3
		政策法规程序的合法审查 C4
体育场地政策共识 A2	政策宣传 B2	宣传内容与政策的一致程度 C5
		宣传方式贴近人民的程度 C6
		宣传主体和客体范围广泛性 C7
		党政机关对政策的知晓率 C8
		党政机关对政策的认同度 C9
		人民群众对政策的知晓率 C10
		人民群众对政策的认同度 C11
		党政机关对政策执行作出承诺的比例 C12
体育场地政策路径 A3	执行方案 B3	执行方案与政策法规的契合度 C13
		执行方案对本地场地的适用性 C14
		执行方案、任务分解的合理性 C15
		执行方案与责任分工的明确性 C16
	指挥协调 B4	建立和运行常态化的领导层协调机制 C17
		建立和运行常态化的跨部门协同机制 C18
		建立和运行常态化的跨部门沟通机制 C19
		建立和运行常态化的跨部门共享机制 C20
		探索和推进大部制的多部门改革整合 C21
	监督控制 B5	建立和运行全程监督机制 C22
		建立和运行全面评估机制 C23
		建立和运行全员责任机制 C24

（续表）

一级指标 A	二级指标 B	三级指标 C
体育场地 政策保障 A4	权力保障 B6	政策贯彻到基层执行的抵达度 C25
		对下级政策执行问题的支持度 C26
		政府对政策执行难题的解决度 C27
		群众对政策执行效果的信任度 C28
	人力保障 B7	各级领导班子的领导力 C29
		组织权责结构的合理性 C30
		平均工作时间的可用性 C31
		职业道德修养的胜任性 C32
		人员合作意识的有效性 C33
		政策执行素质的过硬性 C34
		公职人员工作的满意度 C35
	组织文化 B8	常态化制度化突击化的学习培训活动 C36
		不作为慢作为乱作为的不良工作现象 C37
		创新性创业型高质量的绿色发展程度 C38
	信息保障 B9	利用信息工具的渠道广度 C39
		传递政策内容的信息速度 C40
		政策信息交流的质量效度 C41
	财务保障 B10	财物拨付时效与经费额度增减的支持程度 C42
		现有财务能力与政策执行要求的匹配程度 C43
		地方财务管理与政策执行需求的配套力度 C44
体育场地 执行业绩 A5	执行效能 B11	政策执行的合法性 C45
		政策执行的合理性 C46
		政策目标的完成度 C47
		执行任务的完成率 C48
		政策执行的前瞻性 C49
	执行效率 B12	政策执行的时效性 C50
		政策问题的消解度 C51
	执行效果 B13	政策经费的使用率 C52

第二部分　专家调查问卷各项指标含义解释

该评价体系中各项指标含义如下：

一、政策权威

指政府职能部门出台体育场地建设和管理政策单位级别、政策法规渊源的效力位阶、政策法规文本的专业水平等，以及政策法规制定流程的合法性审查；其中合法性审查主要包括政策文件制定的专家专业化水平、公众参与的程度、风险评估、集体讨论决议等情况。

政策法规隶属效力位阶

指向政策制定者和人民群众参与政策制定的知情权、参与度等。

1. 法律法规的颁布单位级别

指颁布单位的行政级别：中央办公厅、国务院、各部委、省市地方政府等。

2. 法律法规的效力位阶

指宪法法律、行政法规、地方性法规、自治条例或单行条例、行政规章、其他规范性文件。法规又可以分为条例、规定、规则、办法、意见、通知等。

3. 制定内容的专业性

指制定政策的专家是否是该行业、该领域的专家及在该领域是否具有权威性、可行性等。

4. 制定程序的合规性

指制定体育场地建设和管理政策的程序是否符合相关规定；颁布体育场馆建设和管理政策文件后下发的范围的广泛性；颁布体育场馆建设和管理政策文件公众性及知晓率。

5. 政策法规发送的通告范围

指制定体育场地建设和管理政策法规文件颁布之后，规定下发或报送、传达的对象和范围，判断政策对执行主体、执行客体及其他主体的影响程度。

二、政策共识

指政府各级各部门领导和基层工作人员、市场相关主体及各级各类社会组织、场地受众主体——人民群众对体育场地建设和管理政策的认知、理解和支持程度。

政策宣传

指向政策执行者、市场参与者和场地使用者宣传政策的目标、举措、程序等。

1. 宣传内容与政策的一致程度

指政策执行者宣传政策过程中所展现的体育场地建设与管理政策目标、举措、程序等，与体育场地建设与管理政策本身描述的一致程度。

2. 宣传方式贴近人民的程度

指体育场地建设管理政策宣传的方法、渠道、对象等，是否符合政策执行的需要。

3. 宣传主体和客体范围的广泛性

指各级各部门政策执行者、相关市场主体和社会组织及场地使用者等对体育场地建管政策的认知情况，是否了解政策的目标、举措、程序等。

4. 党政机关领导及基层工作人员对政策的知晓率

指各级党政机关领导及基层工作人员对政策的了解情况等，认为政策的目标、举措、程序等是否科学合理。

5. 党政机关领导及基层工作人员对政策的认同度

指各级党政机关领导及基层工作人员对政策的认同情况等，是否认同体育场地建管政策的目标、举措、程序等。

6. 人民群众了解政策的知晓率

指体育场地的使用者——人民群众，对体育场地建管政策的目标、举措、程序等知晓情况。

7. 人民群众对政策的认同度

指体育场地的使用者——人民群众，对体育场地建管政策的目标、举措、程序等认同情况。

8. 党政机关对政策执行作出承诺的比例

指各级党政机关、企事业单位等，是否通过签订责任书或其他方式，对政策执行作出过承诺。

三、政策路径

指各级政府部门内部管控流程，通过“计划、组织、指挥、协调、控制”保障体育场地建管政策的执行。

（一）制订执行方案

指通过制订实施方案、行动方案等方式，将较为原则性、笼统性、指导性的上位政策，转化为明确具体的工作、活动。

1. 执行方案与体育场地政策法规的契合度

指制定体育场地建管政策具体的实施、行动方案的各项内容，与上位政策本身保持内涵统一、步调一致的程度。

2. 执行方案对本地体育场地建管的适用性

指制定的实施、行动方案中明确的各项工作安排，是否符合本地工作实际，可行性、科学性程度如何。

3. 执行方案与任务分解的合理性

指制定的实施、行动方案中明确的各项工作安排，对上位政策的目标要求进行分解的程度，是否系统、全面或存在缺漏、交叉。

4. 执行方案与责任分工的明确性

指制定的实施、行动方案中明确的各项工作安排，是否明确了责任人、时限等，且这种分工的科学性、操作性如何。

（二）指挥协调

指整合各级政府部门内部各要素和外部环境的协调运行，从而使体育场地建管政策执行方案得到充分的贯彻实施。

1. 建立和运行常态化的领导层协调机制

指是否有领导常态化协调各级各部门共同推进政策执行的机制，运行情况如何。

2. 建立和运行常态化的跨部门协同机制

指是否有部门间自发相互协作共同推进政策执行的机制，运行情况如何。

3.建立和运行常态化跨部门信息沟通机制

指是否有部门间主动沟通、传递相关政策执行信息的机制，运行情况如何。

（三）监督控制

指对政策执行情况进行全程、全面和全员跟踪，督促政策执行保持既定目标方向，及时避免出现偏差。

1. 建立和运行全程监督机制

指是否有跟踪政策执行情况的机制，运行情况如何。

2. 建立和运行全面评估机制

指是否有对政策执行行为和阶段性绩效进行评估的机制，运行情况如何。

3. 建立和运行全员责任追究机制

指是否有对政策执行不力或执行偏差进行责任追究的机制，运行情况如何。

四、政策保障

指政府各级各部门领导及工作人员保障体育场地建管政策执行所提供的各种资源和能力。

（一）权力保障

指各级各部门政府工作人员在政策执行过程中，拥有一定的实施指挥、获取资源、采取行动的权力。

1. 政策贯彻到基层执行的抵达度

指对政策执行发出指令后，各级各部门对该指令的传递力度和遵从程度。

2. 对下级政策执行问题的支持度

指上级部门对下级政策执行的授权、鼓励、帮助等支持程度。

3. 政府部门对政策执行难题的解决度

指各级政府部门工作人员对体育场地建管政策执行过程中所遇到的难题及怎样对待难题的态度、方法和处理结果。

4. 群众对政策执行效果的信任度

指各级政府部门领导和基层工作人员通过自身形象，使得其他党政机关和人民群众对其政策执行的支持、信任、参与程度。

（二）人力保障

指具体负责政策执行的人员的数量和质量。

1. 各级政府部门领导班子的领导能力

指具体负责政策执行的各个党政机关的领导人员的能力素质。

2. 各部门组织权责结构的合理性

指具体负责政策执行的各党政机关的组织合理高效、权责明确对等的程度。

3. 基层工作人员政策执行素质的过硬性

指具体负责政策的各党政机关人员的学历、专业、从政经历如何。

（三）组织文化

指政策执行中各个组织所展现出来的思维方式、行为习惯的优良程度。

1. 常态化制度化突击化地学习培训活动

指各基层单位人员积极开展体育场地建管政策培训活动。

2. 创新性创业性高质量的绿色发展氛围

指各基层单位人员积极开展体育场地建管政策培训活动，体现高质量发展。

（四）信息保障

指政府各级各部门工作人员在体育场地建管政策执行过程中利用信息化手段传递相关信息的渠道及是否反映政策执行内容、执行状态、如何执行等方面的信息。

1. 利用信息工具的渠道广度

指信息传递的渠道是否多样及通畅。

2. 政策信息交流的质量效度

指信息传递的渠道是否及时、通畅、有效。

（五）财物保障

指政府各级各部门在体育场地建管政策执行过程中如何确保政策执行有效运转的资金、物资等方面的财务能力。

1. 财物拨付时效与经费总额增减的支持程度

指政府各级各部门在体育场地建管政策执行过程中对相关财政预算、项目配套等做出明确承诺或要求的资金，是否及时划拨、足额到位。

2. 现有财物能力与政策执行要求的匹配程度

指政府各级各部门自身财力是否能够满足体育场地建管政策执行的基本需要。

3. 地方财物管理与政策执行需求的配套力度

指政府各级各部门对体育场地建管政策执行中财政资金管理、财政资金使用的能力、财政资金使用绩效的配套支持力度。

五、政策业绩

指体育场地建管政策执行的阶段性成果，主要包括客观的阶段性成果及执行过程中执行行为给利益相关者的主观印象的集合。

（一）执行效能

指体育场地建管政策执行是否有效完成了该政策文件规定的目标。

1. 政策执行的合法性

指体育场地建管政策执行过程中的行为是否存在违规违法操作等。

2. 政策执行的合理性

指体育场地建管政策执行过程中行为是否对政府各部门、市场各主体和组织、场馆场地使用人员进行高效的组织安排和实际服务。

3. 政策目标的完成度

指体育场地建管政策的目标完成情况及政府各级各部门依据体育场地建管政策制定的相应目标任务的完成程度。

4. 执行任务的完成率

指政府各级各部门对体育场地建管政策明确的各项工作落实到位的程度。

（二）执行效率

指体育场地建管政策执行过程中各项工作开展情况、推进的速度、完成阶段性质量情况。

1. 政策执行的时效性

指各级各部门对体育场地建管政策执行过程中各项工作是否在规定时限内有效完成的情况。

2. 政策问题的消解度

指各级各部门在体育场地建管政策执行过程中遇到的各类阻碍问题和执行偏差问题，是否及时解决和有效解决的情况。

（三）执行效果

指体育场地使用者及相关者对体育场地建管政策执行阶段性结果、终结性结果及建管政策行为的主观印象。

社会公众对政策执行的满意度

指人民群众对体育场地建管政策执行过程、执行结果及执行全过程行为的满意程度。

对于指标体系有效性的其他意见：

尊敬的专家您好！如果您对本指标体系的指标持有同一意见，请在后面答案打“√”；如果不赞同该指标，请简要说明理由并给予明确的建议指标内容。

第三部分　专家调查问卷各项指标有效性调查

表1　一级指标能否有效反映体育场地建管政策执行绩效调查表

一级指标A	能否反映	答案打“√”	否定意见理由与建议
体育场地政策权威A1	能		
	不能		理由：
			建议指标：
体育场地政策共识A2	能		
	不能		理由：
			建议指标：

（续表）

一级指标A	能否反映	答案打“√”	否定意见理由与建议
体育场地政策路径A3	能		
	不能		理由：
			建议指标：
体育场地政策保障A4	能		
	不能		理由：
			建议指标：
体育场地执行业绩A5	能		
	不能		理由：
			建议指标：

表2　二级指标能否有效反映体育场地建管政策执行绩效调查表

一级指标A	二级指标B	能否反映	答案打“√”	否定意见理由与建议
体育场地政策权威A1	隶属效力B1	能		
		不能		理由：
				建议：
体育场地政策共识A2	政策宣传B2	能		
		不能		理由：
				建议：
体育场地政策路径A3	执行方案B3	能		
		不能		理由：
				建议：
	指挥协调B4	能		
		不能		理由：
				建议：
	监督控制B5	能		
		不能		理由：
				建议：
体育场地政策保障A4	权力保障B6	能		
		不能		理由：
				建议：

（续表）

一级指标A	二级指标B	能否反映	答案打“√”	否定意见理由与建议
体育场地政策保障A4	人力保障B7	能		
		不能		理由：
				建议：
	组织文化B8	能		
		不能		理由：
				建议：
	信息保障B9	能		
		不能		理由：
				建议：
	财务保障B10	能		
		不能		理由：
				建议：
体育场地执行业绩A5	执行效能B11	能		
		不能		理由：
				建议：
	执行效率B12	能		
		不能		理由：
				建议：
	执行效果B13	能		
		不能		理由：
				建议：

表3　三级指标能否有效反映体育场地建管政策执行绩效调查表

二级指标	三级指标C	能	不能	否定意见理由与建议	
				理由：	建议：
隶属效力B1	政策法规颁布的单位级别C1				
	政策法规类别的效力位阶C2				
	政策法规文本的专业水平C3				
	政策法规程序的合法审查C4				

（续表）

二级指标	三级指标C	能	不能	否定意见理由与建议 理由：	建议：
政策宣传B2	宣传内容与政策的一致程度 C5				
	宣传方式贴近人民的程度 C6				
	宣传主体和客体范围广泛性 C7				
	党政机关对政策的知晓率 C8				
	党政机关对政策的认同度 C9				
	人民群众对政策的知晓率 C10				
	人民群众对政策的认同度 C11				
	党政机关对政策执行作出承诺的比例 C12				
执行方案B3	执行方案与政策法规的契合度 C13				
	执行方案对本地场地的适用性 C14				
	执行方案、任务分解的合理性 C15				
	执行方案与责任分工的明确性 C16				
指挥协调B4	建立和运行常态化的领导层协调机制 C17				
	建立和运行常态化的跨部门协同机制 C18				
	建立和运行常态化的跨部门沟通机制 C19				
	建立和运行常态化的跨部门共享机制 C20				
	探索和推进大部制的多部门改革整合 C21				
监控控制B5	建立和运行全程监督机制 C22				
	建立和运行全面评估机制 C23				
	建立和运行全员责任机制 C24				
权力保障B6	政策贯彻到基层执行的抵达度 C25				
	对下级政策执行问题的支持度 C26				
	政府对政策执行难题的解决度 C27				
	群众对政策执行效果的信任度 C28				
人力保障B7	各级领导班子的领导力 C29				
	组织权责结构的合理性 C30				
	平均工作时间的可用性 C31				
	职业道德修养的胜任性 C32				

（续表）

二级指标	三级指标C	能	不能	否定意见理由与建议	
				理由：	建议：
人力保障B7	人员合作意识的有效性 C33				
	政策执行素质的过硬性 C34				
	公职人员工作的满意度 C35				
组织文化B8	常态化制度化突击化的学习培训活动 C36				
	不作为慢作为乱作为的不良工作现象 C37				
	创新性创业型高质量的绿色发展程度 C38				
信息保障B9	利用信息工具的渠道广度 C39				
	传递政策内容的信息速度 C40				
	政策信息交流的质量效度 C41				
财务保障B10	财物拨付时效与经费额度增减的支持程度 C42				
	现有财务能力与政策执行要求的匹配程度 C43				
	地方财务管理与政策执行需求的配套力度 C44				
执行效能B11	政策执行的合法性 C45				
	政策执行的合理性 C46				
	政策目标的完成度 C47				
	执行任务的完成率 C48				
	政策执行的前瞻性 C49				
执行效率B12	政策执行的时效性 C50				
	政策问题的消解度 C51				
执行效果B13	政策经费的使用率 C52				
	目标群体的满意度 C53				
	第三方组织的评估 C54				

对于指标体系构建的其他意见或建议：

最后，再次衷心感谢您的大力支持和宝贵意见！衷心祝愿您身体健康！工作顺心！生活美满！

附录3 体育场地建管政策执行绩效评估指标体系权重调查问卷

尊敬的专家：

您好！非常感谢您在百忙之中能够抽出宝贵时间参加我们课题组设计的体育场地建管政策执行绩效评估指标体系权重匿名调查问卷。

此次研究的主要目的是体育场地建管政策印发实施以来，该政策执行落实的情况，研究制定体育场地建管政策执行绩效评估指标体系。经过理论研究梳理，以及专家访谈、隶属度分析和效度信度检测，我们基本构建了“我国体育场地建管政策执行绩效评估指标体系”。将采用层次分析法对相关指标的权重进行分析计算。

鉴于您在目标管理、绩效评估领域具有深入的研究，希望您能通过专业知识和实践经验作出专业判断，将相关指标对比的重要程度，在相应方框中打“√”，并请提出宝贵意见。具体评价说明、指标体系附后。

《体育场地建管政策执行绩效评估》课题组

2020年10月

基于层次分析法对比评价的简要说明：

“我国体育场地建管政策执行绩效评估指标体系”中的指标（指标之后的“字母和数字组合”为代号），以层级和隶属关系为界限，逐个对比评价重要程度，分为五个等级进行打分。举例：如一级指标有5个，分别是政策权威A1、政策共识A2、政策路径A3、政策保障A4、政策业绩A5。因此，对比评价就应当分别是：A1比A2、A1比A3、A1比A4、A1比A5、A2比A3、A2比A4、A2比A5、A3比A4、A3比A5、A4比A5。对比时也要注意隶属关系，如一级指标“政策路径 A2”下，仅进行二级指标“制定执行方案B2”“指挥协调B3”“监督控制B4”三者相互之间的对比，不与其他不同隶属关系的指标对比。三级指标同理操作。

5分表示前指标比后指标明显重要	2、4分的重要性分别介于 1~3、3~5
3分表示前指标比后指标稍微重要	
1分表示前指标和后指标同等重要	
1/3表示前指标比后指标稍微次要	1/2、1/4的重要性分别介于 1-1/3、1/3-1/5
1/5表示前指标比后指标明显次要	

注：我们已将评价过程简化，您只需按照对比的重要程度打“√”即可。

体育场地建管政策执行绩效评估指标体系

一级指标 A	二级指标 B	三级指标 C
体育场地政策权威 A1	隶属效力 B1	政策法规颁布的单位级别 C1
		政策法规类别的效力位阶 C2
		政策法规文本的专业水平C3
体育场地政策共识 A2	政策宣传 B2	宣传内容与政策的一致程度C4
		宣传主体和客体范围广泛性C5
		党政机关对政策的知晓率C6
		党政机关对政策的认同度C7
		人民群众对政策的知晓率C8
		政策执行作出承诺的履行度C9
体育场地政策路径 A3	执行方案 B3	执行方案与政策法规的契合度C10
		执行方案对本地场地的适用性C11
		执行方案、任务分解的合理性C12
		执行方案与责任分工的明确性C13
	指挥协调 B4	建立和运行常态化的领导层协调机制C14
		建立和运行常态化的跨部门协同机制C15
		建立和运行常态化的跨部门沟通机制C16
	监督控制 B5	建立和运行全程监督机制C17
		建立和运行全面评估机制C18
		建立和运行全员责任机制C19
体育场地政策保障 A4	权力保障 B6	政策贯彻到基层执行的抵达度C20
		对下级政策执行问题的支持度C21
		政府对政策执行难题的解决度C22
		群众对政策执行效果的信任度C23

（续表）

一级指标 A	二级指标 B	三级指标 C
体育场地 政策保障 A4	人力保障 B7	各级领导班子的领导力C24
		组织权责结构的合理性C25
		政策执行素质的过硬性C26
	组织文化 B8	常态化制度化突击化的学习培训活动 C27
		创新性创业型高质量的绿色发展氛围 C28
	信息保障 B9	利用信息工具的渠道广度C29
		政策信息交流的质量效度C30
	财务保障 B10	财物拨付时效与经费额度增减的支持程度C31
		现有财务能力与政策执行要求的匹配程度C32
		地方财务管理与政策执行需求的配套力度C33
体育场地 执行业绩 A5	执行效能 B11	政策执行的合法性C34
		政策执行的合理性C35
		政策目标的完成度C36
		执行任务的完成率C37
	执行效率 B12	政策执行的时效性C38
		政策问题的消解度C39
	执行效果 B13	政策经费的使用率C40

一级指标对比A1—A5

指标对比	明显重要	稍微重要	同等重要	稍微次要	明显次要
A1比A2					
A1比A3					
A1比A4					
A1比A5					
A2比A3					
A2比A4					
A2比A5					
A3比A4					
A3比A5					
A4比A5					

二级指标对比B3—B5

指标对比	明显重要	稍微重要	同等重要	稍微次要	明显次要
B3比B4					
B3比B5					
B4比B5					

二级指标对比B6—B10

指标对比	明显重要	稍微重要	同等重要	稍微次要	明显次要
B6比B7					
B6比B8					
B6比B9					
B6比B10					
B7比B8					
B7比B9					
B7比B10					
B8比B9					
B8比B10					
B9比B10					

二级指标对比B12—B14

指标对比	明显重要	稍微重要	同等重要	稍微次要	明显次要
B12比B13					
B12比B14					
B13比B14					

三级指标对比C1—C3

指标对比	明显重要	稍微重要	同等重要	稍微次要	明显次要
C1比C2					
C1比C3					
C2比C3					

三级指标对比C4—C10

指标对比	明显重要	稍微重要	同等重要	稍微次要	明显次要
C4比C5					
C4比C6					
C4比C7					
C4比C8					
C4 比C9					
C4比C10					
C5比C6					
C5比C7					
C5比C8					
C5比C9					
C5比C10					
C6比C7					
C6比C8					
C6比C9					
C7比C8					
C7比C9					
C7比C10					
C8比C9					
C8比C10					
C9比C10					

三级指标对比C10—C13

指标对比	明显重要	稍微重要	同等重要	稍微次要	明显次要
C10比C11					
C10比C12					
C10比C13					
C11比C12					
C11比C13					
C12比C13					

三级指标对比C14—C16

指标对比	明显重要	稍微重要	同等重要	稍微次要	明显次要
C14比C15					
C14比C16					
C15比C16					

三级指标对比C17—C19

指标对比	明显重要	稍微重要	同等重要	稍微次要	明显次要
C17比C18					
C17比C19					
C18比C19					

三级指标对比C20—C23

指标对比	明显重要	稍微重要	同等重要	稍微次要	明显次要
C20比C21					
C20比C22					
C20比C23					
C21比C22					
C21比C23					
C22比C23					

三级指标对比C24—C26

指标对比	明显重要	稍微重要	同等重要	稍微次要	明显次要
C24比C25					
C24比C26					
C25比C26					

三级指标对比C27—C28

指标对比	明显重要	稍微重要	同等重要	稍微次要	明显次要
C27比C28					

三级指标对比C29—C30

指标对比	明显重要	稍微重要	同等重要	稍微次要	明显次要
C29比C30					

三级指标对比C31—C33

指标对比	明显重要	稍微重要	同等重要	稍微次要	明显次要
C31比C32					
C31比C33					
C32比C33					

三级指标对比C34—C37

指标对比	明显重要	稍微重要	同等重要	稍微次要	明显次要
C34比C35					
C34比C36					
C34比C37					
C35比C36					
C35比C37					
C36比C37					

三级指标对比C38—C39

指标对比	明显重要	稍微重要	同等重要	稍微次要	明显次要
C38比C39					

对于指标体系权重的其他意见：

最后，再次衷心感谢您的大力支持和宝贵意见！衷心祝愿您身体健康！工作顺心！生活美满！

附录4 北京市老年人对《关于进一步加强新形势下老年人体育工作的意见》政策执行满意度调查问卷

尊敬的女士、先生：

您好！非常感谢您参与此次的调研。本次调查是为了了解北京市老年人对《关于进一步加强新形势下老年人体育工作的意见》政策执行现状的了解情况。请您在理解题目之后，根据您的真实想法回答以下问题，问题答案不区分对错和好坏。本次调查问卷采取不记名的方式填写，我们将根据国家法律的规定严格保密，并且只用于学术上的统计分析，请您不必有任何顾虑。感谢您的支持与配合！

《体育场地建管政策执行绩效评估》课题组

2020年10月

第一部分 调查问卷

《关于进一步加强新形势下老年人体育工作的意见》政策执行绩效评估问卷调查表

一级指标及权重 A	二级指标及权重 B	三级指标及权重 C	百分制评价评分H（分）				
			优秀	良好	一般	合格	不合格
			90～100	80～89	70～79	60～69	60以下
体育场地政策权威 0.0884 A1	隶属效力 0.0884 B1	政策法规颁布的单位级别 C1 0.0442					
		政策法规类别的效力位阶 C2 0.0354					
		政策法规文本的专业水平 C3 0.0177					
体育场地政策共识 0.0680 A2	政策宣传 0.0680 B2	宣传内容与政策的一致程度 C4 0.0255					

（续表）

一级指标及权重A	二级指标及权重B	三级指标及权重C	百分制评价评分H（分）				
			优秀	良好	一般	合格	不合格
			90～100	80～89	70～79	60～69	60以下
体育场地政策共识 0.0680 A2	政策宣传 0.0680 B2	宣传主体和客体范围广泛性 C5 0.0084					
		党政机关对政策的知晓率 C6 0.0071					
		党政机关对政策的认同度 C7 0.0142					
		人民群众对政策的知晓率 C8 0.0045					
		政策执行作出承诺的履行度 C9 0.0091					
体育场地政策路径 0.2324 A3	执行方案 0.1152 B3	执行方案与政策法规的契合度 C10 0.0557					
		执行方案对本地场地的适用性 C11 0.0340					
		执行方案、任务分解的合理性 C12 0.0156					
		执行方案与责任分工的明确性 C13 0.0099					
	指挥协调 0.0692 B4	建立和运行常态化的领导层协调机制 C14 0.0305					
		建立和运行常态化的跨部门协同机制 C15 0.0177					
		建立和运行常态化的跨部门沟通机制 C16 0.0210					

（续表）

一级指标及权重 A	二级指标及权重 B	三级指标及权重 C	百分制评价评分H（分）				
			优秀	良好	一般	合格	不合格
			90 ~ 100	80 ~ 89	70 ~ 79	60 ~ 69	60以下
体育场地政策路径 0.2324 A3	监督控制 0.0461 B5	建立和运行全程监督机制 C17 0.0146					
		建立和运行全面评估机制 C18 0.0069					
		建立和运行全员责任机制 C19 0.0246					
体育场地政策保障 0.2011 A4	权力保障 0.0768 B6	政策贯彻到基层执行的抵达度 C20 0.0302					
		对下级政策执行问题的支持度 C21 0.0129					
		政府对政策执行难题的解决度 C22 0.0151					
		群众对政策执行效果的信任度 C23 0.0186					
	人力保障 0.0525 B7	各级领导班子的领导力 C24 0.0345					
		组织权责结构的合理性 C25 0.0090					
		政策执行素质的过硬性 C26 0.0089					
	组织文化 0.0143 B8	常态化制度化突击化的学习培训活动 C27 0.0086					
		创新性创业型高质量的绿色发展氛围 C28 0.0057					

（续表）

一级指标及权重A	二级指标及权重B	三级指标及权重C	百分制评价评分H（分）				
			优秀 90～100	良好 80～89	一般 70～79	合格 60～69	不合格 60以下
体育场地政策保障 0.2011A4	信息保障 0.0207 B9	利用信息工具的渠道广度 C29 0.0124					
		政策信息交流的质量效度 C30 0.0083					
	财物保障 0.0367 B10	财物拨付时效与经费额度增减的支持程度 C31 0.0190					
		现有财务能力与政策执行要求的匹配程度 C32 0.0121					
		地方财务管理与政策执行需求的配套力度 C33 0.0057					
体育场地政策业绩 0.4120 A5	执行效能 0.1823 B11	政策执行的合法性 C34 0.0750					
		政策执行的合理性 C35 0.0650					
		政策目标的完成度 C36 0.0248					
		执行任务的完成率 C37 0.0175					
	执行效率 0.0864 B12	政策执行的时效性 C38 0.0432					
		政策问题的消解度 C39 0.0432					
	执行效果 0.1432 B13	目标群众的满意度 C40 0.1432					

第二部分　问卷填表人基本信息

1. 您的性别？（　　）

A.男　　B.女

2. 您的年龄？（　　）

A.40岁以下　　B.41 ~ 50岁　　C.51 ~ 55岁　　D.56 ~ 60岁

E.60岁以上

3. 您的居住地状况？（　　）（可多选）

A.独居　　B.与配偶同住　　C.与子女同住　　D.与亲属同住

E.与其他人同住

4. 您的职业状况？（　　）（包括离退休前的职业）

A.工人　　B.农民　　C.企业管理人员　　D.医务人员

E.服务业人员　　F.教科文工作者　　G.行政机关人员　　H.自由职业

I.其他

5. 您的文化程度？（　　）

A.小学及以下　　B.初中　　C.中专或高中　　D.大专

E.本科　　F.研究生及以上

6. 您个人月均收入（含工资、退休金、养老金和其他收入，或政府补助、救济金等）是多少元？（　　）

A.3000元以下　　B.3000 ~ 4999元　　C.5000 ~ 6999元

D.7000 ~ 8999元　　E.9000元及以上

附录5　中小型城市群众对体育政策执行满意度的问卷调查

尊敬的体育锻炼爱好者：

您好！我是长江大学体育学院的本科生，为了解您在学校体育场地的锻炼情况及对学校体育场地开放的满意度，特制定本问卷调查表。此项问卷调查仅作为本科生毕业论文撰写和课题组的相关研究，您的认真填写将为我提供非常重要的参考，恳请您在百忙之中填写这份问卷。本问卷采取不记名形式，您的答案没有正误之分，请您根据实际情况填写相应的内容。对于您的支持，表示万分地感谢！

填写说明：请在“（　）”内填写您的选项，除注明“可多选”题目外其余均是单选题目，或在“______________”上填写您的实际情况。

《体育场地建管政策执行绩效评估》课题组

2019年10月

一、基本情况

1. 您的性别是（　）

A.男　　B.女

2. 您的身份是（　）

A.本校师生　　B.周边社区居民　　C.社会团体、俱乐部成员

D.其他人员

3. 您进入学校体育场地进行锻炼的学校类型是（　）

A.普通高校　　B.高中　　C.初中　　D.小学

E.职业技术学校　　F.其他学校

4. 您经常进入校园进行锻炼的学校名称是______________________

二、参与运动情况

1. 您每周参加体育锻炼的次数为（　）

A.每周一次　　B.每周两次或三次　　C.每周三次以上

D.偶尔无规律参加

2. 您平时喜欢什么时候进行体育锻炼（　）

A.工作日早晚　B.双休日　C.节假日　D.其他时间

3. 您平时喜欢参加锻炼的体育场所为（可多选）（　）

A.公园或广场　B.附近学校　C.小区公共区域

D.收费体育场馆　E.其他地方

4. 若您选择的选项有“附近学校”，则您选择学校进行活动的原因是（　）（可多选）

A.锻炼环境好，文化氛围浓厚　B.离自己居住地较近，较为便利

C.收费低或不收费　D.有足够的场地和器材数量的保证

E.其他____________

5. 您经常进行锻炼的体育项目是（　）（可多选）

A.足球　B.篮球　C.排球　D.羽毛球　E.网球

F.乒乓球　G.跑步　H.健美操　I.体育舞蹈　J.游泳

K.健身房器械　L.其他____________

三、对学校体育场地开放情况的调查

1. 您是否接触过学校体育场地对外开放的宣传？（　）

A.是　B.否

若您填写为“是”，则您如何得知学校体育场地对外开放的消息？（　）

A.新闻媒体　B.报纸或期刊　C.学校宣传或公告

D.他人转告　E.其他方式

2. 您对学校体育场地开放是否支持？（　）

A.非常支持　B.较为支持　C.支持

D.不太支持　E.不支持

3. 您认为目前学校对于体育场地对外开放的重视程度为（　）

A.非常重视　B.很重视　C.重视　D.不太重视　E.很不重视

4. 您认为贵校体育场地开放过程中存在的问题有哪些？（　）（可多选）

A.开放力度低，经营使用率低

B.经营管理人才缺乏

C.没有较为完善的开放管理制度

D.体育场地的服务质量有待提高

E.体育场地设施不够

F.其他____________

5. 您认为影响学校体育场地开放的主要因素有哪些？（　）（可多选）

A.学校体育场地设施的条件

B.学校的规模、地理位置

C.学校对体育场地开放的宣传力度

D.学校体育场地的管理制度

E.学校师生及周围居民的体育锻炼意识

F.学校体育场地开放与体育课程教学的冲突

G.学校体育场地对外开放的时间

H. 其他____________

6. 您对学校体育场地开放有什么看法或者建议？请在下表中写出。

四、您对学校体育场地对外开放的满意度（注：在您认为最适合的选项打“√”）

服务项目	非常满意	较为满意	满意	不太满意	不满意	备注说明
开放时间						
环　境						
设备配置						
收费标准						
安全措施						
管理制度						
工作人员						

填答完毕，请您检查是否有错答或漏答之处。对于您的支持再次表示感谢！

附录6 体育管理者对体育场地建管政策执行满意度的调查问卷

学校：__________________

尊敬的学校领导：

您好！我是长江大学体育学院的本科四年级学生，基于国家制定颁布了有关学校体育场地对社会开放的系列政策文件，为了解贵校的体育场地设施基本情况及体育场地对外开放的情况，特制定本调查问卷。此项调查问卷仅为本科生毕业论文参考及课题组的相关研究，不涉及任何商业价值或隐私，恳请您在百忙之中帮忙填写该问卷。本次问卷采取匿名统计，其答案重在了解真实看法，不做正误是非判断，请您根据实际情况填写相关选项，对于您的答题支持，致以衷心的感谢！

填写说明：请在“（　）”内填写您的选项，除注明“可多选”题目外其余均是单选题目，开放性题目请在“____________”上填写您的实际情况。

《体育场地建管政策执行绩效评估》课题组

2019年10月

一、贵校的基本情况

1. 贵校的在校生人数约为：________

2. 您认为贵校的体育场地设施能满足体育教学的需求吗？（　）

A.非常满足　B.很满足　C.基本满足　D.不太满足　E.不能满足

3. 贵校对体育场地的维修频度如何？（　）

A.经常维修　B.及时维修　C.偶尔维修　D.很少维修　E.从不维修

4. 贵校是否有闲置的体育场地设施？（　）

A.是　B.否　C.不清楚

若您填写为“是”，则闲置的体育场地设施目前的用途是：________

二、贵校体育场地对外开放的情况

5. 贵校体育场地是否对外开放？（　）

A.是　B.否

若您填写为“是”，请您继续填答以下问题；

若您填写为“否”，请您直接填答第三部分，跳转到第17题。

6. 贵校体育场地开放对象是（　）（可多选）。

A.本校师生　B.周边社区居民　C.社会团体、俱乐部　D.其他人员

7. 贵校体育场地对外开放的时间是（　）（可多选）

A.工作日早晚　B.双休日　C.节假日　D.寒暑假　E.其他时间

8. 贵校有哪些室外体育场地对外开放？（　）（可多选）

A.田径场　B.排球场　C.足球场　D.网球场

E.乒乓球场　F.篮球场　G.羽毛球场　H.其他________

9. 贵校有哪些室内体育场馆对外开放？（　）（可多选）

A.排球馆　B.羽毛球馆　C.乒乓球馆　D.篮球馆

E.武术馆　F.舞蹈室　G.体操房　H. 游泳馆

I.其他________

10. 贵校是否有体育场地对外开放收费标准？（　）

A.是　B.否

若您填写为“是”，则贵校体育场地开放收费标准与同类体育场所相比（　）

A.低得多　B.较低　C.一样　D.较高　E.高得多

您认为有偿开放的效果如何？（　）

A.非常好　B.很好　C.一般　D.较差　E.非常差

11. 贵校是否对体育场地对外开放做出宣传？（　）

A.是　B.否

若您填写为“是”，则贵校如何进行宣传？（　）（可多选）

A.校园广播　B.学校官网　C.宣传板和宣传公告

D.教师告知　E.地方媒体

12. 贵校体育场地对外开放后，是否对体育场地设施存在影响？（　）

A.是　B.否

若您填写为“是”，则贵校解决此问题所采取的措施及实施的情况是（　）

A.非常好　B.很好　C.一般　D.不太好　E.不好

13. 贵校体育场地对外开放后，是否有工作人员进行巡视？（　）

A.是　B.否

若您填写为“是”，则工作人员主要为（　）

A.体育教师　　B.体育场地管理人员　　C.学校专门巡视人员

D.值日生

14. 贵校体育场地对外开放后，体育场地设施的有关资金来源主要是（　）

A.相关部门拨款　　B.学校拨款　　C.体育场地对外开放收费的资金

D.三者都有

15. 贵校体育场地对外开放后，主要带来了哪些好处？（　）（可多选）

A.提高了学校的知名度

B.为学校带来了一定的经济效益

C.增加了就业的岗位

D.为全民健身提供了便利

E.增加了学校体育场地的利用率

F.其他

16. 贵校体育场地对外开放后，主要带来了哪些坏处？（　）（可多选）

A.增加了学校体育场地管理的负担

B.影响学生正常的体育教学

C.无法保障锻炼者的安全

D.加重了学校投入体育场地的开支

E.其他

三、学校体育场地对外开放的情况

17. 您对于学校体育场地对外开放的态度是（　）

A.非常支持　　B.很支持　　C.支持　　D.不太支持　　E.很不支持

18. 您认为学校体育场地开放过程中存在的问题有哪些？（　）（可多选）

A.开放力度低，经营使用率低

B.经营管理人才缺乏

C.没有较为完善的开放管理制度

D.体育场地的服务质量有待提高

E.体育场地设施不够

F.其他________

19. 您认为影响学校体育场地开放的主要因素有哪些？（　　）（可多选）

A.学校体育场地设施的条件

B.学校的规模、地理位置

C.学校对体育场地开放的宣传力度

D.学校体育场地的管理制度

E.学校师生及周围居民的体育锻炼意识

F.学校体育场地开放与体育课程教学的冲突

G.学校体育场地对外开放的时间

H．其他________

20. 您对贵校体育场地开放有哪些看法和观点？请在下表中填写。

填答完毕，请您检查一下是否有漏答或者错答之处。对于您的支持再次表示感谢！

附录7　关于空中体育场地运用现状及未来展望的调查问卷

尊敬的社区居民：

您好！基于国家出台政策鼓励将空闲场地空间改建成体育场地的文件精神，探讨建筑物顶楼空闲空间改建体育场地（空中体育场地）的可能性，使“空中体育场地”成为满足人们体育用地需求的新方式，成为缓解人们体育用地矛盾的新途径。非常感谢您在百忙之中填写这份问卷，我现在正在进行一项关于楼顶空间改造成空中体育场地运用现状及未来展望的调查问卷，本问卷的目的是了解人们对空中体育场地的认知，以及未来发展状况。本次问卷采取匿名统计，答案重在了解真实看法，不做正误是非判断，仅用于学生论文撰写和课题组科学研究。在此希望能得到您的帮助，向您表示衷心的感谢！

《体育场地建管政策执行绩效评估》课题组

2018年3月

*填写说明：

1.多选题已经标出（可多选），可选择多个答案；

2.请您在“__________”上填写答案。

1. 您的性别是？（　　）

A.男　　B.女

2. 您的学历是？（　　）

A.小学及以下　　B.初中　　C.中专或高中　　D.大专

E.本科　　F.研究生及以上

3. 您的职业是？（　　）

A.工人　　B.农民　　C.企业管理人员　　D.医务人员

E.服务业人员　　F.教科文工作者　　G.行政机关人员　　H.自由职业

I.其他

4. 您平时大多在哪里参加运动？（　　）

A.室内　　B.室外

5. 您认为哪些体育场馆不足？（　　）

A.篮球场　　B.羽毛球场　　C.足球场　　D.排球场　　E.乒乓球场

F.网球场　　G.游泳馆

6. 您是否看到过建在楼顶上的体育场地？（　　）

A.是　　B.否

7. 您认为楼顶是否能开发成体育场地？（　　）

A.是　　B.否

8. 您是否能接受楼顶改成体育场地？（　　）

A.是　　B.否

9. 您认为楼顶场地最适合开展哪些体育项目？（　　）（可多选）

A.篮球　　B.网球　　C.足球　　D.羽毛球　　E.排球

F.乒乓球　　G.游泳及其他

10. 您最想在楼顶建设什么运动场地？（　　）

A.篮球　　B.网球　　C.足球　　D.羽毛球　　E.排球

F.乒乓球　　G.游泳及其他

11. 您认为影响楼顶开发成体育场地的最大因素是什么？（　　）

A.安全　　B.政策　　C.收费价格　　D.认知　　E.扰民

12. 您认为空中体育场地在我国能否得到广泛推广？（　　）

A.是　　B.否

13. 您认为楼顶空闲空间开发成体育场地最应该注意哪些方面的安全问题？（　　）

A.抗震　　B.防风　　C.排水　　D.防跌落

E.球体飞出场外

14. 请您对楼顶空闲空间开发成体育场地提出宝贵的建议。

____

____

____

____

问卷调查结束。再次感谢您的大力支持！祝您生活愉快！身体健康！万事如意！

附录8　关于旅客乘坐交通工具途中身体活动需求的问卷调查

尊敬的女士、先生：

您好！我是长江大学体育学院一名本科四年级学生，目前正在进行毕业论文中有关乘客在交通工具上进行健身活动的相关调查研究工作。问卷调查结果采用不记名方式统计，回答问题无好坏对错之分，只需按实际想法填写即可。您的真实回答将对本研究给予重要指导和帮助，恳请您在百忙之中能抽出时间填写此问卷。在此，对您的大力支持和热心帮助致以最崇高的敬意！

《体育场地建管政策执行绩效评估》课题组

2018年3月

*填写说明：

1.请在（　）内填上您的答案字母序号或直接在□上划"√"；

2.多选题已经标出（可多选），可选择多个答案。

一、基本情况

1. 您的性别？（　）

A.男　B.女

2. 您的年龄？（　）

A.18岁以下　B.18~25岁　C.26~30岁　D.31~40岁

E. 41~50岁　F.51~55岁　G.56~60岁　H.60岁以上

3. 您的职业状况？（　）（包括离退休前的职业）

A.工人　B.农民　C.企业管理人员　D.医务人员

E.服务业人员　F.教科文工作者　G.行政机关人员　H.自由职业

I.其他□

4. 您的文化程度？（　）

A.小学及以下　B.初中　C.中专或高中　D.大专

E.本科　F.研究生及以上

二、基本问题

1. 您一年中离开所住城市出差旅行的次数是？（　）

A.0 ~ 1次□　B.2 ~ 3次□　C.4 ~ 5次□　D.6 ~ 7次□

E.8 ~ 9次□　F.10次及以上□

2. 您离开所住城市出差旅行需乘坐交通工具的时间大概是？（　）

A.3小时以内□　B.3 ~ 8小时□　C.8 ~ 12小时□　D.12 ~ 24小时□

E.1 ~ 3天□　F.3天以上□

3. 您一天中在所住城市乘坐交通工具出行的次数是？（　）

A.1 ~ 2次□　B.3 ~ 4次□　C.5 ~ 6次□　D.6次及以上□

4. 您一天中在所住城市乘坐交通工具出行的时间大概是？（　）

A.半小时以内□　B.1小时以内□　C.1 ~ 2小时□

D.2 ~ 3小时□　E.3 ~ 4小时□　F.4小时以上□

5. 您在乘坐交通工具途中最常做的事是？（　）（可多选）

A.睡觉□　B.看视频□　C.欣赏沿途风景□

D.聊天□　E.活动身体□　F.其他□

6. 您听说过乘客可以在交通工具上进行健身活动吗？（　）

A.偶尔看到过□　B.从未看到过□　C.偶尔听说过□

D.从未听说过□　E.在网上看到过□

7.近3年内您有在所乘交通工具上活动身体吗？（　）

A.无□　B.1 ~ 2次□　C.3 ~ 4次□

D.5次以上□

8. 您愿意在所乘交通工具上活动身体吗？（　）

A.非常愿意□　B.比较愿意□　C.愿意□

D.不太愿意□　E.十分不愿意□

9. 您愿意在所乘交通工具上活动身体的原因是？（　）

A.喜欢运动□　B.锻炼身体□　C.结交朋友□

D.打发时间□　E.其他□

10. 您认为在所乘交通工具上身体多长时间需要活动一次？（　）（可多选）

A.半小时□　B.1小时□　C.2小时□

D.3小时□　E.3小时以上□　F.不需要活动□

11. 您认为在所乘交通工具上进行身体活动可以从以下哪些部位展开？（　）（可多选）

A.上肢活动□　B.下肢活动□　C.腰部活动□　D.头部活动□

E.颈椎活动□　F.全身活动□

12. 您认为在所乘交通工具上可以进行的身体活动是？（　）（可多选）

A.眼保健操□　B.原地起蹬□　C.原地抓握□　D.吐纳调息□

E.屈伸扭转□　F.走动□

13. 您认为在所乘交通工具上进行身体活动哪些方面最重要？（　）（可多选）

A.健身设施□　B.准确的动作□　C.情绪、氛围□

D.音乐、节奏□　E.安全问题等□

14. 您曾经乘坐过配备健身设施（播放健身操广播）的交通工具吗？（　）

A.经常有□　B.偶尔有□　C.从来没有□　D.其他□

15. 您认为交通工具上的健身设施需要达到什么要求？（　）（可多选）

A.乘客自己随便玩玩就行□　B.有专业人员在一旁进行指导□

C.能消除乘客疲劳，锻炼身体□　D.设计合理，不存在安全隐患□

E.其他□

16. 您认为以下哪种交通工具中最适合增设健身设施？（　）（可多选）

A.私家车□　B地铁□　C.火车/动车/高铁□　D.客车□

E.飞机□　F.客船□　G.其他□

17. 您认为是否有必要在交通工具上增设健身设施？（　）

A.十分必要□　B.比较必要□　C.必要□　D.不太必要□

E.很不必要□

18. 如果乘坐的交通工具中具备了基本的健身条件，您愿意在旅途中活动身体吗？（　）

A.非常想□　B.比较想□　C.一般□　D.不太想□

E.很不想□

19. 您的年龄？（　）

A.20岁以下□　B.21 ~ 30岁□　C.31 ~ 40岁□　D.41 ~ 50岁□

E.51 ~ 60岁□　F.60岁以上□

20. 您的学历？（　　）

A.小学及以下□　B.初中□　C.中专或高中□　D.大专□

E.本科□　F.研究生□

21. 您的职业是？（　　）

A.工人□　B.农民□　C.企业管理人员□

D.医务人员□　E.服务业人员□　F.教科文工作者□

G.行政机关人员□　H.自由职业□　I.其他□

再次感谢您的大力支持，祝您生活愉快！身体健康！万事如意！

附录9　关于高校体育场馆对外开放的情况问卷调查

尊敬的领导/专家：

您好！我是长江大学体育学院一名大四学生，目前正在进行毕业论文的相关调查研究工作，基于政府主管部门曾出台学校体育场地对社会开放的相关文件，为了了解贵校体育场地对社会开放的实际情况，特设计了这份调查问卷。期待您在百忙之中，抽出时间回答相关问题。问卷调查结果采用不记名方式统计，回答问题无好坏对错之分，只需按实际想法填写即可。您的真实回答将对本研究给予重要指导和帮助，对您的大力支持致以衷心感谢！

《体育场地建管政策执行绩效评估》课题组

2018年3月

*填写说明：

1.请在（ ）内填上您的答案字母序号或直接在□上划"√"；

2.多选题已经标出（可多选），可选择多个答案。

一、基本情况

1. 您的性别？（　　）

A.男　　B.女

2. 您的年龄？（　　）

A.18岁以下　　B.18 ~ 25岁　　C.26 ~ 30岁　　D.31 ~ 40岁

E.41 ~ 50岁　　F.51 ~ 55岁　　G.56 ~ 60岁　　H.60 岁以上

3. 您的职业状况？（　　）（包括离退休前的职业）

A.学生　　B.体育教师　　C.非体育专业教师员　　D.行政工作人员

E.教辅工作人员　　F.后勤服务工作人员

4. 您的文化程度？（　　）

A.小学及以下　　B.初中　　C.中专或高中　　D.大专　　E.本科

F.研究生及以上

5. 您的职务？（　）

A.厅级、副厅级　B.正处、副处级　C.科级、副科级

D.副科级以下

6. 您的职称？（　）

A.教授　B.副教授　C.讲师　D.助教及以下

二、了解的主要问题

1. 您知道贵校的体育场馆对社会开放吗？（　）

A.知道　B.不知道

2. 贵校体育场馆开放的对象是？（　）（可多选）

A.本校学生　B.本校教职工　C. 社会个人

D.社会团体　E.不开放

3. 贵校体育场馆一周对外开放次数？（　）

A.1 ~ 2次　B.3 ~ 4次　C.5 ~ 6次

D.每日开放

4. 贵校体育场馆每天开放时间？（　）（可多选）

A.8点之前　B.8 ~ 12点　C.12 ~ 14点

D.14 ~ 18点　E.18 ~ 22点

5. 学校体育设施对外开放是否收费？（　）

A.全额收费　B.部分收费　C.不收费

6. 针对不同对象，收费的对策？（　）（可多选）

A.学生不收费　B.社会个人全额收费　C.教职工不收费

D.社会团体部分收费

7. 学校体育场馆实行对外开放的收益情况？（　）

A.较多收益　B.较少收益　C.基本持平

D.亏损　E.严重亏损

8. 学校体育场馆实行对外开放的管理人员是？（　）

A.学校体育教师　B.学校的行政管理工作人员

C. 聘用专业管理职人员　D.兼职管理人员

9. 学校体育场馆实行对外开放的管理模式是？（　）

A.体育部门自主管理　B.全物业管理

C.混合型管理　D.学校自主管理

10. 您觉得现在学校体育场馆能满足您的正常上课及训练需求吗？（　）

A.完全满足　　B.基本满足　　C.一般

D.不满足　　E.严重不满足

11. 您认为学校体育场地场馆对外开放对学校的影响有哪些？（　）（可多选）

A.造成了场地的冲突　　B.时间上有冲突

C.场地器材破坏影响使用　　D.对自己安全的影响

E.更加吵闹，影响上课运动氛围　　F.对场地场馆卫生的污染

G.无形中抬高了价格　　H.对自己只有坏处没有好处

12. 您认为影响贵校体育场馆对外开放的主要困境是？（　）（可多选）

A.体育场馆数量相对不足　　B.对体育场馆、教学设备容易造成损耗

C.影响学校稳定的教学秩序　　D.收支不平衡，难以维持下去

E.开放带来的一系列安全问题　　F. 其他原因________

13. 您认为针对学校场馆对外开放的保险措施？（　）

A.政府补贴　　B.所在学校购买责任险

C.个人买个人的意外险　　D.其他

14. 您认为购买高校场馆对外开放的保险的方式？（　）

A.国家强制　　B.个人自愿

C.社会团体鼓励　　D.自愿加强制结合型

15. 您认为学校体育场地还要改进哪些方面才能更好地对外开放？（　）（可多选）

A.增加场地数量　　B.增加场地类型

C.提高场地质量　　D.增加开放时间

E.限制外来人员数量

16. 您是否赞成学校体育场馆设施对社会开放？（　）

A.十分赞成　　B. 比较赞成

C.赞成　　D.有点反对

E.十分反对

17. 您认为学校体育场馆对社会开放的依据有哪些？（　）（可多选）

A.国家政策　　B. 教育部门规定　　C. 体育部门规定

D.学校社会责任　　E.社会及个体意愿

18. 您认为学校体育场馆对社会开放中哪类学校最适合？（　）

A.普通高校　　B.高级中学　　C.初中学校　　D.小学学校

E.职业学校　　F.专业体育院校

19. 您认为学校体育场馆对社会开放的主要意义有哪些（　）（可多选）

A.促进全民健身　　B.促进学校与社会的联系

C.促进公共资源共享　　D.促进成果共享

20. 您的年龄？（　）

A.20岁以下　　B.21～30岁　　C.31～40岁

D.41～50岁　　E.51～60岁　　F.60岁以上

21. 您的学历？（　）

A.小学及以下　　B.初中　　C.中专或高中

D.大专　　E.本科　　F.研究生及以上

22. 您的职业是？（　）

A.高校学生　　B.高校管理者　　C.高校教师　　D.其他人员

23. 您对当前高校场馆资源的开发和利用有什么意见和建议？

再次感谢您的大力支持！祝您生活愉快！身体健康！万事如意！

附录10　关于楼顶健身房经营管理者的访谈提纲

1. 您为什么会在楼顶开办健身房呢？
2. 您认为楼顶健身房是否会影响周边居民及楼下酒店人员的休息？
3. 您认为楼顶健身房如何解决楼顶噪声、扰民、振动等问题？
4. 您在楼顶开办健身房是如何得到相关部门的批准？
5. 您觉得对楼顶健身房的营业时间有什么样的要求？
6. 您认为在楼顶开设健身房的有利条件是什么？
7. 您觉得在楼顶开设健身房的不利条件有哪些？
8. 您认为在楼顶开设健身房等体育场地有没有好的前景？

《体育场地建管政策执行绩效评估》课题组

2021年3月

感谢您在百忙之中接受我的访谈！祝您生意兴隆！万事如意！